NOS RÊVES D'AFRIQUE

DU MÊME AUTEUR
AUX ÉDITIONS DU ROCHER

Une enfance africaine, 2002.
Une jeunesse allemande, 2003.

STEFANIE ZWEIG

NOS RÊVES D'AFRIQUE

Traduit de l'allemand
par Jean-Marie Argelès

ÉDITIONS DU
ROCHER
Jean-Paul Bertrand

Titre original : ... *doch die Träume blieben in Afrika*.

ISBN 2 268 05075 0

1

– Docteur Paul Merkel, Francfort, 17 Savignystrasse, dit-il. Comme Ferkel[1], mais avec un M comme Martha.

Puis, épelant le nom de la rue et répétant le sien, il articula soigneusement comme s'il était important pour son avenir qu'une femme inconnue, là-bas au bord du lac Titisee, note correctement son identité. Merkel sentait la tension qui l'habitait se relâcher peu à peu ; il réussit même à sourire à la photo de sa femme.

Si son courage ne finissait pas par céder devant son sens de la normalité et de la responsabilité, il n'aurait dans cette existence ni l'occasion de revoir un jour le Titisee, ni celle de faire la connaissance de la créature optimiste et pleine d'un redoutable entrain dont il entendait le superbe accent alémanique à l'autre bout du fil. Il confectionna sur son bureau un parallélogramme délimité par quatre stylos à bille et constata avec satisfaction que sa main ne tremblait plus.

L'idée qu'il venait d'effectuer le premier pas sur un chemin sans retour l'excitait. Il avait un faible pour les trajets à voie unique depuis l'époque où, à l'aide d'une grosse cuillère en bois, il creusait des tranchées pour sa tortue dans le sable humide de la rivière. Toutes se terminaient en culs-de-sac.

Tout en dessinant des figures grimaçantes aux dents démesurées et aux cheveux finement bouclés, il tenait l'écouteur aussi loin que possible de son oreille ; l'entrain professionnel de la femme le dérangeait, mais aussi son dialecte, son nom – Bürkeli, exactement comme une

1. *Ferkel* signifie « goret » en allemand *(N.d.T.)*.

cliente acariâtre – ou encore ses efforts pour lui laisser croire que partir en cure pour quatre semaines était une décision extraordinairement originale, de la part d'un quinquagénaire.

Mme Bürkeli était la secrétaire d'un professeur dont le sanatorium avait fait passer une petite annonce dans l'édition dominicale du journal. Elle présenta d'abord l'établissement avec force détails, puis s'informa par le menu de l'état de santé de Merkel, et enfin de l'état de sa fortune. Irrité, il se frotta le front ; dans des circonstances normales, s'attarder sur les modalités de paiement de sa caisse de maladie ne l'aurait pas dérangé. Mais, après avoir décrit de manière aussi concrète le surmenage et la perte du goût de vivre dont il souffrait, il s'était attendu à rencontrer un écho mieux approprié à son cas. Il se dit néanmoins que s'abandonner à des émotions ne ferait qu'éprouver ses nerfs et il resta aimable.

Il lui était encore aisé de se contraindre à une logique dont il aurait bientôt aussi peu besoin que de valises ou de robe d'avocat. Durant les quatre semaines à venir, la seule chose qui importerait serait de ne pas commettre d'erreur. Le jour où l'on découvrirait que maître Merkel n'était jamais arrivé sur les rives du Titisee, il faudrait que tous ceux pour qui il représentait quelque chose – son fils ou son associé bien sûr, mais plus encore Cornelia – soient persuadés qu'il avait préparé sa cure avec beaucoup de sérieux.

Merkel remarqua avec plaisir que lui-même commençait à croire à son histoire. De bonne humeur, il se mit à bavarder, évoquant le froid humide, traditionnel en janvier dans une grande ville comme la sienne, plaisantant sur le penchant de l'homme moderne à souffrir d'états dépressifs au lendemain de Noël et insistant sur l'effet tout particulier des cures effectuées en hiver. La conversation tournant subitement court, il proposa de payer des arrhes. Mme Bürkeli refusa l'offre et, manifestement soulagée de ce changement de ton, s'enquit de sa date d'arrivée.

Merkel calcula rapidement le temps qu'il lui faudrait pour terminer le traitement préventif de la malaria, prendre son billet d'avion et arrêter les dispositions indispensables dans le pays de destination. Un instant, il se demanda pourquoi il se souciait de contracter ou non la malaria, puis secoua la tête, décidant de remettre à plus tard l'analyse de ses sentiments et de leurs contradictions.

Il expliqua à son interlocutrice qu'il ne pourrait arriver avant trois semaines au plus tôt, en raison d'obligations qu'il ne pouvait repousser. D'avoir fixé une date lui fit le plus grand bien et il éprouva un sentiment de délivrance aussi fort que dans les rares moments de bonheur où il réussissait à échapper à la réalité au point d'oublier jusqu'à la présence de Cornelia. Il perdit un peu de sa prudence, se projeta dans l'avenir et – trop brutalement pour que le ton de sa voix n'en soit pas affecté – il vit en pensée une terre rouge et poussiéreuse sous des acacias épineux tout rabougris. Puis ses oreilles perçurent en arrière-plan les bruits appropriés à cette scène, mais il finit par se rendre compte que Mme Bürkeli avait elle aussi un penchant pour les digressions.

– Non, rectifia-t-il, je ne suis pas médecin, je suis avocat. Vous savez, ce genre de types qui ne se sentent à l'aise que quand il y a matière à plainte.

Merkel s'humecta les lèvres et cessa de dessiner, riant de bon cœur avec Mme Bürkeli. À l'évidence, elle ne connaissait pas ce vieux calembour sur les juristes et leur propension à toujours se plaindre.

– En tout cas, vous ne manquez pas d'humour, fit-il, flatteur.

Puis, de nouveau tout à son affaire, il s'informa des équipements dont disposait l'établissement, des possibilités de garer sa voiture, des distractions proposées et de la garde-robe qui lui serait nécessaire. Il allait sur-le-champ quitter son bureau pour aller s'acheter le premier survêtement de son existence, assura-t-il en plaisantant. Un survêtement tout vert. Comme l'espoir. Sa plaisanterie lui parut bien plate. Il eut le sentiment qu'il lui faudrait tenir des propos plus conformes à son statut et, gêné, il toussa. Ne sachant qu'inventer, il feuilleta un dossier, dessina une nouvelle figure grotesque, beaucoup plus souriante que les précédentes, et finit par trouver une question dont il estima qu'elle révélait, pour quelqu'un dans sa situation, un besoin bien réel.

– Non, dit Mme Bürkeli avec une assurance qui contraria Merkel en raison de son aversion professionnelle pour les réponses négatives. Les chambres des patients ne sont pas équipées d'un fax. Le téléphone lui-même n'est autorisé qu'en cas d'obligation thérapeutique. Le professeur tient à couper ses patients de tous leurs liens antérieurs.

– C'est très intéressant, murmura Merkel. En prison, on appelle ça l'isolement.

Il trouva sa réponse si naturelle dans la bouche d'un avocat que, tout en parlant, il se surprit à approuver de la tête avec complaisance. Puis il se rendit compte de l'inestimable faveur que le sort venait de lui réserver.

– Mais, maître Merkel, ne dites donc pas des choses pareilles, le sermonna Mme Bürkeli.

D'un ton apaisant, elle lui fit remarquer que c'étaient justement les personnes surmenées qui avaient besoin d'un monde préservé des sollicitations excessives de la vie moderne. Si elle fut étonnée que Merkel se contente de répondre : « Mais ça tombe sous le sens, voyons ! », elle n'en laissa rien paraître.

– Seriez-vous d'accord pour arriver le 1er février ?

Il sortit de son tiroir l'horaire des vols et répondit :

– Je préférerais le 3.

– Le trois est mon chiffre porte-bonheur, dit Mme Bürkeli en riant. Je suis très contente à l'idée de faire bientôt votre connaissance.

« Ne te réjouis pas trop tôt », se dit Merkel avec un soupir de soulagement en reposant l'écouteur.

Satisfait, il replia la feuille où il avait dessiné les cinq figures grotesques – la dernière était en couleur, elle avait autour du cou une chaîne constituée de minces anneaux d'argent et sa bouche découvrait une rangée de grandes dents. Il fit du parallélogramme un triangle avant de ranger les quatre stylos à bille dans un étui orné du portrait de Néfertiti, l'étui en or que Cornelia lui avait offert pour son cinquantième anniversaire. Chaque fois qu'il le voyait, il frémissait. En se levant, il sentit entre les épaules une pesanteur qui lui fit comprendre qu'il n'était encore qu'au début du chemin.

Il verrouilla sa porte de l'intérieur et se laissa retomber lourdement sur sa chaise. Il n'arrivait plus à chasser les images de son imagination débridée. Il se voyait tantôt enfant et tantôt vieillard, mais toujours assailli de désirs, de rêves et d'illusions, tourmenté par une magie qui anéantissait sa conscience. Comment était née la décision de cette fuite insensée hors du monde des normes ? Pourquoi ? Quand ? Non, ce n'était pas un voyage qu'il préparait. Il le savait pertinemment, et depuis longtemps. Paul Merkel s'apprêtait à partir pour le grand safari.

Il n'éprouvait maintenant plus aucune peine à plonger dans ses souvenirs ; il avait trop souvent parcouru ce chemin, senti le soleil sur sa peau, l'herbe sèche sous ses pieds nus, entendu le tambourinement de la pluie africaine et les voix de la nuit. C'était l'immensité d'un monde où le danger et le flegme étaient des jumeaux inséparables qui ne le lâchaient plus. L'histoire – dont il ne pourrait écrire le dernier chapitre qu'une fois définitivement sorti de l'adolescence – avait commencé deux semaines après son seizième anniversaire.

C'était son dernier jour en Afrique. Paul était assis avec Kamau sur le tronc d'un cèdre qu'ensemble ils avaient vu s'abattre pendant l'orage et il regardait la boule de feu du soleil – vieille épreuve de courage de l'enfance. Le premier à détourner ses yeux aveuglés avait perdu. À cette époque, Kamau était déjà plus grand et plus fort que Paul, mais il ne s'était mis que très récemment à tout savoir mieux et plus vite.

– *Kwaheri*, avait dit Paul en riant à l'instant où le soleil embrasait le ciel. J'ai encore les yeux ouverts.

– Le soleil reviendra demain, s'était moqué Kamau. Tu pourras lui dire *kwaheri*.

– Pourquoi tu dis ça ? Pourquoi tu dis ça justement aujourd'hui ? avait crié Paul avec la colère du vaincu. Pourquoi tu dis ça, alors que je dois m'en aller ?

Kwaheri avait toujours été un mot favorable, doux comme la rosée du matin mais coupant comme le froid de la nuit. Les gens qui savaient qu'ils se reverraient disaient *kwaheri*.

Mais celui qui prenait congé pour toujours cessait de parler et avalait dc l'air.

– Je pars au loin, mais je reviendrai, avait murmuré Paul.

– Pourquoi, alors, parles-tu si bas ? Tu ne reviendras que quand tu seras un vieil homme et que tu voudras mourir. Est-ce que tu ne le sais pas ?

– Je laisse ma tête ici.

– Alors, aujourd'hui, tu ne peux pas encore dire *kwaheri*.

– Je reviendrai, s'était écrié Paul.

Il s'était réjoui du son de sa voix, mais Kamau avait ri comme un chacal qui n'est encore jamais revenu bredouille de la chasse.

Durant les années qu'il lui avait fallu pour prendre conscience de son identité – et encore au début de sa crise –, chaque fois que Merkel s'était rappelé cette conversation de son dernier jour en Afrique, il avait laissé retomber avec découragement le bras levé jadis avec confiance. Il ne savait rien, à l'époque, et Kamau savait tout.

Son monde n'existait plus, ce monde que réchauffait le soleil ardent de Samburu et qu'animait le souffle des couleurs emportées par le vent et mourant avant d'avoir pu rayonner. La large vallée aride aux nuits noires, aux broussailles clairsemées et aux impalas aux yeux sombres lui était désormais inaccessible. Mais jamais il n'avait oublié le doux regard de ces animaux qu'il aimait tant, la courbe élancée de leurs cornes graciles, le son étouffé de leurs sabots sur la terre molle.

– Comment as-tu fait pour t'habituer au froid de l'Allemagne, aux gens d'ici, à notre culture, comment as-tu pu te faire à une vie aussi différente ?

– Je n'ai pas eu le choix, disait Paul Merkel. À seize ans, on n'est pas libre de ses décisions. Pas en Afrique, en tout cas. Mon père était ingénieur. Son entreprise l'a rapatrié. Il a fallu partir.

C'étaient toujours les mêmes questions et les mêmes réponses, au lycée ou à l'université. Au fil du temps, les unes et les autres étaient devenues plus rares et avaient même cessé, parfois, de le faire souffrir. Cornelia, à qui Paul avait parlé le moins possible de son passé africain et de sa nostalgie, parce qu'il ne parvenait pas à oublier dans son second mariage les expériences du premier, avait fini par deviner quelque chose.

– De temps en temps, tu me regardes comme si tu ne me voyais absolument pas, se plaignait-elle.

Généralement, il soupirait en entendant Cornelia tenir ce genre de propos, car elle cernait très exactement les causes de leur crise conjugale. Il avait désappris d'écouter quand sa femme lui parlait. Il n'avait pas toujours été dans cet état. Notamment après la mort précoce de ses parents, qui l'avait privé des proches avec lesquels il avait l'occasion d'invoquer la magie salutaire de l'Afrique, et durant les périodes où il se sentait bien, Merkel avait cru s'être accommodé de l'Allemagne, de l'Europe, de l'étroitesse, de l'absence de couleurs et de la monotonie. Il s'était habitué aux gens qui riaient si rarement, et lui-même avait cessé de rire. Les débuts professionnels, une réussite étonnamment rapide, le mariage avec Anne, la naissance d'un fils, la brève ivresse de la bonne entente et de la jeunesse, qui avaient été suivis d'un très long éveil et des tourments d'une séparation qu'il n'avait pas voulue en dépit de tout ce qui s'était produit, ne lui avaient guère laissé le loisir de ruminer. Ensuite, à peine remarié et parvenu à un équilibre psychique qui avait au moins eu le mérite de lui donner l'illusion de la sérénité, il avait commencé à ressentir de l'aversion envers son métier.

Paul Merkel, l'homme auprès de qui les gens se pensaient entre de bonnes mains et qui avait toujours été aimable et fier de ses succès, commença alors à changer. D'abord, il trouva juste ennuyeux ses clients, leurs éternelles récriminations et leurs soucis. Puis un sentiment croissant de déplaisir, totalement contraire à son naturel consciencieux, se mit à le tourmenter. Pour finir, il devint la proie d'une tristesse qui le plongea dans l'apathie. Il ne voulait plus entendre parler des conflits que lui soumettaient ses clients, il n'était plus capable de feindre l'intérêt. Il y avait longtemps qu'il s'irritait de les entendre lui déclarer presque immanquablement : « Je ne me bats pas pour mes droits, mais pour des principes. » À présent, il devenait agressif dès que les gens ouvraient la bouche et il s'imaginait de plus en plus qu'il retrouverait son équilibre s'il arrivait à échapper à cette maudite phrase, aux donneurs de leçons et aux chicaneurs qui n'avaient pas plus tôt jeté un œil dans la glace qu'ils commençaient tout de même à parler de leurs droits.

M. Blumenschein, déjà condamné à deux reprises pour escroquerie, s'étant mis un jour à râler très fort, invoquant des principes alors qu'il s'agissait simplement de deux dalles de terrasse mal posées, Merkel perdit son sang-froid et le sens de la mesure. Avec le calme qui précède les tempêtes, pareil à un serpent s'apprêtant à frapper sa proie, il lui dit :

– Allez vous faire voir ailleurs ! Je me fous de vos principes.

Il s'était aussitôt excusé et avait par la suite essayé de refouler l'incident, se persuadant que c'était un début de grippe qui l'avait fait sortir de ses gonds ; mais ce n'étaient que les signes avant-coureurs d'un mal beaucoup plus profond. Merkel se sentait misérable et vieux. Il avait honte de son humeur dépressive et d'une faiblesse qui le paralysait.

Après de brillantes études et une ascension professionnelle si rapide qu'elle lui valait encore bien des jalousies, l'avocat Paul Merkel avait tout simplement perdu l'envie d'écouter les gens, et il n'avait pas l'intention de continuer un jour de plus que nécessaire à expliciter des points de droit et à réclamer des preuves face à des affirmations manifestement sans fondement. Le matin, il avait de la peine à entamer sa journée et, le soir, il rentrait chez lui dans un tel état d'épuisement qu'il ne pouvait ni manger ni parler. Il ne lui restait que la conscience d'avoir failli à sa tâche et des rêves agités qui le brûlaient à petit feu. « Vous avez une croix trop lourde à porter », tel avait été le diagnostic de l'orthopédiste. Le spécialiste de médecine organique lui avait prescrit en vain tout un stock de médicaments. Un ami neurologue et – véritable don du ciel ! – Cornelia en personne lui avaient conseillé une cure.

Le patient s'était défendu, en homme habitué à invoquer ses charges et son devoir. Tout le monde le créditait d'une hostilité au changement. Pendant tout un temps, il pensa pouvoir s'en remettre à son esprit de responsabilité et à la faculté, très tôt ancrée en lui, de se plier à tout et de ne pas chercher à connaître le pourquoi des choses, mais il lui arrivait de plus en plus souvent de se taire subitement au cours d'une conversation ; il devenait également sourd aux arguments de sa raison quand elle le mettait en garde contre les dangereux safaris qu'il laissait ses yeux entreprendre : dans ces moments-là, sortant d'une peau qui n'était plus la sienne depuis déjà très longtemps, il se mettait à courir à travers les hautes herbes qui changeaient de couleur sous l'ardent soleil de midi et, le lendemain, avant le lever du jour, s'abreuvaient à la rosée, élixir d'éternelle jeunesse.

– Il t'arrive de murmurer des choses étranges pendant ton sommeil, lui avait dit Cornelia quelque temps après le soir où il avait été question de la cure au bord du Titisee.

– Je parle le swahili quand je suis seul.

– Je suis assez grande pour me payer ma tête toute seule si l'envie m'en prend.

Il avait fait de gros efforts pour rester au moins correct. Comment une femme comme Cornelia pourrait-elle jamais comprendre qu'il parle encore couramment le swahili, qu'il ait, des années durant, cherché avec acharnement à faire revenir dans sa mémoire chaque mot qui en disparaissait ? Lui-même avait veillé avec soin à ce que sa femme n'apprenne rien des êtres qui l'avaient aimé et influencé. Comment aurait-elle pu, dans ces conditions, deviner vers quoi son mari était entraîné ?

Le téléphone sonna. Avant même de décrocher, il fut certain que c'était Cornelia et il mobilisa toute son énergie avant de s'annoncer.

Elle était la seule personne dont on lui transmette les coups de fil quand il s'était enfermé à clé. Elle prenait cette exception en sa faveur comme la preuve qu'elle lui manquait, alors qu'il s'agissait chez lui d'une simple mesure de précaution, habituelle chez quelqu'un qui était marié depuis de si longues années. Aussi était-elle d'excellente humeur chaque fois qu'elle le dérangeait.

– As-tu appelé en Forêt-Noire, *chéri*?

Il regarda la photo dans son cadre d'argent et s'exhorta à la patience.

– Alors, tu as téléphoné? insista-t-elle.

Il n'y avait pas longtemps que Cornelia appelait Paul «*chéri*» – elle ne s'était mise à le faire qu'après la cinquième heure de son cours de français pour débutants. Au début, il n'avait pas cru un seul instant qu'elle mettrait à exécution sa décision, si souvent annoncée, de s'inscrire à ces cours du soir. Il ne l'y avait jamais encouragée et ne l'en avait pas non plus félicitée une fois la chose faite. En cet instant, il eut de nouveau mauvaise conscience à faire ainsi payer à Cornelia le mal qu'Anne lui avait fait, mais il apprécia comme positif, dans la situation où il était, le fait qu'elle prononce toujours «chéri» comme «sherry» et que cela l'irrite moins qu'avant.

– J'ai téléphoné, annonça-t-il, heureux de pouvoir parler tout à fait normalement. Mais il y a quelque chose qui ne me plaît absolument pas.

– Quoi donc?

– Je n'aurai ni fax, ni téléphone. Ils veulent que leurs patients se détachent totalement de leur environnement familier. Comment va-t-on faire?

– Je trouve ça formidable. On entend dire sans arrêt que ça fait un bien fou de se mettre totalement entre parenthèses. Mme Kretschmar prétend que son mari a été complètement retapé par une cure de ce genre. C'était également en Forêt-Noire. Dans un sanatorium très cher.

– Tu es vraiment une enfant futée, Cornelia, dit Merkel. D'autres femmes auraient sans doute eu peur que leur mari s'écarte du droit chemin une fois soustrait au contrôle permanent de son foyer.

Il eut tout à coup le sentiment d'être un chasseur qui a trop compté sur sa propre malice et sous-estimé celle de sa proie. Pendant un très bref instant de lucidité et de repentir, il souhaita que sa femme découvre l'indice qu'il venait de laisser, mais elle rit.

– Tu es bête, dit-elle, et elle raccrocha.

Il l'imagina en train de hocher la tête, ses beaux et longs cheveux tournoyant autour de ses épaules. D'un seul coup, sa chaleur, sa jeunesse et sa gentillesse lui manquèrent terriblement.

Merkel fut contrarié de cet attendrissement subit. Depuis que son besoin de tendresse s'était fait plus rare, il se méfiait de cette douceur qui faisait autrefois partie de sa nature. Il n'était pas recommandé de douter de sa raison et de sa force de caractère au moment où l'âme prenait des rides plus rapidement encore que les cheveux ne grisonnaient. Comme chaque fois que la solitude lui pesait, des images indésirables l'assaillirent, et l'une d'elles s'incrusta si fort en lui que, pareil à un enfant, il se mit les mains devant les yeux en gémissant. Mbua était revenu. La vieillesse avait fait perdre l'instinct vital au grand chien brun aux pattes vigoureuses, le plus intelligent de sa portée, et il avait pourchassé un bubale jusque dans les flots déchaînés de la rivière. Mbua s'était noyé – et l'antilope avait vécu de longues années encore.

Merkel ressentit à nouveau le choc que lui avait causé la vue du cadavre de ce compagnon qu'il n'avait pu ni réchauffer ni sauver. Cela faisait des années qu'il n'avait plus pensé à Mbua et le faire au moment précis où lui-même s'apprêtait à tenter le saut de la mort lui parut tout à fait symbolique. Au bout de quelques secondes douloureuses qui lui semblèrent durer une éternité, il parvint à s'arracher à la rive du torrent.

Au prix d'un violent effort sur lui-même, il se mit à réfléchir aux dimensions pratiques de sa décision : il répertoria en pensée le contenu de sa penderie, ses très nombreux costumes sombres, ses chemises blanches, se demanda quels bagages emporter, comment gagner le plus rapidement possible le nord du Kenya depuis l'aéroport de Nairobi, et comment s'y prendre pour, sans éveiller la méfiance de Cornelia, mettre dans sa valise des chemises kaki et des pantalons légers, alors qu'il était censé partir pour une cure en Forêt-Noire. Il ne savait même pas où il pourrait en acheter, en janvier.

Les cachotteries auxquelles il serait désormais contraint lui parurent grotesques. En tout cas – et là, il était sûr de son fait –, son projet d'adolescent, l'idée puérile et obscure que le bonheur pouvait se répéter, excédait les forces d'un homme vieillissant ayant perdu toute confiance en soi et qui n'aurait certainement pas l'imagination nécessaire pour mentir sans être démasqué. Il fut sur le point de rappeler Titisee et d'annuler sa réservation, mais, à la seule idée d'entendre la voix exagérément aimable de la femme auprès de qui il lui faudrait justifier son brusque revirement, il renonça.

Quelques semaines plus tard, alors que vérité et mensonge n'importaient plus et que seule la présence signalait l'existence, Merkel s'imagina avoir entendu le rire de Kamau en tendant la main pour décrocher l'écouteur. Kamau qui avait toujours prétendu d'un ton moqueur que les mains qui tenaient un livre étaient trop lentes pour tirer un couteau de la poche en cas de danger.

– Tu n'es même pas capable d'attraper une ombre, s'était écrié Kamau au moment où le soleil s'apprêtait à avaler le jour.

Ils avaient tous les deux treize ans à l'époque. Le blond Paul partait en voyage avec Jules Verne, et tandis que Kamau et lui laissaient le temps s'écouler comme du sable entre les doigts, il racontait à son ami noir comment un ballon enchanté voguait au milieu des nuages tourbillonnants. Kamau, dont les grands yeux, tels ceux d'un chat, n'étaient plus qu'une fente en présence d'un danger, se laissait entraîner par les mots, sans jamais se lasser, au sein de mondes inconnus. Mais il ne croyait que ce qu'il voyait.

– Sauter par-dessus mon ombre, ça j'ai appris à le faire, murmura Merkel.

Et lorsque, ouvrant un tiroir de son bureau, il retira une liasse de billets de mille marks dissimulés dans un agenda de l'année précédente, il lui sembla que la jeunesse et la liberté étaient désormais à portée de main.

Dix minutes plus tard, il était en route pour l'agence de voyages. Une pluie glaciale lui cinglait la peau, mais il ne sentait ni le froid ni le tiraillement entre les omoplates qui, avant son coup de fil à Titisee, lui enlevaient encore tout ressort et le rendaient mélancolique. Il aperçut son visage dans la vitrine d'un magasin de chaussures, et cela le stimula. Il avait les yeux clairs. Bientôt, il remarqua également que son pas avait acquis la fermeté de celui d'un homme qui vient d'emprunter un sentier nouveau. Il regarda ses pieds et sourit au spectacle de ses souliers fourrés.

Soulagé, la main encore sur la poignée de la porte, Merkel constata qu'il avait eu raison de se fier à ses souvenirs et d'avoir choisi Cook.

La pièce, comme il est de tradition dans les agences de voyages anglaises, était équipée à l'ancienne et se passait fort bien des habituels posters brillants exhibant, au bord d'une mer bleu roi, des personnages bronzés à la peau tannée par les embruns. Il n'y avait pas non plus de ces réclames pour safaris-photos – images de troupes de zèbres ou de lions à la permanente impeccable. Il détestait autant ce genre d'images que le mot « safari-photo ». L'idée d'un Kenya en paradis animal ne faisait pas partie de son univers mental.

Deux jeunes femmes et un homme n'avaient d'yeux que pour leur ordinateur. Au mur, Merkel découvrit une enseigne en fer-blanc, avec une inscription en caractères manuels épais et noirs. Elle représentait un vapeur des années trente naviguant sur une mer grise ; de la fumée montait des cheminées rouges et rejoignait les nuages. Enfant, il avait copié des tableaux analogues. La fumée et les nuages lui plaisaient toujours.

La femme, mince, avec des cheveux roux, des taches de rousseur et des yeux verts, lui plut aussi. Elle ne cessait de sourire en téléphonant et il était manifeste qu'elle n'exerçait pas ce métier depuis longtemps. Elle n'avait pas encore l'amabilité forcée des vieux routiers de la profession, ni leur sobriété affectée ; elle parlait l'anglais avec un accent dont Merkel décela aussitôt qu'il était écossais. Le livre de lecture de sa troisième année d'école, avec ses nombreuses histoires de fées habitant les forêts d'Écosse, lui vint à l'esprit. Ces fées avaient toutes les yeux verts, elles étaient pleines d'humour, toujours prêtes à vous secourir, et elles dormaient dans de lourdes fleurs violettes, chevauchant des libellules, le jour, pour se déplacer.

Confus de s'égarer ainsi à travers les forêts alors que, dans son existence, il se trouvait à la croisée des chemins, Merkel s'assit sur la chaise libre devant la jeune femme rousse. Il l'écouta attentivement parler des Shetland. Elle eut soudain un éclat de rire, en même temps que ses yeux se voilaient légèrement d'une nostalgie que, pour l'avoir éprouvée souvent, il connaissait bien. Pourquoi n'avait-il jamais parlé de l'Afrique à son fils ? Jens et lui n'avaient pas toujours été aussi étrangers l'un à l'autre qu'à présent.

Il y avait des années que Merkel n'avait plus pensé aux Shetland ; un peu contrarié, en dépit de l'agréable sensation de détente qui l'habitait, il tenta de se remémorer ce qu'il savait de ces îles. Ce n'était pas grand-chose. Il prit alors conscience que la jeune femme avait cessé de téléphoner et qu'elle l'examinait d'un air interrogateur.

– Donc, vous ne savez pas où vous voulez aller ? demanda-t-elle.

– Excusez-moi ! Je rêvais. Je rêvais des Shetland. Je désire me rendre à Nairobi.

Merkel se préparait mentalement à faire face à toute une série de problèmes, se demandant avec inquiétude ce qu'il pourrait bien répondre si la fée écossaise aux yeux verts lui proposait un safari-photo ou un séjour dans une station balnéaire. Mais c'est d'un air absolument naturel qu'elle l'interrogea :

– À Nairobi seulement ?

– À Nairobi seulement.

– O. K. À quelles dates souhaitez-vous partir et revenir ?

– Je veux un aller simple.

Son visage se figea quand il s'aperçut de son erreur. Il était impossible qu'un monsieur Tout-le-monde comme lui, l'air indécis et soucieux, un homme usé par la vie, réserve un simple aller Francfort-Nairobi. Ce genre de personnes allaient au bord du lac Titisee et s'y faisaient masser. Merkel essuya la sueur de son front et serra les dents. La poitrine prise dans un étau de fer, il sentit sa peur le sommer de rendre des comptes sur le mal qu'il allait faire à des êtres que, en dépit de toutes ses réserves, il aimait et dont il avait la responsabilité.

Atteint d'un véritable stress, il voulut bâtir une argumentation susceptible d'expliquer l'étrangeté de son projet, mais il était incapable de parler. Il n'avait plus qu'une envie : partir en courant, s'acheter un survêtement de jogger et prier Cornelia de faire ses valises pour le Titisee. Il constata qu'il était resté le fugitif qui trébuche dès qu'il est temps de partir.

– Ça va vous revenir plus cher, lui dit la jeune femme d'un ton de reproche.

Elle ne ressemblait plus à une fée, mais plutôt à la professeur énergique qui écrivait « Une trop grande imagination » sous chacune de ses rédactions.

– Dommage, dit-il sans savoir de quoi il parlait.

– Vous pouvez bien sûr laisser ouverte la date de votre retour. Mais, sans billet de retour, vous aurez les pires ennuis. Quand ils partent pour le Kenya, les gens se figurent généralement qu'ils voudront rester dans ce pays. Je connais très bien Nairobi.

– Merci, soupira Markel avec soulagement. Quel idiot je suis de n'y avoir pas pensé. Je suis un peu surmené. Vous devez me prendre pour un fieffé imbécile.

– Mais pas du tout. Beaucoup de clients ne pensent qu'à s'en aller, pas au retour.

Elle commanda le billet puis fit un mouvement de tête en direction de Merkel, comme s'il n'avait pas fini. S'enquérir d'hôtels l'embarrassait, mais il finit par s'y résoudre.

– Nous entretenons d'excellentes relations avec le New Stanley.

Il revit aussitôt le bâtiment et la rue grouillante dans laquelle il donnait, une rue pleine de parfums douceâtres, une rue sentant la graisse usagée et la sueur des mendiants. Ces odeurs mêlées mirent sa mémoire en branle. Il vit tourner de lourdes portes. Des portiers en livrée, qui, en dépit des efforts de générations de directeurs d'hôtel avisés, riaient toujours avec autant d'espoir quand ils apercevaient des étrangers, invitaient à se diriger vers le somptueux hall d'entrée.

Les profonds fauteuils en cuir avaient le froid de l'anthracite. Sur des tables de salon noires trônaient des cendriers en argent et des bouteilles. Merkel vit des serveurs en longues robes blanches. Ils mettaient des glaçons dans des verres ventrus. Il entendit le cliquetis de la glace contre le verre et s'apprêtait à rire, mais, ayant oublié comment on disait « glace » en swahili, il se l'interdit. Ce mot était important s'il ne voulait pas perdre le sentier récemment découvert et foulé d'une seule trace de pas. L'herbe était déjà haute et épaisse au-dessus de l'étroite sente, mais il ne devait pas permettre que sa tête lui dérobe son bonheur. Le mot cherché le cingla comme un coup de fouet. Il sentit la peau non tannée de la lanière, avant de retrouver le juste agencement des trois syllabes.

– *Barafou*, dit-il en souriant, soulagé.

– C'est un hôtel ? À Nairobi ?

– Je pensais tout haut, dit-il rapidement, étonné de voir sa bouche et sa langue lui obéir avec tant d'empressement, je pensais au Norfolk. Existe-t-il encore ?

– Oui. Voulez-vous que je vérifie s'ils ont encore de la place ?

Comment en était-il venu à parler du Norfolk ? Clopinant derrière ses parents, intimidé et stupéfié par la splendeur des lieux, il n'avait aperçu le célèbre hôtel de l'époque coloniale qu'une seule fois. Mais le jeune garçon de jadis revoyait aujourd'hui encore les murs blancs flamber sous l'éclat des bougainvillées lilas. D'avoir un jour contemplé ces fleurs magiques et impérieuses, les yeux vous brûlaient à jamais du désir de retrouver les couleurs incandescentes des tropiques.

– J'aimerais descendre au Norfolk. Peut-on louer une voiture là-bas ?

Merkel avait la voix assurée. Une nouvelle fois, il fut abasourdi par le plaisir qu'il prenait à mentir.

– Certainement. Je peux me renseigner tout de suite.

– Ce n'est pas la peine. Je préfère m'en occuper sur place.

Redevenue fée écossaise au clair regard vert, elle prit congé en disant « *kwaheri* » avec un sourire, fière d'avoir retenu le mot étranger.

Au poids soudain de ses paupières, Merkel comprit qu'il avait cligné des yeux. Comme dans sa première existence. Il eut envie de rire, mais n'osa pas.

Il y avait une cabine téléphonique devant l'agence. Il ouvrit la porte avec autant de détermination que si cette démarche avait été elle aussi prévue de longue date, décrocha l'écouteur et composa le numéro de son fils.

– Est-ce que tu n'aurais pas envie de passer nous voir un de ces jours ?

– Il se passe quelque chose ? demanda Jens, effrayé.

Merkel s'imaginait parfaitement son fils hochant la tête et pinçant les lèvres pour ne rien dire d'inconsidéré. Il le voyait, assis devant sa table de verre, il voyait le tableau au-dessus du canapé, une surface nuageuse, triste et grise, contre un mur blanc comme neige. Jens était aussi froid que le décor où il vivait. Depuis quand ? Pourquoi ?

– Il n'y a rien, dit-il. C'est seulement que, de temps en temps, les vieux messieurs éprouvent le besoin de savoir comment se portent leurs fils.

Avec un peu de raillerie, comme le soupçonna son père, mais parfait dans son affectation de politesse, Jens invoqua un voyage qu'il allait faire dans les prochains jours pour son entreprise et le stress dont il avait été accablé ces derniers temps. Il se plaignit aussi de sa trop grande charge de travail, d'un début de grippe et du peu de temps qu'il pouvait consacrer à sa vie privée.

– Mais ne te fais pas de soucis, ajouta-t-il. Pour le moment, je ne peux vraiment pas faire autrement que vivre au jour le jour. De toute façon, nous nous verrons au plus tard le 1er mars.

– Mais pourquoi parles-tu de mars ? Il y a janvier, d'abord !

– Je n'ai jamais encore oublié ton anniversaire, répliqua son fils, sa voix égale laissant percer un soupçon de reproche.

– C'est exact, confirma Merkel. Oublie tout ça ! Ce n'était qu'une idée qui m'était passée par la tête.

En sortant de la cabine, il se dit qu'il n'était pas loyal de faire porter à Jens la responsabilité d'une décision qu'il avait prise lui-même. Et c'est pourtant ce qu'il fit. L'idée qu'un seul mot amical du fils aurait suffi à faire renoncer le père à son dessein était un trop grand réconfort moral.

2

Les tout premiers signaux de la journée nouvelle se firent entendre. Au loin, deux singes commencèrent une querelle, un oiseau salua avec allégresse la fin de l'obscurité. Deux chats se répondirent à l'unisson. De l'autre côté de la porte ouvrant sur le monde, plusieurs hommes s'entretenaient ; ils avaient des voix nettes, un rire rauque et railleur.

Les voyelles pleines et les longs silences entre les phrases étonnamment courtes parurent familiers à Paul Merkel ; mais dès qu'il tentait de trouver un sens à cette conversation animée, il restait bloqué dans la jungle des mots. Il entendait d'étranges histoires de femmes ne recouvrant ni leurs jambes ni leur ventre, sacrifiant leur peau au soleil et brûlant du même coup leur fierté.

Il était sans cesse question d'hommes âgés qui avaient noyé leur nuit dans le whisky, qu'il avait fallu porter dans leur lit comme un tas de couvertures mouillées et qui, une fois séchés, têtus comme de jeunes ânes, avaient insisté pour saluer la première lumière du jour d'un thé chaud et fumant. Mais qu'était-il arrivé à la montre qui brillait d'un éclat doré, pareil à celui de la lune dans un ciel nettoyé par l'orage ? Elle filait plus vite que le temps.

Merkel eut très envie de demander aux hommes de l'autre côté de la porte où s'envolaient si vite les montres qui ne respectaient ni le temps ni les jours. Il voulut leur expliquer qu'il avait l'expérience de la perte du temps, mais il ne réussit pas à relever assez la tête pour ôter de sa gorge la pierre qui l'oppressait. Il parvint seulement à lancer le bras droit loin de son corps ; sa main vint frapper l'arête de la table de nuit, toucha un verre et, effrayé, il l'entendit se briser par terre. Mais même ce bruit pressant fut insuffisant à recouvrir le son des voix qui le retenaient prisonnier.

Comme Merkel, après avoir à nouveau sombré dans le sommeil, s'était immédiatement réveillé, ses sens se trouvèrent sollicités dans des directions si diverses qu'il ne réussit pas à déterminer où se déroulait l'action. Il se demanda s'il ne devrait pas se dénoncer pour avoir lancé un verre contre une montre et enfreint la loi du temps. Mais trouver, pour un cas aussi scabreux, les formulations adéquates et garder les yeux assez ouverts pour évaluer les dégâts exigeait trop d'efforts simultanés. Une seule chose était claire : il lui fallait agir immédiatement, au risque, sinon, de laisser expirer les délais. Furieux parce qu'atteint dans son honneur professionnel, il apostropha le juge.

C'est sa propre voix indignée qui réveilla définitivement Merkel. Avec détermination, il expira puis inspira une fois à fond, bâilla et sentit dans ses membres une force qui le revigora. Puis il s'assit. Le mouvement avait été trop rapide, trop violent. Il eut envie de vomir. Mais il avait la tête libre. Merkel comprit que les hommes qui palabraient dans le couloir parlaient le swahili sur le rythme traînant des hautes terres. Il était encore en train de rire avec soulagement quand les souvenirs l'assaillirent, pareils à une cascade prise par le gel pendant la nuit et soudain délivrée par le soleil. Avec la même violence déferlante, les heures qui lui étaient sorties de l'esprit lui revinrent en mémoire. Il se souvint qu'il était à Nairobi ; il se vit, au petit jour, arriver en taxi devant l'hôtel Norfolk, descendre lentement de voiture et entrer en discussion avec un portier en chemise blanche et cravate à rayures. L'homme l'attendait ; il avait baragouiné son nom dans un anglais laborieux et lui avait tendu une clé à laquelle était accroché un grand éléphant en bois, marron et lisse. Merkel ignorait ce qui s'était passé ensuite. Avait-il dormi toute la journée, plusieurs peut-être, ou une seule nuit ? Au prix d'un gros effort, il s'obligea à regarder plus loin en arrière : il vit des ombres, des lumières, des gens qui n'étaient que des silhouettes et des arbres aux fleurs lilas. Il se rappela alors comment, hébété, il était sorti de l'avion en titubant, avec des douleurs d'estomac et une fatigue qui privait ses yeux, ses oreilles et son nez de leur sensibilité. Mais l'Afrique s'était aussitôt emparée de sa proie et l'avait soumise à sa volonté.

Installé à présent dans cette chambre inconnue à l'âcre odeur d'aérosol insecticide et au doux parfum d'orchidées, il se souvint de la caresse de l'air devant le bâtiment de l'aéroport, comme si elle avait à l'instant même brisé sa résistance : chaque souffle, chaque murmure d'un vent à la douceur infinie lui avait paru frais et caressant, familier et apaisant – comme en ces jours qu'il avait cru disparus à jamais.

Merkel n'osait toujours pas chercher l'interrupteur. Il était plus sage, dans cette chambre obscure, de sentir à nouveau ce vent envoûtant, d'en prendre possession et de s'y abandonner. Puis il alla vers la fenêtre, prudemment à cause des débris de verre, ouvrit sans impatience les rideaux de velours et pressa le front contre la vitre. Ses yeux ayant fini par s'habituer à l'immensité qui s'offrait à eux, les contours des choses émergèrent : il vit de larges champs de nuages qu'on aurait dit badigeonnés de rose, des arbres au tronc épais et au large feuillage au-dessus d'une pelouse verte arrosée par un jet d'eau qui, dans le soleil levant, captait des reflets bleus, rouges et violets. On voyait, debout devant un haut buisson plein de fleurs d'un rouge incandescent, un homme large d'épaules, vêtu d'une chemise kaki et de culottes courtes. Immobile comme une statue de bronze, il tenait dans la main gauche une massue de bois garnie de pointes et, dans la droite, un fusil sur le canon duquel jouait un rayon de soleil. L'homme portait, profondément enfoncée sur le front, une casquette de laine marron.

La casquette, plus que le fusil, fit perdre de son assurance à Merkel. Ce fut son dernier moment de doute. Il se demanda si c'était vraiment du swahili qu'il avait entendu, s'il avait véritablement vu des fleurs rouges et, à l'aéroport, senti sur sa peau trempée de sueur une haleine rafraîchissante. Pour lui, il n'existait qu'un endroit au monde où, début février, des hommes portaient des casquettes tricotées, et cet endroit s'appelait le Titisee.

– Non ! dit-il pour repousser loin de lui ces pensées, cette image et sa peur.

Il se dépêcha d'ouvrir la fenêtre et se pencha si loin à l'extérieur que sa tête, traversant l'ombre, atteignit le bleu de l'air. Il lança alors, de toutes ses forces, un « *Jambo !* » retentissant.

Depuis combien de temps n'avait-il plus entendu ce mot, ni osé le dire ? À peine lui venait-il en rêve. Il lui fallut dompter sa langue et son envie pour ne pas crier, à la façon du jeune garçon qu'il avait été, ces deux syllabes marquant le retour chez soi. L'homme, en bas, redressa la tête et agita sa massue dans sa direction à plusieurs reprises. Soigneusement, il se frotta le dos du haut en bas à l'aide du fusil, se gratta le front avec l'une des pointes de la massue, leva les yeux et vit Merkel à sa fenêtre.

– *Jambo!* cria-t-il à son tour en riant. *Habari gani?*

– *Misuri*, lui répondit Merkel tout aussi fort.

Il sentit le froid du matin lui frapper les dents pendant qu'il riait et constata avec satisfaction que l'homme qui venait à l'instant de lui demander comment il allait n'arrivait pas non plus à refermer la bouche. Il avait jeté son fusil et sa massue sur la pelouse et ôté sa casquette.

Pendant qu'il refermait la fenêtre et découvrait véritablement la chambre où il avait dormi, Merkel se dit qu'il lui faudrait plus tard élucider pourquoi, au Norfolk, un homme armé surveillait le jardin. À s'abstenir de demander aux portiers des hôtels si les récits sur les dangers de l'Afrique, récits dont les journaux allemands abondaient, étaient exacts, un touriste éveillait à coup sûr les soupçons. Merkel se livra à une introspection scrupuleuse, mais il ne trouva en lui aucune trace d'angoisse. La réponse qu'il obtiendrait, quelle qu'elle soit, ne modifierait pas ses projets.

– *Jambo*, répéta-t-il, en prononçant cette fois le mot avec la prudence d'un homme se souhaitant lui-même la bienvenue au terme d'un long voyage.

Hormis le réveil sans lequel il ne partait jamais, posé sur la table de nuit et déjà réglé à l'heure locale, il ne vit trace de ses bagages. Il chercha longtemps sa valise et son petit sac avant de les découvrir derrière un rideau, dans une niche de la pièce équipée de meubles en rotin clair. La clé de la valise qu'il avait rangée dans la poche de sa veste à Francfort était sur la serrure.

Quelqu'un avait déballé la valise et le sac : les sous-vêtements étaient dans les tiroirs d'une commode blanche aux ferrures dorées, les pull-overs épais et les écharpes soigneusement empilés. Sur le bureau à plateau de marbre, il trouva un mot écrit au crayon à bille rouge signalant qu'on avait emporté les vestes et les pantalons pour les repasser. Un pantalon, qu'on avait soigneusement plié et manifestement brossé, était suspendu au dossier d'une chaise.

Les quatre coûteuses cravates neuves que Cornelia avait tenu à acheter la veille du départ – provoquant une stupide querelle entre eux pendant les courses – étaient disposées avec goût autour des chemises accrochées à des cintres, les manches retroussées. Quand Merkel s'aperçut qu'un œillet rose était piqué dans la boutonnière supérieure de chaque chemise, il fut obligé de s'asseoir. Cette nature morte grotesque lui paraissait si ridicule au regard du passé et si typique de la malice du monde africain – rouerie qu'il avait oubliée depuis longtemps mais dont le souvenir lui revint en cet instant sans qu'il l'ait sollicité – que, durant plusieurs minutes, il ne put rien faire d'autre que de regarder fixement les fleurs fraîchement arrosées dégouliner sur ses chemises.

Sur une petite table près de la fenêtre, appuyée contre un vase avec trois orchidées, il y avait une photo dans un cadre de cuir souple rouge. Cornelia, son teckel dans les bras, debout sur la place Hauptwache de Francfort, souriait à présent, ici, à Nairobi. Merkel fut plus effrayé que stupéfait. Il ne parvint pas à déterminer si la photo l'irritait ou bien si elle l'émouvait mal à propos. Durant leur mariage, en dépit des remarques ironiques que cela suscitait chez lui, Cornelia avait mis beaucoup d'obstination et d'énergie à cacher dans les bagages de son mari des photos d'elle et de leurs animaux domestiques successifs.

Au cours des années, les motifs ornant les petits cartons fichés dans le coin droit du cadre changeaient, mais pas le texte. Cette fois-ci pourtant, renonçant à son écriture puérile et bien droite qui irritait tant Merkel, elle avait écrit en caractères d'imprimerie « À bientôt... » à la place de l'habituel « Je t'aime ! ». Chaque lettre avait une couleur différente. Les points de suspension le déconcertèrent. Se demandant si Cornelia n'avait finalement pas deviné plus de choses qu'elle n'en avait laissé paraître, il se sentit floué en même temps que pris d'une certaine mélancolie. Le fait qu'un étranger ait défait ses bagages à sa place lui sembla plus étrange que fâcheux. Certes, dans aucun hôtel du monde encore, il n'avait eu affaire à un tel sans-gêne envers l'intimité d'un client, et, partout ailleurs, il aurait fort mal pris une curiosité et une indiscrétion aussi manifestes. Mais, en cet instant, il était déjà en train de porter sur la vie un jugement reposant sur de tout autres critères. Cette pensée le rasséréna.

Quelqu'un frappa à la porte. Deux coups légers et un troisième, plus appuyé. Avant que Merkel ait pu ouvrir la bouche, un homme en short et en chaussettes blanches entrebâilla la porte, puis l'ouvrit d'un coup de pied si violent qu'elle alla cogner contre le mur. De grande taille, la peau café au lait, les traits inexpressifs comme chez les Kenyans du Nord, l'homme portait un plateau d'argent chargé d'une théière d'argent, d'un sucrier d'argent et d'une tasse ornée d'un filet d'or. Il avait sur la poche gauche de sa chemise kaki, à hauteur de poitrine, une plaque blanche avec l'inscription « Sam ».

Sam découvrit toutes ses dents dans un sourire et dit d'une voix forte : « *Jambo* » avant de murmurer, s'arrachant chaque syllabe de la gorge :

– *Your morning tea, sir*.

– *Chai*, traduisit Merkel.

– *Chai*, approuva Sam.

Il répéta le mot sans qu'aucun muscle de son visage ne tressaille, avant de s'apercevoir que l'étranger aux cheveux gris et en slip blanc, pour le saluer, avait employé davantage que le simple et traditionnel « *jambo* » des clients habituels et, pris d'un léger halètement, il s'empressa de poser le plateau sur la petite table à côté du lit, s'essuya le front de la manche et regarda Merkel d'un air étonné.

– Tu parles swahili ?

– Oui.

– Pourquoi ?

– Je suis né à Samburu.

– Moi aussi, répliqua Sam.

Il avait vingt ans tout au plus ; on voyait à ses yeux et à son ton qu'il ne plaisantait pas quand il dit :

– Je ne t'ai encore jamais vu à Samburu. Personne ne t'a vu à Samburu.

– Tu n'étais même pas encore dans le ventre de ta mère quand je suis né.

– J'ai toujours été à Samburu, s'entêta Sam.

Après un bref silence, durant lequel, fasciné, il ne quitta pas Merkel des yeux, il croisa les bras si fort que ses tendons s'assombrirent et il exigea :

– Dis autre chose encore dans ma langue.

– Je peux tout dire. Si je veux.

– Dis quelque chose. Dis tout.

– Cette nuit, une montre a disparu d'ici.

– Ta montre dort sur ton bras. Tu ne l'as pas encore vue aujourd'hui ?

– Je ne parle pas de ma montre, expliqua Merkel en frappant son bras gauche de sa main droite. Je parle de la montre qui peut avancer plus vite que le temps.

– *Your morning tea, sir*, murmura Sam.

Il courut jusqu'à la porte avec une hâte spectaculaire et la referma énergiquement derrière lui, mais il put tout de même parfaitement entendre que le rire de l'étranger à la double langue résonnait plus fort que le cri de la porte.

En même temps qu'il s'abandonnait sans retenue à la joie enfantine d'avoir réussi un bon coup, Merkel prit conscience qu'il n'aurait pas dû rire. Cela avait déjà été une erreur de se laisser entraîner si tôt, de manière si irréfléchie et avec un tel abandon narcissique, à ses souvenirs, à la beauté du jeu des mots et à des allusions que Sam, à tort, avait manifestement interprétées comme une menace.

Il pensa à son enfance, il pensa à Kamau et à leurs longues conversations au bord de la rivière. Combien de fois son ami ne lui avait-il pas reproché d'avoir la bouche plus rapide que la tête. Merkel en conclut que, dans son cas, l'amour de la parole était à coup sûr unc maladie africaine. En Allemagne, il avait eu beau jeu de garder le silence. Jusqu'au bout. L'image de Cornelia, toujours prête à se montrer compréhensive mais ne comprenant jamais, lui vint à l'esprit. Il se demanda à quel moment il avait bien pu commencer à faire taire sa conscience, mais aucune des excuses qu'il se trouva ne réussit à le satisfaire. Il se sentait un poids énorme dans la tête.

Le thé était amer et si chaud qu'il dut le boire à petites gorgées. Il n'aimait pas le thé, mais il lui fut agréable d'avoir une occupation. Tant qu'il n'aurait pas vidé la théière, il n'aurait pas à faire de projets, pas de décisions à prendre. Il ne devait à aucun prix rester toute la journée dans sa chambre s'il voulait que le personnel le prenne pour un touriste comme un autre – un homme en vacances, désireux de rencontrer en Afrique l'aventure avec un grand A, un homme ordinaire ayant des idées très concrètes sur ce que doivent être des vacances, un homme ayant un programme et un calendrier bien établis.

Au réveil, Merkel s'était promis de passer le plus de temps possible à défaire ses bagages et à ranger ses affaires ; il en profiterait pour décider quels seraient ses prochains pas. Or, à cause de l'homme au fusil et surtout de Sam, il avait renoncé avec beaucoup trop de complaisance à se protéger en jouant les voyageurs épuisés. D'où Sam avait-il appris son nom anglais ? Tout le personnel était-il déjà au courant des pull-overs de skieur, des bottes fourrées et de la casquette rouge dans la penderie ? Peut-être l'homme au fusil voudrait-il échanger ses shorts africains contre une casquette de laine allemande ?

Merkel sentit sa peau le brûler quand il se leva pour aller à l'armoire. Il prit les lourdes chaussures et les jeta à terre en hochant la tête. Il réalisa avec mécontentement qu'il ne possédait même pas une paire de chaussettes fines, mieux adaptées au climat, et il eut une vision plus claire encore de l'extrême embarras qui serait le sien si, au petit déjeuner, il se montrait dans un accoutrement propre à faire se retourner sur son passage tous les clients de l'hôtel. En même temps qu'une boule de feu, il crut sentir sur sa peau les yeux écarquillés des convives et, découragé, il ferma les siens.

Au bout d'un petit moment, il finit tout de même par se rendre dans la salle de bains où chacun des innombrables miroirs, avec cruauté, ne lui laissait rien ignorer de son visage et de ses rides, de son inquiétude, de sa fatigue et de son dégoût. Pour leur échapper, il se rasa à la diable, enfila le pantalon de couleur foncée suspendu au dossier de la chaise, prit une chemise blanche sur un cintre et alla mettre l'œillet dans le vase d'orchidées. Ayant retroussé les manches de la chemise et gardé ouverts les deux derniers boutons, il la laissa d'abord flotter avant de se résoudre à l'enfoncer dans son pantalon ; il remplaça enfin la ceinture marron par une ceinture rouge. Il trouva alors qu'il ressemblait à Hamlet et que, mis à part le fait qu'il était incontestablement trop âgé pour le rôle, demander au portier si Ophélie était déjà entrée au couvent ne jurerait absolument pas avec le côté absurde de sa situation.

Un Indien jeune et mince, au regard mélancolique, avait remplacé le portier qui lui avait remis la clé avec l'éléphant. Il avait l'air plus sûr de lui que son prédécesseur. Tout en téléphonant, il passait la main dans ses cheveux noirs et luisants. Voyant Merkel s'approcher, il interrompit aussitôt sa conversation et lui demanda d'un air soucieux si le thé lui avait été servi à l'heure. Puis il précisa que le petit déjeuner pouvait être servi sur la terrasse ou dans la salle à manger climatisée.

– Plus tard, esquiva Merkel qui aurait bien aimé savoir s'il avait l'air plus idiot encore qu'il n'en avait l'impression. Je voudrais d'abord aller en ville acheter quelques affaires. Pourriez-vous m'appeler un taxi ?

– *Sir*, il vaudrait mieux que nous nous occupions de ça à votre place. Nairobi n'est pas une ville où faire des courses. Pas pour les étrangers en tout cas.

– Je me débrouillerai. J'ai vécu dans ce pays dans le temps et je parle sa langue. Je parle couramment le swahili.

– Je ne crois pas que cela vous facilitera les choses, répliqua l'Indien avec un calme remarquable. L'hôtel peut vraiment vous procurer tout ce qui vous fait besoin.

– J'ai besoin de nouvelles chemises et de pantalons légers.

– C'est ce qu'on m'a déjà dit, *sir*. Pour nous, ce n'est pas un problème du tout. Cela arrive tous les jours. Beaucoup de nos clients ne s'aperçoivent qu'en arrivant ici, dans le pays, qu'ils n'ont pas emporté les affaires qu'il faut. Ne vous faites pas de soucis pour ça. Pour la taille non plus. En défaisant vos bagages, nous avons mis de côté une de vos chemises et un pantalon. Dites-moi seulement ce que nous devrons vous faire confectionner et si vous désirez bénéficier d'une protection particulière.

Merkel se demanda s'il aurait mieux compris le dernier fragment de ce long discours si son trouble avait été moindre. Que l'Indien soit si bien renseigné sur son compte et qu'il trouve manifestement tout à fait naturel que le personnel fouille de fond en comble les affaires des clients le gênait. Même si Merkel avait eu le courage de faire des critiques, le mot anglais pour «intimité» ne lui serait pas venu à l'esprit. Il finit par se dire que le mieux était de feindre avoir l'habitude de faire renouveler sa garde-robe par les portiers des hôtels. Curieusement, cette idée lui rendit son assurance.

C'est d'une voix ferme et de bien meilleure humeur qu'il commanda six chemises et quatre pantalons. Il lui semblait avoir résolu au mieux une situation compliquée. Le prix exigé lui parut étonnamment bas. Il paya en liquide, donna au portier un copieux pourboire et regarda avec intérêt ce dernier fourrer l'argent dans sa poche. À sa grande surprise, il apprit qu'il avait loué un coffre-fort dès son arrivée et qu'il avait payé d'avance trois jours d'hôtel. Mais il fit comme s'il se souvenait de ces détails.

– *Sir*, insista l'Indien, vous devez encore me dire si vous désirez une protection particulière.

– Je crois que, sur ce point, je ne vous ai pas parfaitement compris, avoua Merkel

– Vous disiez pourtant connaître le pays. Des affaires neuves, ça mérite une protection. On a aussi besoin d'une protection contre la maladie et les agressions. Contre la mort également. Nous avons heureusement sous la main des gens qui sont encore au courant des anciennes coutumes. Je réglerai tout à votre place. Je vous dirai plus tard combien ça vous coûtera. Dès demain vous pourrez mettre vos habits. Vous n'allez pas vous reconnaître.

– Vous n'allez pas me dire que vous y croyez ?

– À quoi, *sir* ?

– À la protection particulière et à ce genre de bêtises.

– Je vais à présent vous faire conduire à votre table, dit le portier.

Il souriait toujours, mais du bout des lèvres seulement. Ses yeux, beaucoup moins doux qu'auparavant et dépourvus de toute expression mélancolique, fixaient une gigantesque ramure de cervidé au-dessus de la cheminée.

Des stores aux rayures vertes et jaunes protégeaient la terrasse, équipée de fauteuils en rotin, qui dominait la grande piscine où des bougainvillées, rose comme les flamants et jaune comme les citrons, se reflétaient dans l'eau bleu roi. On voyait des manguiers et des palmiers, aux feuilles revigorées par la dernière rosée, sur une pelouse au gazon vert foncé, coupé très court, où se pavanaient des grues royales perchées sur de longues pattes. Leurs délicates aigrettes couleur moutarde, piquées de points noirs lumineux, flottaient au vent. Paul Merkel n'aurait pas eu grand mal à se défendre contre la séduction de ce paradis créé par l'homme – paradis se prêtant si bien à l'engraissement du veau d'or par sa richesse et son luxe simulés –, car il était d'un naturel trop peu exigeant pour admirer le gaspillage.

Mais les somptueuses couleurs tropicales et la grâce majestueuse des oiseaux endormirent sa mémoire. Le saut à franchir était gigantesque : il oublia qui il était, il oublia ses projets, sa fatigue, sa solitude et la peur de l'âge. Heureux, immobile, il observait les grues dont les têtes se fondaient dans la lumière et l'ombre. Les racines du passé s'éveillaient lentement à la vie sous les pas du voyageur qui, sortant du monde de la grisaille et du froid et rentrant au pays, un pays qu'il n'avait jamais vraiment quitté, ne pouvait se lasser de contempler cette Afrique à l'exubérance flamboyante

Des merles métalliques se baignaient dans une fontaine de marbre alimentée par trois jets d'eau. Il suffisait d'une goutte sur le bleu de leur épais plumage pour qu'il reflète les plus tendres couleurs de l'arc-en-ciel. Devant le mur du jardin et ses rosiers grimpants aux fleurs orange, une dame âgée, coiffée d'un chapeau de paille à large bord, nourrissait un marabout au plastron blanc et au dos noir, doté du puissant bec rouge et du regard plein de sagesse propre à son espèce. La femme, chuchotant des petits mots doux, suppliait l'oiseau d'accepter ses présents, et il levait chaque fois la tête en direction des nuages avant d'avaler un minuscule morceau de gâteau.

Un certain nombre de clients étaient assis à des tables rondes ; quelques-uns se servaient à un buffet tout en longueur où trônaient des melons gros comme des courges dans lesquels on avait découpé de grands yeux et sculpté un visage. Quatre cuisiniers à longue toque blanche raclaient de lourdes poêles. Des papayes en forme de bateau naviguaient sur des moitiés d'ananas dégoulinant de jus doré ; un minuscule oiseau bleu reposait sur une couronne de longues bananes vertes. Il fallut que l'oiseau enfonce le bec dans une fleur d'orchidée et batte des ailes pour que Merkel s'aperçoive qu'il n'était pas en verre. Un étalon sculpté dans de la glace et posé sur un plateau de cristal soufflait par les naseaux une écume de sucre bleu clair.

Merkel, redevenu enfant, restait là sans mot dire. Il s'acharnait à se convaincre qu'il ne devait ni bouger, ni respirer, ni laisser ses rêves finir leur course, s'il ne voulait pas détruire toute cette splendeur. Il se contentait de tourner les yeux dans tous les sens, souhaitant la vie éternelle à l'étalon en glace dont la queue, goutte après goutte, revenait à son état premier. Un page, qui montrait toutes ses dents quand il riait et qui, pour chasser une malheureuse libellule, agitait une serviette rouge comme il l'aurait fait d'un étendard avant la bataille, mena Merkel encore hésitant jusqu'à une table libre au bout du jardin. À côté de la cafetière en argent et de la serviette, roulée en forme de donjon et surmontée d'une rose en guise de drapeau, il y avait une coupe en verre.

Disposée contre le mur aux rosiers grimpants dont les fleurs épanouies s'offraient aux abeilles, cette table était à l'écart des contours trop nets du reste du jardin, à l'écart des bribes de conversation et des cliquetis de vaisselle. Il flottait dans ce refuge un charme dont la douceur ramollissait Merkel, un parfum qui l'enivrait. Une fraction de seconde, il oublia sa nostalgie des montagnes faiblement teintées de bleu qu'il voyait luire à l'horizon et, les sens engourdis, il replongea dans l'idylle de l'instant.

À portée de main de sa table, il y avait, fixé à un palmier, un panneau portant l'inscription : «*Don't feed the monkeys*[1]». Perché sur son rebord, un gracieux rhésus gris inclinait la tête et levait en l'air ses bras grêles.

Merkel dit «*Jambo*» avec autant de sérieux que s'il n'avait pas encore su que le mot possédait un pouvoir magique auquel il avait déjà succombé, et il tendit la main en direction de l'animal aux petits yeux attentifs. Il se surprit bientôt en train de s'adresser au singe dans un jargon bêtifiant, comme tout à l'heure la vieille dame au marabout. Il se mit à rire, de manière inopinée, si fort qu'il en tressaillit. Le singe secoua la tête pour en chasser une mouche, se pencha en direction de la chaise, tendit les deux bras vers Merkel, lui caressa les cheveux en jacassant à voix basse et s'empara d'une des boulettes de beurre sur leur lit de glaçons. Il la mangea sans hâte.

Un serveur qui s'approchait claqua des mains pour faire fuir le singe, le traitant de sale voleur, versa du champagne dans la coupe et demanda s'il devait servir le petit déjeuner.

– Je vais aller me servir au buffet, répondit Merkel.

Devant les plats de fruits, les vol-au-vent et les plateaux de viande décorés de morceaux d'orange couverts d'abeilles, il prit soudain conscience que le garçon lui avait adressé la parole en swahili et qu'il avait répondu dans la même langue. Que le personnel soit à ce point informé sur son compte n'avait plus de quoi l'étonner, et c'est à peine si cela l'énervait. Même s'il n'avait pas faim, il remplit son assiette à ras bord, à la plus grande joie d'un cuisinier qui faisait sauter des crêpes, et, en guise de conclusion, il mit une banane dans la poche de son pantalon. Si le singe revenait le voir, il considérerait cela comme de bon augure, comme la promesse que le Dieu d'Afrique était toujours favorablement disposé à l'égard des Blancs qui le respectaient.

Le fripon à poils gris était encore perché sur le rebord du panneau aux caractères noirs, tout occupé à s'épouiller le ventre ; il n'en tendit pas moins à nouveau les deux bras vers Merkel avant que ce dernier ait eu le temps de poser l'assiette et de prendre place. Puis il sortit la

1 «Ne donnez pas à manger aux singes» *(N.d.T.)*

banane de la poche de son pantalon, l'offrit au singe et admira l'habileté avec laquelle l'animal l'éplucha avant de mordre à belles dents dans la chair blanche tout en continuant de jacasser. Ensuite le singe sauta sur la table sans même effleurer d'une patte les couverts, pêcha un morceau de sucre dans le sucrier et retourna à son poste.

– À ta santé, lui dit Merkel en buvant une gorgée de champagne.

Depuis son arrivée, c'était le premier mot qu'il prononçait en allemand. Il lui parut incongru. Peut-être parce qu'il s'imaginait pouvoir échapper à ses fantasmes s'il s'en tenait aux syllabes pleines du swahili, ou à l'anglais qui lui procurait un sentiment de dépaysement. Il fut heureux de se souvenir que singe se disait *nugu* en swahili. Le *nugu* en question but ce qui restait de lait dans le petit pot, devint volubile et alla chercher un congénère, plus bavard encore, qui sauta sur l'épaule de Merkel avant de plonger à son tour la main dans le sucrier et d'aller se percher d'un bond sur le panneau d'interdiction.

Les années écoulées et tout ce que la vie lui avait appris s'évanouissaient. Des images aux couleurs défraîchies par la nostalgie refoulaient si bien le temps qu'il en retrouvait une dimension tangible. Merkel n'était jamais parti. Sa tête touchait celle de Kamau qui avait trouvé dans la forêt, après un feu de brousse, un tout jeune babouin orphelin de sa mère. Il l'avait apporté à son ami. Ensemble, ils avaient nourri l'animal affamé, d'abord à l'aide d'un biberon, puis en lui donnant des fruits et des noix, mais il se tenait toujours exclusivement sur l'épaule de Paul. Pendant de longues années, il avait continué à sentir cette chaleur qui lui rappelait la force et la réalité du lien entre cette créature et lui-même.

Merkel, peu habitué à boire de l'alcool dès le matin, s'attendait à ce que sa tête lui fasse mal et à ce que ses sens s'engourdissent, mais il continuait à se sentir en parfait accord avec lui-même, plongé dans une indolence qui se transformait peu à peu en apaisement, puis en délivrance. Il avait l'impression d'être sur une balançoire et de ne plus jamais devoir toucher le sol. Quand il fermait et rouvrait les yeux, il voyait de petits points noirs qui se métamorphosaient en cercles de bonheur, larges comme des bulles de savon. Dans cet état dont il ne savait pas exactement s'il était rêve ou réalité, Merkel décida de passer la journée entière assis à la table accueillante de l'éternité et de s'en remettre aux singes. Le temps n'avait plus de signification pour lui. Il n'avait plus besoin de quêter une approbation, de s'interroger sur le sens de ses actes.

– Désirez-vous encore quelque chose, mister Paul ?

Il n'avait pas vu arriver l'Indien et n'avait même pas remarqué qu'il avait pris place sur la chaise libre ; il émergea cependant sans peine de son état d'ivresse, de nouveau tout à fait en état de détecter, derrière ce qui rendait ses oreilles sourdes à toute norme et à toute logique, le chant des sirènes africaines. Dans les nuits sans lune de Samburu, dans la douce chaleur des huttes aux toits d'herbe, il avait appris, au seuil de l'âge adulte, qu'il suffisait de se défaire de son nom pour devenir un autre homme.

Il n'avait pas oublié le message contenu dans cette vieille histoire. Il savait, bien sûr, que l'étranger assis à sa table l'avait appelé par son prénom parce qu'il n'arrivait pas à prononcer son nom, mais il savait aussi qu'en Afrique le hasard était un signe du destin. Qu'on lui prenne son nom ne l'empêchait pas d'avoir la tête d'un enfant et le cœur léger.

– Désirez-vous encore quelque chose, mister Paul ? répéta l'Indien.

S'il ne l'avait pas appelé ainsi une seconde fois, Paul, dont la peau était déjà brûlée par le soleil africain et la raison obscurcie par les chimères et la superstition, aurait peut-être évoqué à nouveau les pantalons fins et les chemises kaki. Mais l'homme nouveau qu'il était devenu répondit comme s'il avait pesé chaque mot :

– Je voudrais vite partir pour le Nord.

– Au Soudan ? Vous avez trop longtemps parlé avec les singes.

– Pas si loin, répondit Paul en riant. Isiolo me suffit. Ensuite, Samburu. C'est là que ma vie d'homme a commencé.

Cela ne sembla pas surprendre l'Indien.

– Un safari de groupe ? demanda-t-il.

Il parlait d'un ton somnolent, mais ses yeux ne dormaient pas.

– Un safari tout seul. Est-il possible de louer une voiture ?

– La route du Nord est dangereuse.

– Même avec un chauffeur ?

– On ne sait jamais, mister Paul.

– Je ne veux pas tout savoir.

– Vous avez raison. Savoir paralyse les jambes.

Quand l'Indien à la voix somnolente fut redevenu un portier efficace, il chassa les deux singes et accepta de se mettre à la recherche d'une voiture et de conserver la partie des bagages qui ne pourrait qu'encombrer mister Paul.

– Vous devriez aussi ne pas emporter trop d'argent avec vous, conseilla-t-il. Vous avez de toute façon votre coffre-fort chez nous. Gabriel s'occupera de tout durant votre long voyage.

– Qui est Gabriel ?

– Votre chauffeur.

3

Quand ils apportaient des nouvelles de chez lui à l'homme originaire des lointaines huttes des hautes terres, les messagers venus de Naro Moru l'appelaient Kinanjui. C'était son ancien nom, agréable à prononcer, que son père, dans sa sagesse, lui avait donné alors que ses yeux ne pouvaient encore voyager plus loin que l'arbre du champ de tabac. Les hommes dans la force de l'âge qui utilisaient le véritable nom de Kinanjui lui parlaient de sa femme et de ses deux fils. Comme il voulait envoyer plus tard ses enfants à l'école, Kinanjui, pour aller chercher du travail à Nairobi, avait quitté son village, sa grande famille, les amis et les nombreux sentiers qu'il avait lui-même tracés.

À présent, il logeait dans une baraque de tôle ondulée enfumée, en compagnie d'hommes qui avaient eux aussi quitté leurs racines avant d'avoir atteint leur pleine vigueur et qui devaient désormais se tirer d'affaire sans les conseils et l'expérience des anciens, et sans la joie d'avoir des visages connus autour d'eux. Cette baraque, entourée de buissons brûlés par le soleil, de cactus pleins de poussière, de débris de verre coupants et de boîtes de conserve rongées par la rouille, se trouvait dans la grande ville bruyante, plus exactement dans le quartier de la ville qui crevait sous les immondices. Ceux qui pouvaient habiter ailleurs se bouchaient le nez dès qu'ils voyaient les baraques de loin, même en voiture.

Kinanjui, à Nairobi, recevait rarement des nouvelles du bon vieux monde où régnaient les nuits froides et où l'air qui venait des montagnes couvertes de neige décrassait les poumons. Il n'était pas possible de faire autrement. Et puis, entendre parler d'enfants que le lait d'une seule chèvre suffisait à rassasier et pour lesquels le père, d'ici un bon moment encore, n'aurait pas à payer l'école ne poussait pas Kinanjui à accélérer les choses. Il était dans le même état d'esprit à l'égard de sa femme.

Depuis quatre mois, elle portait en elle une vie nouvelle. Kinanjui avait l'intention – si le dieu Mungu lui était favorable, s'il préservait ses jambes des bosses purulentes, son front des accès de fièvre brûlants et s'il remplissait suffisamment son ventre pour que sa tête ne perde jamais l'espoir de jours meilleurs – de rendre visite à sa femme après la naissance du nouvel enfant.

En effet, les amateurs de safaris étaient trop peu nombreux à Nairobi et Kinanjui ne gagnait rien. En des temps aussi difficiles, un voyage à Naro Moru était trop long et trop cher. Pour un homme comme Kinanjui, qui savait lire, écrire et nourrir les yeux des grands voyageurs des choses dont ils étaient avides, il n'aurait pas été sage, rien que pour satisfaire son envie de sentir le ventre rebondi de sa femme, de laisser glisser comme de la terre entre les doigts les quelques possibilités qui s'offraient à lui à Nairobi. Celui qui, sans réfléchir suffisamment, se laissait aller, comme tous les pères, à tirer fierté de sa propre semence ne tardait pas à avoir de petits trous dans les chaussures et de gros trous dans l'estomac.

Quand Kinanjui recevait des messages adressés à Gabriel, il n'hésitait cependant pas un seul instant à se mettre en route. Quand il était Gabriel, Kinanjui était un jeune homme gai, un maître de la vie qu'on enviait et qui pouvait marcher la tête si haute que pas une seule ombre, si petite soit-elle, ne venait peser sur ses épaules. Lorsqu'il avait du travail, Gabriel était rapide, malin et aussi honnête que possible. Il n'était alors plus seulement le chauffeur d'une Toyota dont le toit pouvait s'ouvrir et qui volait par-dessus les nids-de-poule aussi rapidement qu'un oiseau regagnant son nid. Dès qu'il était au volant, toutes celles et ceux qui étaient assis dans la voiture lui appartenaient ; l'émetteur-récepteur lui appartenait aussi, grâce auquel il pouvait, sur son trajet, entrer en contact avec quiconque jouissait du même privilège.

En safari, Gabriel était un pisteur qui suscitait l'admiration générale. Quand il avait repéré quantité d'animaux dans les arbres, sur les rives des rivières ou dans l'herbe haute, les étrangers le félicitaient pour ses yeux et sa sagesse, lui tapaient sur l'épaule et lui offraient du chewing-gum, du Coca et des cigarettes. Ces étrangers n'avaient jamais faim et ils étaient si riches qu'ils ne mettaient rien d'autre que des billets dans le petit sac en cuir qu'ils portaient autour de leur cou bien en chair. Le soir, quand ils étaient satisfaits, les clients du safari lui glissaient dans la main, en riant, les pièces qu'ils avaient conservées de leurs petits achats. Gabriel, à qui les gens fortunés confiaient leurs appareils photo si coûteux et leur vie, ne sentait jamais la vieille bière et la sueur des pauvres.

Dans la Toyota, il portait des pantalons clairs et propres, des chemises fraîchement repassées avec des poches profondes, des chaussures si soigneusement cirées que son visage s'y reflétait, une montre dont la trotteuse était en or et un large bracelet noir qui rendait le poignet vigoureux. C'était un Américain qui avait offert la montre à Gabriel pour avoir découvert, en une seule journée, trois léopards assoupis dans des arbres.

La plaque blanche et liserée d'argent sur la poche de poitrine gauche de Gabriel était particulièrement importante. Elle portait bien sûr son nom anglais, que seuls des gens ayant fréquenté l'école pouvaient prononcer, mais, par sa seule existence, cette petite plaque conférait du prestige à l'homme qui avait le privilège de la porter.

Gabriel n'était appelé pour un travail que lorsque l'Indien des Kenya Safari Tours, qui travaillait sur la Kenyatta Avenue dans un bureau rafraîchi par un ventilateur, avait une mission particulière à lui confier. L'Indien n'appréciait que les chauffeurs endurants, se comportant comme les Blancs et connaissant bien leur affaire : les routes, les divers lodges des hautes terres, les têtes dérangées des Européens et des Américains, à qui le soleil d'Afrique brûlait la peau et le cerveau aussi rapidement qu'un feu de brousse les forêts. Et Gabriel était un de ces hommes-là, un guide de safari.

Il s'entendait bien avec les gens qui, grâce à leur argent, pouvaient s'acheter toutes les joies qu'ils désiraient et qui montraient leurs dents en or quand ils riaient. Ils avaient la gorge très vite desséchée et au front des gouttes de sueur qui luisaient sur leur peau blanche comme la rosée du matin sur l'herbe haute. Tous croyaient que les animaux étaient leurs frères. Des lions somnolents, des éléphants surpris en train de barrir et même une bande de babouins cheminant paresseusement ou encore un groupe de vautours immobiles sur un épineux, tous ces animaux avaient pour eux plus d'importance que les plaisanteries permettant de guérir la tête d'un ami en proie à la tristesse.

Les hommes et les femmes qui s'enduisaient le visage et les bras de pommade et qui portaient sur eux l'odeur des épices si prisées chez ceux qui mangent à leur faim emportaient des vestes si solides qu'ils n'étaient jamais mouillés. Ils avaient sur la tête des chapeaux de toutes les couleurs et, sur les épaules, les larges lanières de gros sacs en cuir. Ces gens n'avaient pas besoin d'ordonner à leurs yeux de conserver les images qu'ils désiraient ramener chez eux. Pour cela, ils s'en remettaient à leurs chers appareils photographiques et aux performances de leurs zooms. Quand les dévoreurs d'images prononçaient ce dernier mot – et ils le faisaient fréquemment – on croyait entendre des sauterelles avant l'orage. Les zooms pouvaient avaler les plus grandes distances avec autant de facilité qu'un guépard dévore un jeune gnou ayant perdu sa mère.

Sur les photos que les clients des safaris montraient à Gabriel, on avait toujours l'impression de pouvoir toucher de la main les lions, les craintives gazelles et même les rhinocéros sans qu'ils émettent le moindre son. Gabriel aimait ces images d'un monde à l'envers où les animaux ne se mangeaient pas entre eux et où une seule goutte d'eau avait autant de couleurs que tout un arc-en-ciel. Les étrangers étaient aussi fiers de leurs photos que si, armés d'un fusil coûteux, ils avaient abattu leur proie au risque de leur vie, au lieu de se contenter d'appuyer sur un bouton de leur caméra.

Pour Gabriel, les safaris étaient le meilleur moyen d'assurer sa propre existence et celle des siens. Il lui suffisait de se montrer avisé et de ne pas se contenter de conduire correctement la voiture. Un chauffeur malin ne devait pas accorder le moindre répit à ses yeux, à ses oreilles et à son nez, s'il voulait découvrir les animaux sauvages que les touristes adoraient comme les gens d'Afrique adoraient leurs anciens dieux. Seul celui qui ne ménageait pas sa peine et actionnait ses jambes, ses bras et sa tête avec autant d'énergie qu'il en mettrait à faire fonctionner le moteur récalcitrant d'un vieux camion réussissait à envoyer assez d'argent chez lui.

Lorsque Gabriel était obligé de rester dans les huttes puantes de la ville, il ne se comportait pas comme beaucoup, qui ne voyaient que le jour présent et jamais ceux qui viendraient après. Quand ils étaient sans travail, ces idiots-là restaient assis sous les arbres à jouer aux cartes et à boire de la bière bien chère en attendant que quelqu'un les appelle. Mais à Nairobi, Gabriel avait vite compris que les gens puissants qui avaient du travail à donner étaient incapables de retenir les noms, ou les visages, de ceux qui avaient besoin de travailler.

Bien que cela lui prenne près de deux heures et que le soleil lui assèche la gorge, Gabriel se rendait tous les jours au bureau luxueux des Safari Tours de la Kenyatta Avenue. Sans trop redresser la tête, il demandait si mister Singh, dont les chemises étaient aussi blanches que du lait fraîchement trait, avait une mission à lui confier. Les cinq hommes avec qui Gabriel partageait une pièce sans fenêtre raillaient son obstination, prétendant que les gens de Naro Moru avaient de meilleures jambes que la tête, mais ni leurs rires méchants ni ses plantes de pied douloureuses ne l'empêchaient de partir pour la Kenyatta Avenue dès le lever du soleil. Un jour où il ne savait plus comment payer son logement ni remplir son ventre autrement qu'avec de l'espoir, sa patience fut enfin récompensée.

– Tu devras être au Norfolk demain matin, dit Singh. Mon frère sera de service et te dira la destination du safari. Un client seul.

En laissant tomber de sa bouche les trois derniers mots, il fit passer dans ses yeux un mince éclair de connivence. Comme Gabriel s'y attendait, il prit brièvement entre ses doigts le nœud de sa cravate et dit :

– Ça rapportera gros.

Puis il réclama les habituels cinq dollars de commission. Singh savait très bien que la plupart des touristes payaient leurs pourboires en dollars et que Gabriel, quand il demandait du travail, avait toujours sur lui la somme exacte qu'il lui fallait. S'il avait fait mine de vouloir négocier, il n'aurait plus eu besoin de reparaître chez Singh.

Cette fois-ci, il ressentit moins douloureusement que d'ordinaire la somme que ce dernier venait d'exiger de lui et que, par pure routine, il convertit mentalement en nourriture pour ses enfants et en deux paquets de cigarettes pour son usage personnel. Exceptionnellement, Singh, cette hyène menteuse, n'avait pas su retenir sa langue et dit la vérité. Les commandes venues du Norfolk valaient toujours la peine, car les gens qui y logeaient avaient encore plus d'argent que les voyageurs normaux, surtout quand ils voulaient partir seuls avec un chauffeur.

Si les chasseurs d'images de l'hôtel Norfolk étaient différents des touristes normaux qui, avant de partir de chez eux, payaient leurs safaris en prenant leurs billets d'avion, ce n'était pas seulement parce qu'ils portaient généralement des chemises avec col à la place des habituels tee-shirts au devant orné de dessins bariolés. Les gens qui partageaient une voiture à six riaient beaucoup, mais, pour autant, ne réjouissaient pas toujours le cœur du chauffeur. Comme ils préféraient avoir la peau nue que des pantalons longs, il leur arrivait trop souvent de perdre à la fois la raison et la patience. Il fallait de plus donner régulièrement à manger aux clients de safari voyageant en groupe, si l'on ne voulait pas voir leurs mines s'assombrir. Quand ils buvaient de l'alcool en pleine chaleur, ils se mettaient à crier aussi fort que des singes saoulés par le jus de fruits fermentés et leurs hurlements chassaient les animaux qu'ils voulaient justement voir.

Gabriel, qui avait besoin de ses oreilles pour entendre les sons vraiment importants au cours d'un safari et qui n'aimait pas se disputer, appréciait les clients du Norfolk – et pas seulement parce qu'ils avaient assez d'argent pour savoir combien il fallait en donner à un chauffeur afin que ce dernier, à la fin du voyage, ne se contente pas de fourrer leur cadeau de remerciement au fond de sa poche, les lèvres pincées. La personne qui partait seule en safari était rarement jeune et n'avait plus la tête trouée comme une passoire. Avec l'âge, les gens prenaient au contraire du plomb dans la tête et ne se souciaient pas en permanence d'avoir le ventre plein et de trouver la meilleure nourriture pour leur caméra. Un homme bien raboté par la vie ne se mettait pas en fureur uniquement parce qu'un lion dormait dans la chaleur de midi et qu'il aurait l'air d'un rocher mort sur les photos.

Quand quelqu'un n'a plus personne avec qui partager plaisanteries et colères, il sourit même aux oiseaux et aux chardons. Ceux qui commencent à perdre leurs dents et la force de la langue ne réclament pas du chauffeur de voir en même temps le soleil et la lune, un zèbre et un éléphant. Ces gens-là n'exigent pas une piscine quand ils habitent un hôtel construit dans les arbres, ni la pluie pendant la saison sèche. Les vieilles personnes, qu'elles soient noires ou blanches, bien nourries ou pauvres, se contentent d'ouvrir les yeux, et n'ouvrent pas perpétuellement la bouche.

Gabriel néanmoins – très fier de ses connaissances en anglais – espérait que, assez riche pour vouloir disposer d'une voiture entière pour lui seul, l'homme du Norfolk parlerait la même langue que lui. Tout un safari sans une seule parole n'était pas une bonne chose, c'était comme une chèvre aux pis desséchés. Même s'il n'était pas sage de trop parler avec des étrangers curieux de choses qu'il est meilleur pour eux d'ignorer, les conversations rapportaient toujours de bons pourboires. Des gens morts de curiosité en chemin sont trop près de leurs sous une fois arrivés à bon port.

Le soleil n'avait pas encore avalé ses ombres quand le portier du Norfolk conduisit Gabriel auprès de son futur compagnon de route. Celui-ci était en train de déjeuner et Gabriel trouva que Singh avait bien fait les choses : il valait mieux échanger les premières paroles avec un étranger qui n'ait pas à parler trop longuement l'estomac vide.

Paul était seul à la table contre le mur du jardin, et Gabriel vit immédiatement qu'il n'accordait aucune attention au morceau de viande tendre dans son assiette. À la manière des gens ayant oublié ce qu'ils cherchent et qui continuent cependant à regarder partout, il n'arrêtait pas de porter les yeux au loin. Gabriel se demanda d'où pouvait bien venir cet homme qui, assis devant une assiette pleine, s'amusait à compter les nuages. Certainement pas d'Amérique, et pas d'Italie non plus.

Les Américains ne mangeaient que d'une main, l'autre dormant sur leurs genoux ; les Italiens avaient la couleur de peau des Indiens et des lunettes de soleil aussi jolies que des montres. Gabriel espérait que son client ne venait pas d'Angleterre. À partir d'un certain âge, les Anglais appelaient trop souvent les hommes d'Afrique des « boys » et croyaient de toute façon que les oreilles noires ne comprenaient rien.

Mais Gabriel n'était pas aussi ignorant qu'un veau venant de naître. Il voyait à ses boutons métalliques que la chemise kaki de Paul avait été fabriquée par le tailleur désagréable – un parent des frères Singh – qui se voyait attribuer toutes les commandes du Norfolk. Des boutons qui furent aussi les premiers à parler : il ne faisait aucun doute que l'homme qui ne laissait pas de repos à ses yeux s'était si rapidement décidé à entreprendre un safari qu'il avait dû se procurer des chemises à Nairobi pour éviter de s'évaporer en chemin comme une flaque d'eau sous le soleil. Donc, ce n'était pas non plus un Allemand. Les Allemands ne commettaient pas d'erreur et ne partaient pas de chez eux en emportant les mauvaises chemises. Ces gens-là avaient dans les poches de leur pantalon le médicament voulu quand ils étaient piqués par un moustique, des mouchoirs pour leur nez, et ils savaient dès l'aube ce qui allait les mettre en colère le soir.

– Voilà Gabriel, mister Paul, dit le portier en saisissant, exactement comme son frère des Safari Tours, son nœud de cravate en parlant. C'est notre meilleur chauffeur. Comme je vous l'avais promis. Vous pouvez faire confiance à Gabriel. Avec lui, vous ne perdrez pas une minute de vos vacances.

– Je peux me permettre de perdre quelques minutes, répondit Paul avec un sourire. Je ne suis pas pressé.

Il regarda le jeune homme aux yeux noirs et ronds qui, de son côté, le dévisageait, et il réfléchit un instant pour savoir s'il allait lui dire «*Jambo*» et goûter une nouvelle fois à la magie qui éclairait les visages dans tout l'hôtel. Une magie qui le mettait lui aussi de bonne humeur, avivant encore son désir de rétablir le lien linguistique avec les hommes d'Afrique qu'il avait regrettés depuis si longtemps. Pourtant, brusquement, il se fit l'effet de quelqu'un de stupide, de sentimental, d'un être désemparé aussi. Il s'aperçut qu'il avait perdu la parole. Quand il montra la chaise libre, invitant Gabriel à y prendre place, sa main tremblait.

Gabriel s'approcha lentement de la table, semblant compter chacun de ses pas. Ses gestes, le calme qui se dégageait de sa physionomie, sa manière de se laisser glisser sur la chaise et de regarder ensuite au loin comme si seule la vie au-delà de l'horizon l'intéressait, tout déconcertait Paul. Il eut l'impression qu'il connaissait ce jeune homme, mais en même temps l'idée lui vint que mieux valait ne pas le lui dire.

Alors qu'il s'était bien promis de ne pas le faire, il se mit à serrer si fort les dents que ses mâchoires devinrent douloureuses et qu'il eut des bourdonnements dans les oreilles. Il sentit avec effroi une sueur salée lui couler dans les yeux. Il avait de la peine à respirer. Il crut soudain qu'on pouvait entendre les battements de son cœur et il eut honte de montrer sa faiblesse aux deux jeunes hommes qui, il le voyait bien, le fixaient avec curiosité. Pris de panique, il enfonça ses doigts entre ses côtes. Au même instant, la tension en lui se relâcha aussi soudainement qu'elle était venue. Il pouvait de nouveau voir, entendre, parler et, libéré, il trouva ce qu'il venait de chercher fiévreusement.

Il ne connaissait pas Gabriel, seule son apparence lui était familière : ce mélange d'embarras, de curiosité, de naïveté, de rudesse et d'assurance obstinée. Combien de fois, dans son enfance, avait-il vu ce genre de visages qui ne se livraient pas d'emblée et qui pourtant révélaient à jamais leur secret à celui qui se fiait à eux ! Combien de fois, durant les sombres heures où il se croyait perdu, s'était-il senti attiré vers cette magie, dans l'espoir qu'elle le guérirait ! Il entendit Gabriel parler, il l'entendit lui demander où il voulait aller et quand il comptait partir, et il entendit sa propre voix lui revenir.

– Je veux me rendre à Isiolo, répondit Paul, humectant chaque syllabe avec délectation. Hier.

Même s'il s'était aperçu que Gabriel parlait bien l'anglais, il était persuadé qu'il ne comprendrait pas la plaisanterie, mais celui-ci, d'un geste ample, se pencha sur sa montre et, sans dire un mot, fit tourner les aiguilles en arrière de vingt-quatre heures. Ils éclatèrent tous les deux de rire, au même moment.

– À Isiolo, il n'y a pas de lions, dit Gabriel. Hier non plus.

– Je n'ai pas besoin de lions.

– De quoi avez-vous besoin dans un safari, *sir* ?

Paul fut ému par ce passage abrupt du jeu avec les mots à la réalité et au sérieux. Il savait encore jouer à ce jeu aux multiples variantes, chacune différente de l'autre. Il ferma les yeux, comme s'il lui fallait faire un effort pour trouver une réponse à la question de Gabriel, puis dit très lentement, un tout petit peu trop distinctement néanmoins :

– Je ne le saurai que lorsque demain sera devenu hier.

Gabriel hocha la tête si légèrement qu'il sentit un souffle le frôler, mais il ne remua pas les lèvres. Il avait l'habitude des êtres qui n'avaient pas oublié qu'ils étaient aussi des singes. Ces êtres-là s'emplissaient les oreilles même quand ils parlaient avec d'autres. Ces êtres-là étaient aussi sensibles que les fleurs de l'hibiscus juste avant qu'elles ne meurent. Il ne fallait pas faire pression sur une langue gonflée.

– Mais Isiolo est sur ma route, dit Paul en interrompant le beau silence et en réussissant à faire passer dans sa voix, ses yeux et ses gestes, goutte après goutte, le soupçon d'humour dont il savait à présent que Gabriel était demandeur.

– Sur quelle route ?

– Sur la route de Samburu.

– Pourquoi n'avez-vous pas dit tout de suite, *sir*, que vous voulez aller à Samburu ? interrogea Gabriel avec un rire qui découvrit jusqu'aux dents auxquelles il accordait rarement la liberté. Tout le monde veut aller à Samburu. C'est là qu'attendent les éléphants.

– Je ne suis pas tout le monde. Je connais déjà les éléphants de Samburu.

– Ils se sont envolés pour venir vous voir chez vous ?

– Je suis né à Samburu, Gabriel.

– Mon troisième fils aussi. Vous le connaissez ?

– Un troisième fils ? Quel âge a-t-il donc ?

– Dans cinq mois, il aura déjà un jour, mais il ne pourra pas encore vous dire que la route pour Samburu est une longue route.

– Très longue, confirma Paul.

Il ne sut pas exactement s'il parlait des années de sa lente extinction ou bien seulement de sa soudaine décision de s'en aller. Désirait-il réellement se rendre à Samburu ou ne cherchait-il qu'à se fuir lui-même ?

– Comptez-vous partir pour Samburu dès demain ? Nous attendrons devant l'hôtel à l'heure que vous voudrez.

– Qui ça, nous ?

– Moi et l'auto.

– Demain, ce sera bien.

– Avez-vous acheté assez de films ? À Samburu, ils sont très chers.

– Je n'ai pas besoin de films, Gabriel. Je n'ai pas emporté de caméra. Mes yeux seulement.

– Vous en avez quatre !

Les deux de la tête et les deux des lunettes – la plaisanterie du temps de l'enfance. Paul lui souhaita la bienvenue et se mit à rire, comme s'il l'entendait pour la première fois. Il remarqua que Gabriel, en s'en allant, se retourna dans sa direction à deux reprises et, avec autant de netteté que s'il avait vu son enfance au travers d'un microscope, il se souvint qu'un homme n'avait pas le droit de le faire. Au Kenya, on disait que si quelqu'un ne regardait pas devant soi quand il prenait congé, il ne reviendrait jamais. Il songea à Orphée, mais le chant de l'ultime séparation lui parut doux et léger.

Il avait la gorge sèche de toutes les paroles qu'il n'avait pas prononcées, n'ayant pas voulu les dire devant le portier. Il vida son verre d'un trait. La bière était très chaude, contenait peu d'alcool et sentait le savon, mais elle lui plut. Avant même d'être arrivé à la moitié de son repas, il sentit la fatigue. C'était une lassitude agréable et douce, pleine de pensées douces et agréables elles aussi, déguisées en rêves. Dans la chaleur torride de ce début d'après-midi, le bougainvillée lilas semblait lancer des flammes rouges. Un marabout, le corps pesant, se traîna en direction de la piscine où des feuilles flottaient lentement à la dérive et se mira dans l'eau en ouvrant le bec.

Les serveurs portèrent les couverts à la cuisine et disparurent. Il se fit un tel silence que Paul entendit le bruit que faisait le marabout en buvant. Un chat à pelage de cuivre, un bandeau noir sur un œil, traversa le jardin en courant, effarouchant les merles métalliques aux reflets violets. Mais ni l'animal en chasse ni les oiseaux, qui lui échappèrent de quelques battements d'aile et reprirent aussitôt leur place sur la fontaine, n'avaient émis le moindre son. Leurs longs bras entortillés autour d'un corps fluet, les singes dormaient dans les arbres.

Paul crut tout à coup entendre une femme l'appeler. Elle avait la voix de Cornelia, une voix enfantine, très émouvante. Il prit la décision d'écrire à sa femme sans attendre un jour de plus et de lui expliquer ce qu'il ne comprenait pas lui-même. Il avait déjà formulé dans sa tête la première phrase de cette lettre, une phrase le dispensant d'emblée de fournir d'autres preuves, quand il pensa soudain à Gabriel. L'homme lui plaisait avec sa manière d'entrer dans le jeu des plaisanteries. Il y avait si longtemps qu'il avait désappris de rire pour se libérer de ses angoisses ! Il leva les yeux vers les nuages, très blancs sur le fond clair du ciel, et leur lumière l'aveugla en même temps qu'elle l'apaisa, lui accordant la faveur du grand oubli. Deux damans couleur de sable, tapis sur un arbre, rongeaient des mangues trop mûres, et le jus orange humectait leur pelage. Ils crièrent à l'adresse du déserteur qu'ils étaient eux aussi des hommes ne posant pas de questions. Il s'étonna, après tant de temps, de savoir encore parler avec les damans – chaque fois qu'il avait appelé à l'aide ces animaux peu farouches, ils avaient su l'apaiser, trouver une réponse flattant sa conscience.

Flottant dans un espace infini où le doute n'existait pas, Paul, l'instant d'un mensonge miséricordieux, parvint à succomber à l'illusion que Gabriel lui avait plu sur-le-champ parce qu'il lui rappelait Jens. Mais avant de retomber dans sa torpeur, il prit conscience de son erreur. Son fils et Gabriel avaient certes à peu près le même âge, mais, avec Jens, il ne riait pas. Depuis de longues années déjà.

Quand Paul se réveilla, le ciel commençait à se colorer. Le marabout avait rejoint la cime d'un arbre, la pelouse avait déjà perdu son éclat. Seules les grues étaient encore là. Elles avaient rapproché leurs têtes délicates comme pour se parler à l'oreille et s'abandonnaient à la caresse du vent nouveau-né ; tant de grâce et de complicité éveilla en Paul le désir de ne plus être seul – un besoin qu'il n'avait plus éprouvé depuis des années et qui l'anima d'une énergie qu'il assimila à la jeunesse. Il décida de se rendre au bar.

Plongée dans une obscurité presque totale derrière des rideaux de velours bleu nuit, la pièce était déjà très fraîche et encore à peu près vide malgré l'heure tardive de cette fin d'après-midi. Sur le mur le plus long, recouvert de bois sombre, une composition de cornes recourbées – d'impalas pour la plupart – servait de couronne à une grosse tête de buffle. Un lion empaillé, paraissant sourire, se balançait sous le ventilateur. Paul frotta ses lunettes : après les heures passées dans le jardin, elles étaient tachetées de minuscules insectes, comme ceux que, dans ce monde frénétique qui s'amenuisait de seconde en seconde dans son souvenir, l'on voit collés aux pare-brise des autos. Paul se dirigea vers le lion et constata qu'il était en peluche et qu'un petit bouton métallique était fiché dans son oreille. Le hurlement d'une hyène le fit sursauter, mais il fut bien plus effrayé encore en s'apercevant que c'était lui qui riait à gorge déployée.

Sur le mur derrière le comptoir – un mur aux motifs vert clair simulant des rosiers grimpants – étaient disposées des photos jaunies dans des cadres d'un noir oppressant. Paul eut l'impression de connaître les hommes qui y figuraient parce qu'ils ressemblaient tous au jeune Hemingway. Ils portaient des vestes kaki trempées de sueur et munies de nombreuses poches ; ils s'appuyaient sur leur fusil et leurs yeux luisaient de convoitise.

Bien vivant, en revanche, était le jeune homme derrière le comptoir. Étonnamment grand, il avait la peau bien plus noire que les serveurs du jardin et Paul présuma qu'il devait appartenir à la tribu des Lumbwa ; armé d'un couteau aussi gros qu'une hache, il cassait des glaçons, les réduisant en cristaux minuscules. Avec une gaieté qui, sous la faible lueur verte de la lampe, fit virer son visage du noir au gris, il accueillit Paul d'un « *Jambo* » retentissant et lui demanda, toujours en swahili, ce qu'il désirait boire. Et s'il avait déjà retrouvé sa montre.

– Quelle montre ?

– La montre que tu as vue s'en aller hier. Elle a maintenant un chapeau en laine. Veux-tu que je te mixe un médicament ?

– Un médicament ? Pourquoi un homme aurait-il besoin d'un médicament dans un bar ?

– Pour soigner sa tête malade.

– Tu sais beaucoup de choses, convint Paul.

Il allait s'asseoir au comptoir, sorte de fer à cheval recouvert de cuir rouge, quand, dans un coin, il aperçut un homme assis devant une grande table ronde en verre. Bien que beaucoup plus âgé, il ressemblait étonnamment aux hommes sur les photos. Sa peau évoquait le cuir mal tanné, la poitrine, sous la chemise ouverte, était très poilue ; ses cheveux drus étaient blancs, mais il était encore large d'épaules.

– Approchez-vous, mister Paul, cria l'homme. Mister Smith n'aime pas se saouler tout seul. Racontez-moi ce que vous allez faire à Samburu.

Paul se dirigea vers lui sans trouver une seule seconde étrange, ni même inquiétant, que cet homme sache lui aussi à qui il avait affaire. Face à cette situation, qui n'était pas sans poser problème, il s'attendait à ce que se manifeste une nouvelle fois sa propension à couper les cheveux en quatre – forme de pensée qui, il y a peu encore, lui avait procuré un sentiment de sécurité –, mais il s'aperçut qu'il n'avait pas plus besoin de logique que d'explications. Sa volonté de toujours faire ce qu'un homme se devait de faire s'était déjà évanouie, et il se retrouvait libre, sorti pour toujours des limites étroites de ce que l'esprit peut embrasser. Étourdi d'ivresse, il réussit même à regarder le miroir au-dessus de la tête de mister Smith sans se sentir obligé de détourner aussitôt les yeux pour ne pas se voir.

– De qui tenez-vous que je veuille aller à Samburu ? demanda-t-il.

– Mais vous avez vous-même commandé une voiture pour demain, il y a deux heures de ça.

En dépit de son âge, Smith possédait une voix qui frappait les murs comme un écho la montagne. Il parlait l'anglais désuet de l'ère coloniale, ménageait de longs silences entre ses phrases, bourrait souvent et cérémonieusement sa pipe et racontait qu'après avoir été officier dans l'armée britannique lors d'une première existence, il avait exploité une ferme dans les montagnes des Aberdare au cours de la deuxième.

– Est-ce maintenant votre troisième existence ? demanda Paul.

– Je n'ai plus d'existence du tout. On m'a oublié.

– Qui vous a oublié ?

– Tout le monde, répondit Smith avec bonne humeur. D'abord ma femme et mes enfants, puis les Kikuyu qui, pendant la révolte des Mau-Mau, ont incendié ma maison mais oublié de me tuer. Pour finir, je me suis moi-même oublié. Depuis, je suis heureux. Quand on ne sait plus qui on est, on n'a plus de soucis. Et plus d'argent non plus.

– Je veux bien le croire, murmura Paul.

Il avait une forte envie de demander à Smith comment, sans argent, il pouvait loger dans un hôtel aussi cher que le Norfolk, mais il n'en était pas encore au point de s'abandonner à la curiosité naïve de l'Afrique. Le vieil homme, tout en tirant sur les poils de sa poitrine, expliqua qu'il avait chassé le lion dans sa jeunesse.

– Un homme qui a chassé des lions plaît à tout le monde. Il a des choses plus intéressantes à raconter que celui qui a passé sa vie à labourer des champs. Le directeur de l'hôtel aime que je descende de temps en temps dans son établissement pour distraire ses clients avec mes histoires. Mais je m'en irai dès demain.

– Où ça ?

– Je n'en ai pas la moindre idée. Peut-être à Samburu.

Pour Paul, ces derniers mots évoquèrent plus une menace qu'un projet. Il fut certain que Smith l'avait entraîné dans une conversation dans la seule intention de se proposer comme compagnon de route.

– Je sais ce que vous pensez, dit Smith avec un sourire. Ne vous en faites pas. Je vais vous laisser partir seul en safari. Si quelqu'un en a besoin, c'est bien vous. D'ailleurs, je ne sais jamais le soir où mes pas vont me mener le lendemain matin. Voilà pourquoi toutes les femmes que j'ai connues m'ont quitté.

– Toutes, interrogea Paul. Combien ?

– Je ne m'en souviens plus. Êtes-vous marié ?

– Je crois que oui.

– C'est une bonne chose que vous ne le sachiez plus exactement. Les souvenirs précis sont pires que des blessures fraîches.

Ils burent d'abord un gin tonic puis du gin pur, avec la mélancolie d'hommes qui n'ont plus d'autres images nettes devant les yeux que celles de leur jeunesse. Le vieux Smith évoqua le cheval qu'il avait dû abattre parce qu'il s'était cassé une patte au cours d'un safari. Il pleura deux grosses larmes, puis un fou rire le secoua quand il s'avisa qu'il s'était aussi séparé de sa seconde femme, peu après.

– Elle, je ne l'ai pas abattue. Elle a fiché le camp. Avec le capitaine d'un navire. Et depuis, je me demande sans cesse ce qu'un type de la marine britannique pouvait bien être venu chercher sur le mont Kenya.

Paul songea à Cornelia, mais elle avait les traits d'Anne, et elles fourraient toutes les deux des petits mots dans les poches de sa chemise neuve. Il pressentit alors qu'il était déjà en train d'oublier les plus grandes déchirures de son existence. Il trouva extrêmement comique d'avoir porté sa robe d'avocat au lavage juste avant son départ.

– Au fait, savez-vous qu'il est dangereux de partir seul en safari ?

– Oui, répondit Paul, la voix de nouveau assez alerte pour rebondir elle aussi avec fracas contre le mur.

– Prenez garde ! Il arrive parfois que l'envie de mourir soit une simple idée, sans plus, mais qu'ensuite on n'ait plus le loisir de changer de projet. Prenez-en bonne note : ici, tout est différent. Un porteur d'uniforme est généralement dangereux.

– Que peut-on y faire ?

– Rien. En Afrique, on n'y peut jamais rien. Une chose encore, ne couchez pas avec une femme dès aujourd'hui. Les femmes d'Afrique sont des magiciennes, mais vous n'en êtes pas encore là.

– Où pourrais-je aller pêcher une femme ? Je ne connais personne ici.

– Vous allez être étonné.

En regagnant sa chambre après le dîner, Paul découvrit la femme. Assise sur le rebord de la fenêtre, elle tenait à la main une orchidée de la même couleur que ses dents ; elle portait l'uniforme des femmes de chambre et avait noué un ruban de soie noir dans ses cheveux soigneusement tirés vers l'arrière. Sa jupe était relevée jusqu'aux hanches. Elle avait de longues jambes gainées de bas dont un liseré blanc mettait en valeur les coutures ; ses ongles durs lançaient des éclairs rouges dans la pièce éclairée par la seule lampe de chevet. Sa peau luisait sous une couche d'huile au parfum de rose.

– Avez-vous encore besoin de quelque chose, *sir* ?

– Non merci.

– Je sais faire des tas de choses, dit la femme, tentatrice, en déboutonnant son corsage.

– Pas aujourd'hui. J'ai trop sommeil.

– Demain, dit-elle en abandonnant son anglais laborieux pour les rythmes harmonieux de sa propre langue, demain, tu seras à Samburu. Les femmes de là-bas ne savent pas donner la chaleur à un homme.

Un bref instant, Paul fut rempli d'étonnement en constatant que son corps n'était pas aussi mort qu'il l'avait cru, mais il se refusa à satisfaire cette envie torride. Il avait pitié de cette femme aux grands yeux implorants, qui tendait dans sa direction une paume luisante, aux reflets gris perle. Il réfléchit, se demandant s'il devait donner de l'argent à la Circé africaine, mais il secoua la tête négativement avant même d'avoir eu le temps de plonger la main dans la poche de son pantalon.

– Quand je serai revenu de safari, promit-il, je te ferai appeler.

Sans prononcer un seul mot, elle sauta du rebord de la fenêtre et se précipita vers la porte. La couture de ses bas brillait toujours, mais son visage avait perdu son éclat.

– Tu sais déjà aujourd'hui ce que tu feras après le safari ? Il y a beaucoup d'hommes qui ne reviennent pas de safari.

4

– *Jambo, mzee*, cria Gabriel en insufflant dans le deuxième mot tout l'air qu'il réussit à expulser de sa poitrine.

Ce mot avait dormi suffisamment longtemps dans sa tête. Il devait à présent lui procurer la sécurité à laquelle a droit un homme qui ne veut pas épuiser son énergie avant l'heure.

Frissonnant sous le citronnier de la porte du jardin en attendant que le soleil ait transpercé les nuages et que le petit jour ait rendu leur couleur aux fruits ternis, Gabriel avait mûrement pesé le bonjour qu'il venait si joyeusement de lancer dans le silence. Il lui avait fallu trouver une réponse à une question qui n'avait cessé de le réveiller durant la nuit, une question aussi lancinante qu'un bourdonnement de moustique. Il n'était pas dans la nature de Gabriel de s'encombrer la tête de questions. S'il le faisait, c'est qu'il avait de bonnes raisons d'envoyer ses pensées à la chasse. Mister Paul, qui sortait à l'instant du hall de l'hôtel en humant l'air du matin comme s'il avait été un homme pareil aux autres, en était sans conteste une. Étrangement, la veille, il avait échangé presque tout de suite les sons aigus du rire avec un inconnu, et il l'avait fait d'une manière qu'il n'arrivait toujours pas à s'expliquer.

Cet être mystérieux avait attrapé par la queue les plaisanteries de Gabriel et les avait si bien retournées entre ses lèvres qu'elles s'étaient mises à galoper comme de bons chevaux franchissant la ligne d'arrivée la tête haute et sans le moindre signe d'essoufflement. Un peu plus tard, le personnel du Norfolk – les hommes mais également les femmes – avait raconté à Gabriel que le client à la langue double parlait aussi parfaitement le swahili que l'anglais. Si c'était exact, il ne laisserait pas le mot *mzee* lui tomber dans l'oreille sans qu'une protestation apparaisse dans ses yeux. Les Européens aimaient rarement que les gens d'Afrique s'aperçoivent aussitôt que l'âge avait rongé leur corps avec l'avidité d'un chien rongeant un os bien frais.

Mais si les yeux de mister Paul ne réagissaient pas au mot *mzee*, c'est que tout ce qui se disait à son propos parmi le personnel de l'hôtel était, comme d'habitude, un de ces racontars qu'on colportait le soir, après le travail. Et l'homme doté d'une langue agile et de cheveux ayant acquis avec le temps la couleur d'un ciel légèrement pluvieux ne connaîtrait alors pas assez de swahili pour comprendre vraiment les choses qui comptaient.

Paul, qui s'était avancé vers Gabriel avec, à la main, le sac de voyage que Singh lui avait procuré la veille, s'immobilisa brusquement en entendant le mot. Après un temps d'hésitation, il tourna la tête à gauche puis à droite, comme on vérifie si c'est de soi ou d'un autre qu'on parle. Non sans une certaine tristesse bien sûr, mais déjà résigné, il tenta de se persuader que ce n'était pas lui que Gabriel venait ainsi de saluer, mais quelqu'un qui s'avançait le dos voûté, s'aidant d'un bâton ; hélas, il ne vit personne susceptible de lui épargner cette blessure d'amour-propre.

Il n'eut pas besoin de fournir le moindre effort pour retrouver le sens de ce mot, il ne ressentit qu'une douleur violente et brève, celle du rappel à la réalité. On appelait *mzee* les hommes qui n'avaient plus sur la tête qu'une touffe de cheveux gris trop courts pour cacher la forme du crâne et, dans la bouche, des chicots noirâtres et pourris. On gardait longtemps le mot entre les lèvres et on l'étirait jusqu'à lui donner l'apparence de l'éternité.

Mzee n'était ni une insulte ni un mot vexatoire, il n'était qu'un des moyens servant en Afrique à exprimer une vérité sans fard. Il ne désignait pas uniquement les créatures séniles qui, dans les nuits sans lune, confondaient leurs enfants et leurs petits-enfants, les êtres aux voix usées, qui, pour rire, poussaient des glapissements aussi suraigus que ceux de femmes en colère, les vieillards qu'on laissait faire ce qu'ils voulaient, pareils aux enfants qu'ils étaient redevenus. On pouvait aussi être un *mzee* en ayant à la fois l'œil vif, le mollet vigoureux et le bras nerveux, et une richesse d'expérience que les jeunes souhaitaient partager. Mais Paul, dans son enfance, n'avait jamais entendu un Blanc se faire apostropher ainsi. Il se demanda ce que Gabriel avait derrière la tête.

– Ce matin, expliqua-t-il, j'ai vu mes yeux, mes cheveux et ma bouche dans la glace. Ils étaient exactement comme hier. Et hier tu ne m'as pas appelé *mzee*. Pourquoi le fais-tu aujourd'hui ?

– Je voulais seulement voir si tu connais le mot, *mzee*.

– Je le connais, Gabriel. Je connais bien ce mot. Simplement, je ne savais pas que j'étais déjà un *mzee*.

– Tu es un *mzee*. Tes yeux, à force de regarder vers l'arrière, sont déjà obscurcis.

– Ils regardent aussi vers l'avant. Je vois déjà la route de Samburu.

– C'est bon, admit Gabriel qui prit le sac de voyage des mains de Paul avant d'ajouter, feignant d'y penser à l'instant : Je peux aussi te parler autrement, si tu veux. À une époque disparue depuis longtemps, nous disions *bwana* aux hommes blancs. Une femme blanche était une *memsahib*. Kenyatta l'a interdit. Tu sais qui c'est ?

– Oui, répondit Paul, j'ai beaucoup entendu parler de ce *mzee*.

Quand Gabriel s'aperçut que Paul non seulement connaissait le mot, mais qu'il savait aussi l'utiliser à bon escient, une gaieté à laquelle il ne s'attendait pas lui sécha la gorge ; il rit cependant si bas que lui seul l'entendit.

– Maintenant, expliqua-t-il, nous disons maman et papa aux personnes sans nom. Papa, ça te plairait ?

– Appelle-moi *mzee*, Gabriel. C'est une bonne chose pour moi de ne pas oublier.

– En safari, je n'ai encore jamais parlé swahili, reconnut Gabriel en mettant le moteur en marche.

– Moi non plus, dit Paul.

Il se rendit compte que ce n'était exact que d'un point de vue très concret. Même si, toutes ces longues années, ses safaris n'avaient eu lieu qu'en pensée et dans des circonstances dont il gardait un souvenir honteux, c'était au swahili qu'il avait eu recours chaque fois qu'il s'était embarqué pour l'Afrique pour apaiser sa tristesse et son désespoir. Il regarda Gabriel, curieux de savoir ce que cet homme jeune et intelligent qui avait les pieds sur terre allait penser des folles errances d'un *mzee* à bout de forces.

Il se dit que c'était l'occasion d'apprendre de Gabriel par quel hasard il s'était retrouvé affublé d'un nom anglais : dans sa jeunesse, en effet, les gens portaient des noms issus de leur propre langue ; mais il n'osa pas céder si vite à la curiosité. Il se promit, à l'avenir, de s'abandonner sans hésitation ni retard à la grande force d'attraction d'une langue et d'une mentalité qui ignoraient les égards et restaient indifférentes à l'étiquette.

À un rythme qu'il avait de la peine à suivre, les pensées de Paul s'éloignaient de plus en plus de son pays et de ses maisons aux murs blancs, bâties au milieu de jardins luxuriants plantés de grands cèdres. Il songea à Jens et se dit que son fils appartenait à la génération appelant les parents par leur prénom. Anne et lui, sans apprécier cette manière de faire, ne l'avaient pas combattue. Encore moins quand leurs chemins s'étaient douloureusement séparés et que Jens avait renoncé à sa gentillesse habituelle pour faire preuve de l'intransigeance propre aux enfants de couples divorcés.

Nairobi ne s'éveillait que lentement. La voiture sortit rapidement du centre de la ville. Après quelques kilomètres seulement, sur une large route bordée d'arbres au tronc mince et aux fleurs violettes, on croisa des chèvres cherchant leur nourriture entre des pierres que l'herbe recouvrait et sous des buissons épineux. On ne rencontrait que des autocars bondés, pataches sans fenêtre et mangées par la rouille, ainsi que quelques petits camions découverts.

À l'arrière de ces derniers, plates-formes encombrées de cartons, de couvertures, de pneus et de véritables tours de couvertures empilées, les gens étaient aussi soigneusement entassés que les marchandises elles-mêmes. Chacun empêchait le voisin de tomber à la renverse, et les corps, depuis longtemps rompus à cet exercice, accompagnaient fidèlement les mouvements et les balancements du véhicule. Des hommes jeunes dont le visage luisait sous le soleil et qui portaient des chemises froissées, sans manches pour la plupart, saluèrent de la main la voiture tout-terrain de Gabriel et de Paul. Celui-ci répondit en levant le bras et il exposa son front au soleil. Un soleil déjà assez fort pour tiédir l'air de la course.

– Où vont ces gens ? Au travail ?

– Ils vont, tout simplement, trancha Gabriel. Est-ce que tu veux toujours connaître deux *schauri* à la fois ?

Paul constata avec satisfaction que *schauri* était toujours un mot sur lequel il pouvait compter. *Schauri* signifiait nouvelle, désagrément, malheur, joie parfois aussi ; le mot était substantif et préposition, il introduisait une question et pouvait aussi terminer n'importe quelle conversation. Seule une imagination déliée réussissait à savoir exactement ce qu'une *schauri* voulait dire au moment où le mot était employé.

– Et où allons-nous donc, Gabriel ?

– C'est à toi de le dire. La route qui mène à Samburu est longue. Tu seras fatigué si le voyage n'est pas terminé avant le coucher du soleil, *mzee*. Où veux-tu dormir aujourd'hui ?

– Est-ce que je dois déjà le dire ?

– Tu dois tout dire, déclara Gabriel. Je ne suis que le chauffeur. Et le chauffeur ne sait pas encore ce que tu désires.

– Partir en safari, Gabriel.

– Pour cette nuit, je t'ai réservé une chambre dans le Safari-Lodge de Nakuru. Il te plaira.

– C'est bien. Pourquoi tu ne l'as pas dit tout de suite ?

– Tu ne m'as pas demandé où tu allais dormir. Tu ne m'as pas demandé ce que j'ai fait hier. Tu ne me demandes pas non plus ce que je ferai demain.

Paul savait que Nakuru se trouvait sur la route de Samburu, mais il ne s'était pas encore rendu compte qu'il reverrait si tôt la petite localité qui, jadis, lui était apparue comme une ville imposante. Il gardait un souvenir précis de la longue rue poussiéreuse et bordée de maisons de bois au badigeon vert, abritant des boutiques minuscules ; il revoyait les femmes en train de marchander fiévreusement avec les commerçants indiens et les hommes qui actionnaient la roue de leur machine à coudre. C'est bien à l'avance que son nez décela l'odeur du lac salé. Puis il vit s'envoler un nuage de flamants roses et, bientôt lassé de ne pouvoir que se souvenir, il commença à éprouver un peu d'impatience quand Gabriel ralentissait.

Il était allé à l'école à Nakuru. Il se dit qu'il ne reconnaîtrait pas le bâtiment blanc, mais certainement la colline entourée de maigres bosquets et de champs desséchés où il s'élevait. Au bout de quelques kilomètres seulement, vu le nombre de panneaux portant le mot «*school*[1]»,

1. «École» *(N.d.T.)*.

maladroitement peint à la main le plus souvent, il comprit à quel point les choses avaient changé depuis l'époque où il allait à l'école. Le Kenya était sans aucun doute en train de rattraper son retard sur le monde d'où il arrivait.

Sur la route de Nakuru, il redevint un enfant et se mit à songer à son amitié avec Kamau, à ces sentiments qui avaient peu ou prou fermé son cœur à tous ceux qui auraient pu naître en lui par la suite. Kamau, le jeune garçon qui affirmait pouvoir courir plus vite qu'une gazelle, avait-il maintenant, à cinquante ans bien sonnés, les cheveux gris et l'estomac douloureux au réveil ? Les gens du Kenya avaient-ils entre-temps trouvé un mot pour désigner la mélancolie et la tristesse, ou bien le sel dans les yeux, qui brûlait comme le feu mais qu'il était interdit d'évoquer, suffisait-il à rendre compte des larmes des enfants et du découragement des vieillards ?

– Quand un homme, ici, a cinquante ans, combien de fils a-t-il ?

– Il en a assez s'il a trouvé les femmes convenables, répondit Gabriel en réfléchissant. Combien as-tu de fils ?

– Un seul.

– Tu fais de bonnes plaisanteries, *mzee*.

La grosse chaleur de midi était arrivée avant son heure. L'air était lourd et humide, la lumière blanche. Gabriel roulait toujours, droit devant lui, chassant les mouches du pare-brise à l'aide de petites tapes. Il s'arrêta enfin entre deux minuscules localités ne regroupant que quelques huttes, auprès d'un grand panneau où l'on pouvait lire : « *Last Shop before the Equator! Come and buy! Jambo, Kenya!*[1] »

– Nous y sommes, dit-il.

– Où ça ?

– Il faut que tu dépenses ton argent avant l'équateur.

Sur une carte au cadre rouge, on avait dessiné en noir une Afrique traversée par un équateur bien en évidence qui ne serait pourtant pas franchi avant quatre-vingts kilomètres environ ; derrière, des commerçants entreprenants avaient exposé sur une grande table en bois toutes les merveilles susceptibles à leurs yeux de séduire des touristes avides d'exotisme africain à cette étape de leur équipée poussiéreuse : verres

1. « Dernière boutique avant l'équateur ! Venez acheter ! Bienvenue au Kenya » *(N.d.T.)*.

mal lavés contenant des sodas de toutes les couleurs, bouteilles d'eau, boîtes de Coca, chewing-gums, chaînes faites de perles minuscules, bracelets de cuivre, girafes et éléphants de toutes dimensions, taillés dans le bois, petits tambours et tee-shirts, cartes postales, sachets de thé et de café paraissant n'avoir pas bougé de là depuis des années...

Paul et Gabriel n'avaient rencontré sur la route que peu de véhicules, et pourtant, de très nombreux safari-bus étaient arrêtés au bord de la route. La plupart étaient décapotés, avec des rayures de zèbre peintes sur leur carrosserie. Quelques-uns étaient garés au beau milieu des champs de maïs en herbe.

Des touristes en short arborant sur le devant de leurs tee-shirts des têtes de lion, des léopards bondissants, des impalas et l'inscription « Jambo Kenya », étaient agglutinés autour du panneau, l'appareil photo collé au visage. De jeunes garçons jouaient au football avec des boîtes de Coca. Les chauffeurs, restés dans leurs véhicules, l'air de parents bienveillants ayant enfin accordé quartier libre à leur progéniture grognonne au terme d'un long trajet, se penchaient par la portière. Des enfants africains de tout âge, le crâne rasé, se faufilaient entre les jambes rouge écrevisse des étrangers, les tiraillaient par leurs vêtements et leur tendaient, implorants, des mains couvertes d'une croûte de terre.

Paul ferma les yeux. Son état d'indolence lui procurait un tel bien-être qu'il joua un instant avec l'idée de rester assis dans la voiture et d'observer à distance l'agitation des touristes. Un seul regard sur le visage plein d'espoir de Gabriel le convainquit pourtant qu'il ne le fallait pas.

À contrecœur, il s'approcha du groupe des étrangers, mais, s'étant retourné vers Gabriel juste avant, il constata que ce dernier l'observait avec attention, attendant de toute évidence que son compagnon de route, comme tout le monde en pareille circonstance, laisse libre cours à sa soif de bibelots-souvenirs.

– Ce n'est certainement pas la première fois que vous venez ici ? lui demanda une femme avec un accent saxon traînant.

Sur sa poitrine, un lion montrait les dents.

– Non, répondit Paul.

Il y avait tout juste quatre jours, cette femme était allée à l'opéra de Dresde. Puis, après *Norma*, elle avait encore vu un guépard sur un arbre, d'impressionnantes hardes de gazelles et un jeune éléphant qui boitait et pour lequel elle se faisait beaucoup de souci. Elle avait découvert, raconta-t-elle à Paul sur un ton uniformément réprobateur, que les Africains n'aimaient pas les animaux, ne savaient pas faire le café, n'entretenaient pas leurs routes avec soin et n'apprenaient pas suffisamment l'anglais à l'école.

– Vous avez sûrement déjà fait les mêmes constatations, dit-elle, guettant l'approbation.

Paul était très embarrassé de ne savoir comment faire taire cette femme. Il essaya de lui échapper, mais elle le retint par la manche, l'abreuvant de paroles jusqu'au moment où son chauffeur l'appela enfin pour le départ. Paul la regarda s'éloigner avec soulagement, savourant le silence soudain. C'est alors qu'il aperçut le jeune garçon.

Il se tenait à cinquante centimètres de lui à peine. Il avait le corps d'un enfant de quatre ans, les yeux sans éclat des vieillards, les jambes aussi décharnées que les bras, et les trous dans sa chemise et sa culotte étaient si grands qu'ils laissaient voir les nombreuses taches d'eczéma qui, sur sa peau noire, faisaient songer à des collines couvertes de neige. Il ne lâcha pas Paul des yeux un instant, puis, s'approchant encore et se plantant devant lui, il lui enfonça dans la main ses ongles acérés.

– *Jambo*, murmura-t-il.

– *Jambo, toto*, répondit Paul en riant.

Il voulut se libérer de l'étreinte, comme le commandaient, en présence de tant de petits mendiants, la sagesse et l'expérience Mais il ne put se résoudre à employer la force contre un enfant aussi chétif. Gêné, il caressa de sa main encore libre la tête du gamin, dont les yeux fiévreux, dès le premier contact, s'écarquillèrent jusqu'à laisser voir le blanc de la pupille.

– *Toto*, pouffa le garçonnet qui venait de s'apercevoir que l'étranger s'était adressé à lui en swahili.

Son visage, apathique jusque-là, s'anima, sa voix se fit elle aussi plus forte.

– Donne dollars au *toto*, réclama-t-il.

– Pourquoi un *toto* a-t-il besoin de dollars ?

La surprise du petit à entendre Paul parler réellement le swahili fut plus grande encore. Inclinant la tête sur l'épaule, il ouvrit alors une bouche large comme un four, mais eut besoin d'un petit moment pour libérer sa gorge et pour que chacun des sons qu'elle émette puisse résonner distinctement et voyager au loin. Il poussa un cri aigu à l'adresse de ses compagnons qui accoururent de toutes les directions, et il attendit, pour laisser libre cours à une excitation qui jaillit de lui comme une véritable cascade, qu'ils aient fait cercle autour de lui. Paul constata que le garçon parlait kikuyu. C'était la première fois depuis de nombreuses années qu'il entendait parler le kikuyu. Il ne maîtrisait plus la langue des hautes terres, mais, avec un doux murmure, le mot mélodieux dont les gens se saluaient traversa sa mémoire.

– *Nikwega*, dit-il d'une voix chantante.

– *Mouno*, répondirent les enfants.

Chuchotant entre eux, ils joignirent leurs têtes et, comme s'ils avaient longuement répété la scène, ils levèrent les mains tous ensemble, criant :

– Dollar.

– Tu peux aussi me donner ta montre, si tu n'as pas d'argent, dit le gamin pour l'appâter.

Son regard – soumis et innocent aux yeux d'un étranger, entendu et malin pour qui comprenait les signaux qu'il véhiculait – éveilla en Paul des sensations familières mais ensevelies depuis longtemps. Même enfant, il ne pouvait résister aux enfants africains. Il eut très envie d'attirer contre lui le garçon, d'entendre battre son cœur et de sentir sa peau, ce mélange de sueur, de soleil et de douceur, de refus et d'abandon, mais, se forçant à détourner le regard, il se raidit de tout son corps. Le gamin le fixait sans un cillement. Le chœur des mendiants en haillons ne cessait de crier de plus en plus fort : « dollar ». Les plus âgés prononçaient le mot avec des roulements, et ils l'amplifièrent tant et si bien qu'il se transforma en un chant à plusieurs voix, rythmé par le battement de leurs pieds sur le sol sablonneux et rouge. De petites mains énergiques tiraillaient la chemise de Paul. Un poing minuscule le frappa dans le dos, mais il ne réussit pas à se retourner, car, venue d'infiniment loin, la voix de Jens s'insinua en lui, demandant s'il fallait absolument aller jusqu'en Afrique pour découvrir qu'on aimait les enfants.

– Redécouvrir, objecta-t-il dans un murmure, mais il lui fut tout aussi impossible d'échapper à la voix de son fils ulcéré qu'au jeune garçon qui lui enfonçait ses ongles dans le bras.

– Mes trois petits frères ont faim, dit d'un ton plaintif le jeune guerrier, les yeux pleins de larmes et montrant des dents d'un blanc éblouissant. Rien qu'un petit dollar, papa.

– *Kwenda*, hurla Paul.

D'un geste dont la grossièreté le dégoûta à l'instant même où il levait les bras, il se débarrassa de l'étreinte du gamin qui tomba par terre en braillant :

– Rien qu'un petit dollar, papa.

Pris d'un halètement soudain, Paul eut peur de tomber à son tour, mais il réussit à rester debout et à enfoncer fermement ses chaussures dans la terre meuble. Les enfants qu'il avait repoussés commencèrent à ricaner en feignant de trébucher eux aussi. Certains entreprirent même de fouiller dans son pantalon. Une mignonne petite fille vêtue d'une robe bleu clair en lambeaux, une casquette de base-ball rouge sur la tête, avait déjà réussi à sortir un mouchoir de la veste de Paul et le lui agitait devant le nez tout en hurlant. C'est le moment que choisit Gabriel pour intervenir.

Venant au secours de Paul, il frappa dans ses mains, un seul coup bref et énergique, comme pour chasser des abeilles importunes d'un pot de confiture ; sans dire un mot, il obligea les mains tendues à s'abaisser en leur tapant dessus. Protestant bruyamment, les enfants s'enfuirent, bondissant pieds nus par-dessus des touffes d'herbe sèche et dure, sans se soucier des planches aux clous saillants et des pierres aiguës. Ils s'étaient égaillés dans le champ de maïs avant même que se soient dissipés les lourds nuages de terre rouge soulevés par leur course.

– Est-ce que tu veux faire venir ici tous les enfants de Naivasha, *mzee* ? demanda Gabriel, furibond.

– Oui, répondit Paul, ce ne sont tout de même que des enfants.

– La prochaine fois, j'attendrai qu'ils t'aient mangé pour venir.

Naivasha, avec ses hôtels onéreux et son club de golf très fermé, avait été, à l'époque coloniale, un lieu de rencontre apprécié des riches fermiers des hautes terres ; très tôt, Paul avait senti que les gens vivant dans cette ville auraient voulu partir le plus loin possible de l'Afrique, et à présent, il était plus étonné qu'enchanté de constater que l'ancienne atmosphère si particulière, alliant aisance et arrogance, avait survécu à tous les changements de l'histoire.

Avant d'arriver au centre-ville, il fut frappé par les élégantes maisons aux murs jaunes recouverts de rosiers. Il était patent que les nouveaux propriétaires suscitaient autant de jalousie que leurs prédécesseurs – la seule différence étant qu'ils craignaient encore davantage pour leurs biens : de hautes clôtures métalliques, renforcées de barbelés et de gros tessons de verre, protégeaient des jardins arrosés artificiellement qui paraissaient aussi bien entretenus que les parcs des manoirs anglais. Sur de véritables tapis de gazon fraîchement tondu, l'air menaçant et armés d'une massue, des hommes en uniforme montaient la garde. Au bout de quelques kilomètres seulement les huttes de la nouvelle pauvreté apparurent : de minuscules constructions en tôle ondulée, sans fenêtre, avec des couvertures en lambeaux devant les portes basses et des foyers noirs de suie sur la terre desséchée et crevassée. Des bébés entièrement nus, le corps enflé, les yeux collés par le pus et la tête couverte de nuées de grosses mouches noires, se traînaient par terre au milieu des immondices, pendant que leurs mères remuaient le contenu de grands plats, les yeux tournés vers le ciel. Des chiens aux côtes saillantes sous leur pelage terni sommeillaient au soleil. Dans le village, des hommes jeunes fumaient et discutaient debout devant de petites boutiques, sous l'œil vigilant d'Indiens silencieux. Au bord de la route, abritées sous des parapluies noirs troués et aux baleines tordues, de vieilles femmes édentées et décharnées se tenaient accroupies devant de grosses branches de bananiers. Les fruits les plus petits étaient jaunes comme des coings, les plus gros étaient rouges ou vert foncé.

Gabriel arrêta la voiture, descendit et se dirigea vers les femmes. Il marchanda longuement, l'air de fort mauvaise humeur, menaçant même l'une d'elles du poing. Par deux fois, il s'éloigna en jurant, d'un pas décidé ; on le rappela aussitôt, et il acheta finalement deux douzaines de bananes rouges qu'il déposa en souriant sur les genoux de Paul.

– Les gens d'Europe veulent toujours manger les bananes rouges, assura-t-il.

– Moi aussi, répondit Paul. Et ce n'est pas d'aujourd'hui.

Il pela la première banane avec autant de lenteur qu'un jeune babouin à sa première tentative, obligé d'appeler sa mère à l'aide pour dénuder le dernier bout ; il lui fallut plus de temps encore pour planter les dents dans la chair blanche et tendre et permettre à sa langue de retrouver les délices de l'enfance. Fermant les yeux de satisfaction, il osa s'abandonner – non sans hésitation – à un sentiment dont il pressentait qu'il serait trop bref pour le préserver durablement de la tristesse qui l'assaillait chaque fois qu'il se livrait à l'introspection. Mais sa mélancolie se dissipa au soleil.

Dans la partie plus étroite de la vallée, où la pente était raide, seul le bruit du moteur était perceptible. Un peu plus tard, une fois parvenu dans la grande plaine, il n'entendit plus que les cris prolongés des vautours à l'affût d'une proie éventuelle. Ses oreilles étaient elles aussi à l'affût de nouvelles. Il ne tarda pas à entendre résonner les tambours dans la forêt, un singe lancer un cri d'alarme et des hommes chanter dans un champ de maïs ; il entendait même sa respiration. Un peu plus loin que le champ de maïs, se dressaient de hauts bananiers aux fruits dodus luisant sous le soleil. Paul aperçut des femmes courbées, portant leur enfant sur leur dos et de lourds fardeaux sur leur tête, et la chanson d'un vieux film lui revint en mémoire. Il trouva le texte et l'air ridicules, mais ne réussit pas à s'en débarrasser.

– Ce sont toujours les plus grosses bêtes qui mangent les fruits les plus mûrs, finit-il par traduire à l'intention de Gabriel.

– Les lions ne mangent pas de bananes, les léopards non plus. Seuls les singes mangent des bananes, mais les singes ne sont pas de grosses bêtes.

– Tu es un homme intelligent, Gabriel. Il faut que tu m'expliques tout ce que tu sais.

– Je sais, dit Gabriel tout joyeux, tout en faisant passer le beau compliment de son oreille à sa bouche, je sais que maintenant tu as faim, *mzee*. Désires-tu manger à l'Outspan ? C'est le meilleur hôtel ici.

– Je voudrais manger assis au bord du lac, mais pas à l'Outspan. Comment allons-nous nous y prendre, grand magicien ? demanda Paul, émerveillé de n'avoir pas oublié que magicien se disait *muchau* et assez vaniteux pour que la joie qui envahit le visage de Gabriel le plonge dans le ravissement.

– Au Norfolk, j'ai emporté ton repas.

– Tu penses toujours à tout, Gabriel ?

– Non, je ne pense jamais à des lions qui mangent des bananes.

Gabriel gara la voiture au milieu des roseaux du bord du lac, prit dans le coffre à bagages un panier et une couverture qu'il étala sous un cèdre touffu. Il sortit du panier de très minces sandwichs au concombre, un morceau d'agneau rôti, un petit verre de sauce à la menthe, des tranches de mangue et une papaye remplie de salade de légumes, et il disposa le tout avec soin sur un plateau d'argent. Il avait aussi pris du café dans une bouteille Thermos, du rosé de Provence et un verre à pied que, une serviette rose de l'hôtel Norfolk posée sur le bras, il fit reluire à l'aide d'un bout de tissu moelleux.

Paul se sentit gêné par le faste et la perfection d'une mise en scène visant, par le recours à quelques tours de main manifestement bien travaillés, à transplanter dans les contrées sauvages de l'Afrique les conceptions raffinées de la gastronomie européenne. Cette illusion naïve de l'interchangeabilité des choses le toucha pourtant. Mais il fut surtout ému de la fierté puérile qui s'empara de Gabriel lorsqu'il constata la réussite de son coup d'éclat, et, l'espace d'une bonne seconde, Paul s'abandonna à la satisfaction de ses sens. Le soleil, se reflétant dans le plateau d'argent, allumait un véritable feu d'artifice, les bananes avaient pris une teinte grenat, et à chaque nuage passant dans le ciel, la papaye et le vin changeaient de couleur.

Les idylliques et lumineux petits déjeuners de Renoir et de Monet lui vinrent à l'esprit. Quand il avait commencé à s'intéresser à la peinture, il s'était aussitôt ouvert aux moments de bonheur que lui offraient les impressionnistes et, s'il n'y avait qu'un amour auquel il soit resté fidèle sa vie durant, c'était bien celui-là. Il se revit dans les musées en train de contempler ces tableaux, mais sans se souvenir s'il les voyait alors pour la première fois ou non, et, épuisé, il sombra dans une ivresse de couleurs, n'arrivant pas, malgré tous ses efforts, à démêler si elle relevait de son monde présent ou de l'ancien.

Il but une petite gorgée de vin qui l'étourdit un peu plus encore, mais qui lui permit de s'orienter et de décider qu'à l'avenir il ne chercherait plus à se prouver qu'il avait encore une conscience. Il se dit avoir acquis assez de détachement pour pouvoir considérer – au moins pour la durée du safari – qu'il avait laissé sa conscience dans le coffre-fort de mister Singh, avec son argent. Il n'interrompit sa fuite qu'une seule fois, le temps d'adresser quelques mots à sa femme. Avec une fermeté dont elle était peu coutumière et qu'il trouva parfaitement déplacée, Cornelia lui ordonna de jeter un regard dans son verre à demi plein; Paul s'exécuta et aperçut Narcisse. Le beau visage, devenu grisonnant, avait vieilli. Il éprouva une douleur aiguë mais trop fugitive – hormis une brève accélération de son pouls – pour le troubler durablement. Gabriel était assis au pied d'une fourmilière évoquant une citadelle des bords du Rhin. Sans rien boire ni manger, il lançait de petits cailloux en l'air tout en suivant des yeux un vol de canards sauvages, aussi attentif que s'il avait été chargé de les compter.

– Pourquoi n'approches-tu pas ?

– De quoi ?

– De moi. Pourquoi ne pas manger ensemble ? Le repas est prévu pour deux personnes.

– Les chauffeurs ne sont pas autorisés à manger avec leurs clients.

– Le mien y est tenu, ordonna Paul.

Des oiseaux aquatiques, la tête d'un vert clair chatoyant, se balançaient sur les eaux vert foncé du lac. Aucun souffle d'air n'agitait la surface où se mirait le soleil. De petits tisserins, portant de longues branches dans leur bec, construisaient leurs nids sphériques dans des arbres au feuillage épais. Il entendit comme la promesse du grand oubli le cri d'un aigle pêcheur en direction d'une petite cigogne, puis le rapace monta droit dans le ciel avant de disparaître.

Quand Paul aperçut plus tard la bouteille vide grouillant de bataillons de grosses fourmis rouges, il ne se rappela plus si c'était Gabriel qui était venu boire avec lui ou le contraire. Bien qu'ayant perdu la notion de l'heure et ne sachant plus ce que le temps signifiait encore pour lui, il regarda sa montre. Mais il ne réussit pas à voir ce que, en temps ordinaire, il lisait comme un rappel à l'ordre menaçant, car un petit papillon jaune s'était posé juste au-dessus de la grande aiguille. Il regretta de n'avoir pu offrir la montre au petit garçon aux ongles acérés et il se traita à haute voix de vieux fou ; le mot lui parut tout à fait adapté à la situation : s'il ne voulait pas douter de sa raison, il lui fallait bien admettre que son entreprise ne pouvait qu'être le fait d'un fou.

Il avait l'âme trop comblée pour chercher d'autre satisfaction que d'avoir ainsi pris avec le passé des distances qui l'empêchaient de ruminer et tempéraient ses espoirs. Il appela Gabriel qui, assis au volant, battant des jambes par-dessus la portière de la voiture, tenait son talkie-walkie devant la bouche. Paul plissa les yeux pour avoir une vision plus nette du tableau s'offrant à lui. Il avait de la peine à imaginer que, sur les rives du lac Naivasha, on puisse rester en contact avec un habitant du monde réel. Il crut un instant que Gabriel se contentait de jouer avec son émetteur-récepteur, tout comme l'aurait fait un enfant avec un appareil technique interdit. Pourtant, Gabriel était bel et bien en pleine conversation.

Piqué par la curiosité, Paul tendit l'oreille dans l'espoir d'entendre ce qu'il disait, mais il s'aperçut rapidement que Gabriel s'exprimait en kikuyu ; il capta le bref mot signifiant « oui », puis, plusieurs fois, le mot plus long voulant dire « non ». Il reconnut aussi ce « non » au hochement de tête de Gabriel, un geste sans violence mais suffisamment énergique pour que ses yeux se mettent à jeter des éclairs.

Le visage habituellement serein et transparent de Gabriel paraissait métamorphosé. C'est à peine s'il ouvrait la bouche pour parler et, à plusieurs reprises, il cracha en direction de tiges d'herbe qui, sitôt humectées par les gouttes de salive, prirent une couleur plus foncée. Il serrait si fort le volant de sa main gauche qu'on voyait luire les jointures sous la peau.

Comme les oreilles et la gorge de Gabriel étaient occupées à se défendre, il ne parvenait pas à ravaler son anxiété. L'ordre de Singh était arrivé trop vite. Même si ce triste salaud n'avait pas pour habitude de respecter les accords qu'il passait, jamais encore il n'avait été si vite en proie à la cupidité. Au début de la conversation, Gabriel avait d'abord pensé que, s'il brûlait de colère, c'était seulement parce qu'il entendait cette voix infernale qu'il détestait, mais il s'était aperçu d'un seul coup que ce n'était pas une chaleur ordinaire qui rendait sa tête lourde comme un rocher, mais qu'un incendie le léchait de son énorme langue.

Il se sentit faible et malade et, pour au moins apaiser ses yeux, il voulut regarder l'arbre sous lequel le *mzee* était assis. Il s'aperçut alors que Paul l'observait. S'écriant tout à coup à voix très haute : « Roger, Roger », il reposa l'appareil sur son support, sauta de voiture et, comme pour répondre à un appel, se précipita vers Paul. Puis, se penchant par-dessus la couverture où étaient encore l'assiette et le verre, il demanda :

– Veux-tu dormir cette nuit à Naivasha ?

– Mais tu avais dit qu'on allait à Nakuru.

– Je voulais seulement voir si tu savais encore que nous allons à Nakuru, répondit Gabriel.

Ayant réussi à rire, il sentit qu'il avait pu éteindre à temps l'ardeur de ses yeux. Soulagé, il emplit sa poitrine d'une bonne bouffée d'air pur.

– Si nous ne voulons pas arriver à Nakuru avec la lune, il faut partir sans plus tarder.

– Qu'est-ce que signifiait ce « Roger, Roger » ? demanda Paul une heure plus tard.

Les ombres des arbres étaient déjà longues et l'air buvait la première fraîcheur de la nuit. Sans qu'on puisse voir leur tête, les singes volaient d'arbre en arbre, s'accrochant de leurs bras interminables aux branches qui se balançaient après leur passage. La voiture peinait dans une rude côte et Gabriel sortit la tête par la portière comme s'il lui avait fallu scruter la route pour éviter les pierres et les trous. Il avait les dents serrées, c'est à peine si l'on voyait ses lèvres.

– Roger, Roger, répéta-t-il, alors que Paul croyait déjà qu'il ne lui répondrait pas, pourquoi tu as dit ça ?

– C'est toi qui as dit Roger, Roger, je t'ai entendu.

– Tes oreilles sont jeunes, *mzee*. Un chauffeur de Nakuru m'a raconté où il avait vu des lions. C'est à ce moment que j'ai dû dire Roger, Roger. C'est toujours comme ça que nous faisons.

À la manière dont Gabriel insista sur ces paroles sans importance, Paul comprit qu'il mentait. La logique du juriste qu'il était et l'expérience de l'homme qui savait fort bien que les mots ont en Afrique un écho particulier alertèrent certes sa raison, mais n'éveillèrent pas son instinct. La menace telle que l'analysa sa tête ne suffit pas à accélérer les battements de son cœur. Son front ne fut effleuré que d'un léger malaise, sensation qui se dissipa aussi vite qu'un nuage minuscule dans un ciel en train de se voiler.

– Le temps de la peur est derrière moi, murmura-t-il.

– Tu as parlé dans ta langue, constata Gabriel.

– Oui.

– Qu'est-ce que tu m'as dit ?

– Roger, Roger, répliqua Paul.

5

Durant la nuit, encombré d'une épaisse couverture de laine à l'entêtant parfum de résine, tiré du sommeil par des bruits qu'il ne savait plus interpréter, Paul voulut à plusieurs reprises se relever. Mais il ne parvint jamais à repousser la moustiquaire de manière à atteindre le chandelier et la boîte d'allumettes posés sur sa table de nuit. Chaque fois qu'il croyait avoir enfin trouvé la fente par laquelle il s'était glissé dans son lit, il se rendormait et sombrait dans un épais brouillard de rêves. Les images et les scènes de ses voyages imaginaires, les paysages et même les continents traversés variaient certes sans cesse, mais, à chaque étape de ce safari lourd comme la nuit, les tisserins affairés du lac Naivasha apparaissaient : gros comme des vautours, ils se moquaient du fugitif qui n'avait pas su, comme eux, se préoccuper à temps de trouver une compagne.

À un moment, Paul rêva que Gabriel, tel un clown, s'était peint le visage en blanc et menaçait de le renvoyer en Allemagne ; alors, dans sa détresse, il avait déchiré son billet d'avion en criant « Roger, Roger ». Un homme, armé d'une massue et vêtu d'un uniforme de pilote d'une compagnie aérienne indienne, surgissant d'un nuage, l'avait accusé de dissimulation linguistique.

Quand Paul aperçut enfin Gabriel en chair et en os au pied de son lit, immobile comme un jeune arbre encore trop petit pour offrir sa ramure au vent, son aimable visage d'enfant lui parut si familier et si rassurant qu'il respira de soulagement. Ayant tiré la moustiquaire de sous le matelas, Gabriel en fit un gros nœud qui, suspendu au plafond, se balança sur un rythme régulier et apaisant. La lumière de la bougie vacillait, plongeant dans une lueur douce comme la lune la grande pièce dont les murs faits d'épaisses tresses d'herbe montaient jusqu'à un toit conique. Gabriel, géant compétent, impénétrable et mystérieux mais pourtant déjà son ami, souriait en tendant à Paul une tasse de thé fumant.

– Que s'est-il passé, Gabriel ? Où est-ce que je suis ? Quelle heure est-il ?

– Tu es dans ton lit, *mzee*. Le soleil n'est pas encore levé. Et tu as de nouveau mis trois questions dans ta bouche. C'est ce que tu avais déjà fait hier.

Les événements de la veille lui revenaient aussi lentement à l'esprit que l'eau se remet à couler dans une rivière qui a trop longtemps souffert de la sécheresse. Ayant crevé, peu avant d'atteindre leur destination, ils n'étaient arrivés au Safari-Lodge de Nakuru que fort tard. La nuit africaine, cette nuit qui enlève d'un seul coup toute lumière au jour et qui n'a aucune pitié pour les yeux encore affamés, avait déjà avalé les rives du lac. On ne voyait pas grand-chose du bâtiment principal du lodge – sinon, dans le hall d'accueil, les tables de bois clair et les fauteuils recouverts de toile de lin à fleurs qui semblaient commandés pour le boudoir d'une lady victorienne, ainsi qu'un large comptoir où étaient posés des animaux en bois et où des guerriers massaï en cèdre portant autour du cou des anneaux en fil de fer très fin partaient au combat.

Derrière le comptoir se tenait un homme aimable, vêtu de kaki, en qui Paul avait reconnu à sa mine un Kikuyu avant même de l'avoir entendu parler avec Gabriel dans sa langue. Paul avait été heureux, à leur arrivée, de laisser à Gabriel le soin des négociations indispensables. Épuisé, il était resté debout à côté de son sac de voyage et il s'était senti dans la peau d'un enfant assoiffé n'ayant même plus la force de prendre un gobelet d'eau. Un chien blanc aux yeux ambrés, couché sur un tapis d'épaisse laine blanche, avait beaucoup intrigué Paul parce que cet animal ne lui semblait pas inconnu.

À présent, au premier stade du réveil, il lui vint sans effort à l'esprit pourquoi le chien au pelage blanc mêlé de reflets jaunâtres avait attiré son attention. Puissant et paisible à la fois, il avait la même posture, la même décontraction que le chien du tableau de Franz Marc qu'il aimait tant. Entre ses deux mariages, il l'avait suspendu dans le salon au-dessus du canapé de cuir noir. Puis, très peu de temps après le jour de leurs noces, Cornelia avait profité de ce que son mari avait un rendez-vous à Flensburg pour échanger cette reproduction contre un poster représentant un teckel sur une chaise longue, affublé de lunettes de soleil.

Cela avait donné lieu à leur première dispute de jeunes mariés ; avec le recul, cette querelle lui avait semblé symboliser tous les nombreux malentendus surgis dans des circonstances analogues, et il ne l'avait jamais oubliée. Comme si rien d'autre ne s'était produit depuis, il entendit encore la voix puérile et provocante de Cornelia : « Mais ce teckel est tellement mignon ! » Au souvenir de cet affreux poster, il fut saisi d'une telle colère que la sueur, sur sa peau, le brûla. Pendant ce temps, il observait la moustiquaire dont le balancement avait cessé et autour de laquelle tournaient de grosses mouches furieuses. Ayant enfin réussi à échapper au passé, il se rappela que Gabriel, de fort méchante humeur, s'était longuement disputé avec le chef de réception, refusant successivement les deux premières chambres proposées.

Gabriel avait pourtant fini par remporter cette lutte d'intimidation : avec ce soupçon de moquerie que les Africains savent si bien laisser transparaître, non pas dans leur voix mais dans leurs yeux, il avait ri quand le gardien, avec un soupir et une mauvaise grâce manifeste, avait sorti d'un tiroir une troisième clé. Cet homme avait autour de son poignet vigoureux une montre à reflets dorés et il savait aussi bien faire claquer sa langue qu'entrechoquer les dents.

– *Dinner is now being served, sir*[1], avait-il dit en indiquant de la main une terrasse éclairée par des lampes au kérosène et des chandelles.

Paul avait remarqué le grand nombre de clients bien vêtus qui dînaient, les hommes en veste noire et cravate. Il se souvenait aussi des serveurs en veste rouge et nœud papillon blanc qui paraissaient flotter au-dessus d'un tapis en sisal de couleur crème. Il réentendit la musique, qu'il avait trouvée très européenne et gênante, mais aussi, dans le lointain, les cris d'animaux qui, en dépit de son apathie, l'avaient ému et excité.

Il se rappelait encore avoir refusé de manger et qu'une jeune femme en robe longue, d'un brun foncé assorti à la couleur de sa peau, lui avait mis de force dans la main un verre de jus qu'il avait vidé d'un

1. « Le dîner est servi, monsieur » *(N.d.T.)*.

trait. Ensuite, agitant une clé et éclairant le chemin à l'aide d'une lampe de poche, Gabriel l'avait conduit, le long d'un sentier pavé de pierres blanches, jusqu'à une vaste hutte ronde aux volets peints en vert, avec une porte au sommet arrondi. Une tête de lion en bois, qu'un sculpteur imaginatif avait affublée d'une coiffure bouclée, servait de poignée de porte. Paul se souvenait à présent que le lion souriait et ressemblait aux animaux des films de Disney.

– Combien de temps ai-je donc dormi ? demanda-t-il avant d'entamer sa seconde tasse de thé.

– Trois jours pleins, répliqua Gabriel avec, entre chaque syllabe, un rire si rauque que sa plaisanterie put prendre un envol rapide et aller rebondir contre les murs de la hutte.

– Et pourquoi est-ce que tu me réveilles en pleine nuit ?

– Il faut que nous soyons partis en safari avant que le soleil ait perdu son ombre.

– Mais hier nous étions déjà en safari !

– Est-ce que tu as vu un rhinocéros hier ? Demain, tu seras un autre homme si tu vois aujourd'hui un rhinocéros.

– J'aurais vraiment besoin de beaucoup de rhinocéros pour devenir un autre homme, mon ami.

– Tu auras autant de rhinocéros qu'il le faut, papa, pour faire sortir la mort de tes yeux.

Quand, une demi-heure plus tard, la voiture tout-terrain quitta le lodge, s'engageant dans un sentier étroit et pierreux, les oreilles de Paul savouraient encore la phrase qui l'avait poussé à s'habiller aussi vite que s'il avait pu effectivement rattraper le temps perdu. Il se traita de vieux fou sentimental d'éprouver un tel plaisir à entendre Gabriel l'appeler « papa ». La veille déjà, celui-ci l'avait appelé ainsi à plusieurs reprises – la dernière fois quand, sur le chemin de la hutte, Paul avait trébuché sur une racine.

Un très bref instant, le soleil apparut sous la forme d'un disque rose pâle sur fond de ciel gris clair, puis, en moins d'une minute, se métamorphosa en une boule de feu aveuglante que les nuages ne masquaient que fugitivement dans leur course. Le chemin était bordé de bouquets d'acacias parasols très drus et d'un foisonnement de broussailles aux épines énormes et dures. Les vautours déployaient déjà leurs ailes. Une troupe de gazelles surgit dans une clairière puis disparut.

Gabriel se penchait à la portière, la tête complètement sortie du véhicule, à la recherche d'éventuelles traces dans la terre rouge. Il était obligé de rouler lentement et de s'arrêter fréquemment : la pluie et des éboulements avaient creusé des fondrières sur le chemin et, pour couronner le tout, des multitudes de pintades – petites têtes émergeant d'un plumage gris encore brillant de rosée matinale – refusaient de se laisser déranger et de libérer le passage. Quand elles s'immobilisaient pour regarder autour d'elles, juchées sur une patte, Gabriel frappait doucement dans ses mains.

– Tu aimes les animaux ? demanda Paul.

– Plus que les hommes.

– Moi aussi, mais là d'où je viens, on n'a pas le droit de le dire tout haut.

– Pourquoi ? Est-ce que tu as chez toi des ennemis qui te clouent la bouche ? Ici, tu peux tout dire à haute voix si tu as la langue assez forte.

Alors qu'on voyait les premiers damans gris courir au loin sur des rochers, une troupe de babouins s'approcha à son tour de la voiture.

– Est-ce que tu sais encore comment s'appellent ces animaux en swahili ? demanda Gabriel.

– Des *nugu*.

– *Nugu* est un mot agréable. Il ne gratte pas dans la gorge. Est-ce que tu sais aussi ce que veut dire *dugu* ?

– Cela veut dire frère.

– Et c'est pour ça, se mit à philosopher gaiement Gabriel en fourrageant des deux mains dans ses boucles épaisses, c'est pour ça que tous les singes sont mes frères.

– Les miens aussi.

– Alors, nous sommes aussi des frères, toi et moi. Est-ce que tu le savais, papa ?

– Je ne l'ai jamais oublié, Gabriel. Voilà pourquoi je suis ici.

– Cela ne nous vaudra rien de bon, ni à l'un ni à l'autre, dans les jours qui vont nous chasser.

– Pourquoi est-ce que tu dis ça ?

– Parce que je suis un singe et que les singes parlent trop.

Les bras ballants, les babouins mâles au corps pesant traversèrent le chemin juste devant la voiture arrêtée et, toujours aux aguets, disparurent dans les broussailles. Au bout de quelques minutes seulement, ce fut l'arrivée des adolescents qui, tout en souplesse, puisant à chaque saut des forces nouvelles, se pourchassèrent les uns les autres jusqu'au moment où, fatigués, ils s'allongèrent dans l'herbe haute. Peu après pourtant, ils se lançaient déjà dans des bagarres acharnées, chacun désirant s'imposer dans le groupe, puis, sans qu'on ait entendu le moindre cri de douleur, ils bondirent dans les arbres. Se balançant aux branches, pendus par les pieds, ils regardaient au-dessous d'eux les mères aux yeux immenses, assises tranquillement au bord de la piste, leur petit sur le dos.

On n'apercevait les nouveau-nés que lorsqu'elles les tenaient contre leur poitrine pour les allaiter. Les plus âgés, en revanche, s'agitaient sans arrêt : poussant des cris perçants, ils se tiraient les uns les autres par les poils et par la queue, s'éloignaient à grands bonds du groupe des femelles vigilantes, et les mères, furibondes, les rappelaient ; parfois, elles giflaient un rejeton particulièrement impertinent qui leur tombait sous la main au moment où il essayait de filer en douce – une tape très douce, donnée d'un geste gracieux, avec une mimique étonnamment humaine aux yeux d'un humain. Ce n'était pas seulement l'aspect idyllique de cette communauté de créatures, si belles et pacifiques, qui ravissait Paul. Jamais encore il n'avait rencontré une telle harmonie, la sollicitude paisible et touchante des mères, la joie de vivre débordante des petits et la sérénité des anciens. Il s'entendit soupirer, comme si, à l'instant précis où ses désirs étaient comblés, la nostalgie engendrée par une si longue attente avait provoqué en lui un déchirement ; néanmoins, il sentit monter dans chacun de ses nerfs tendus à craquer quelque chose comme une libération, une satisfaction.

Il songea à Faust et, abusé comme lui par ce bref moment de bonheur, il demanda :

– Est-ce que je peux descendre de voiture ici et m'asseoir sur les pierres ?

– Est-ce que tu pourras courir suffisamment vite quand le lion arrivera ? Tes jambes sont encore plus vieilles que ta tête, *mzee*.

– Ne te fais pas de souci pour le lion, Gabriel. Je n'ai pas peur. Je n'ai plus peur. De rien.

– Tu as bien de la chance alors, papa. Tu es déjà mort.

Paul n'ignorait pas que le puissant dieu africain ne se préoccupait pas de savoir si l'on croyait en lui ou pas. Le terrible Mungu des montagnes et des forêts choisissait aussi, parmi ses victimes, des gens pas encore prêts au grand départ. Cette pensée ne l'effraya pas. Être incapable de se défendre avait, en Afrique, quelque chose de doux et de réconfortant.

Il ne vit pas revenir les gazelles. Il n'entendit ni leur pas léger ni le bruissement dans l'herbe d'un serpent qui se réveillait. Il n'entendit pas non plus les vautours s'annoncer leur premier butin. Comme la veille, il oublia qui il était et ce qui l'avait poussé à fuir ; il ne sentait pas son corps et n'éprouvait pas les doutes de celui qui a vieilli avant l'âge. Il laissait la toute-puissance de la nature lui attribuer la place lui revenant ; les critères qui lui servaient habituellement à jauger sa vie s'étaient évanouis.

– Je resterai parmi les singes, déclara-t-il à Gabriel. Jusqu'à devenir un singe moi aussi.

– Tu es déjà un singe. Sauf que tu n'es pas aussi malin qu'eux. Si tu ne te lèves pas à présent, le pain sera dur et le beurre aura coulé.

– Je n'ai pas besoin de pain, Gabriel, je n'ai besoin que de jouer.

– Les singes ont le droit de jouer. Toi, tu as besoin d'un ventre plein pour le long safari vers Samburu. Ta tête veut elle aussi manger maintenant.

– Ma tête a déjà mangé. Pourquoi faut-il repartir si vite ? J'ai le temps. Aujourd'hui, je reste à Nakuru. Demain aussi peut-être. Peut-être toujours.

– Tu as vu la femme.

– Quelle femme ?

– Ta bouche a beau savoir mentir, *mzee*, tes yeux ne savent pas le faire, constata Gabriel en tenant si longtemps sa tête tournée vers le soleil que des étoiles se mirent à briller dans ses yeux. Elle était assise sur le banc devant le lodge quand nous sommes partis. J'étais derrière toi quand elle t'a volé ta tranquillité.

– Ta bouche sait bien mentir elle aussi, Gabriel, je n'ai pas vu de femme. Ni hier, ni aujourd'hui.

– Pourquoi tu ne parles pas de demain ? demanda Gabriel en ouvrant la portière à Paul.

Sur la terrasse protégée de parasols rouges, des nappes jaunes battaient au vent ; du buffet, regorgeant de fruits tropicaux aux couleurs vives, venait une odeur d'œufs et de lard. Des nuages de vapeur blanche s'échappaient de feux de charbon de bois et montaient vers le ciel par-dessus les cimes des arbres. Si les abeilles étaient repues, les libellules, pleines de vie, volaient en tous sens. Il y avait des papillons bleus, des papillons jaunes et des papillons rouges.

Juste derrière un petit mur de pierres grises, on voyait un grand trou d'eau assiégé par des serpentaires aux longues pattes et par des écureuils terrestres. Pareil à une statue de marbre noir, un buffle aux cornes luisantes était planté là, totalement immobile ; un énorme éléphant plongeait à intervalles réguliers sa trompe dans la boue rouge et se projetait sur le dos un jet d'eau qui, au moment d'atteindre le corps massif, se transformait au soleil en un voile violet. À chaque douche, les petits pique-bœufs posés jusque-là sur la puissante bête s'envolaient soudain, mais revenaient tout aussi rapidement sur leur hôte solitaire pour plonger dans les profonds replis de sa peau.

Sur une table ronde, contre la balustrade, le couvert était mis pour huit personnes. Seule une jeune femme, pourtant, vêtue d'un short kaki et d'un corsage vert olive aux manches relevées, y était assise. Étincelant sur sa peau très bronzée, garni de minuscules perles de toutes les couleurs, elle portait un bracelet de cuir pareil à ceux que les Massaï vendent aux touristes. Elle avait de fins cheveux blonds, décolorés par le soleil, qui lui descendaient jusqu'à la taille et qui, comme une étoffe de soie, retombaient sur le dossier de sa chaise en bois clair. Elle tenait un verre de jus d'orange contre son visage, comme pour se rafraîchir le front. Une assiette d'œufs brouillés dans une main, une banane dans l'autre, Paul se dirigea vers une table voisine, mais il s'immobilisa malgré lui pour l'observer. Il trouva qu'elle n'aurait pu choisir meilleure couleur que celle des oranges mûres pour mettre son teint en valeur. Pendant un instant qui, à son grand soulagement, ne dura pas, il ressentit le besoin de le lui dire.

Ayant remarqué qu'elle aussi le regardait, il tenta de changer de direction pour passer rapidement devant sa table, mais sa veste s'accrocha à une chaise. Les œufs brouillés menacèrent de glisser hors de l'assiette. Maladroitement, il lança le ventre en avant pour rétablir l'équilibre et appela sa main gauche à la rescousse, oubliant qu'il en avait besoin pour la banane qui, du coup, tomba par terre. La femme, posant son verre, bondit et ramassa le fruit.

– Asseyez-vous à côté de moi, je ne mords pas. Prendre son petit déjeuner en solitaire provoque des ulcères à l'estomac, dit-elle en ne lui laissant pas le temps de refuser. Je vous ai aperçu ce matin à votre départ pour la chasse. Vous, bien sûr, vous ne m'avez pas vue. En Afrique, les hommes ne regardent pas les femmes. Ils ne pensent qu'aux lions.

– Pas moi. Mais je n'ai pas le droit de m'asseoir à côté de vous. Ma mère m'a interdit de fréquenter les sirènes, répondit-il en riant.

S'étant assis à ses côtés, et s'efforçant de reconnaître un accent qui jurait à ses oreilles avec l'allemand irréprochable qu'elle parlait, il s'étonna de la spontanéité avec laquelle la plaisanterie lui était venue à l'esprit. Il eut d'emblée le sentiment d'être devenu un autre homme, qu'il ne trouvait pas antipathique du tout, d'ailleurs. Qu'il enviait même un petit peu.

– Je ne m'appelle pas Sirène. Mon nom est Antje.

– Antje Édam sans doute, de Hollande ?

– Vous vous en êtes aperçu tout de suite ?

– Tout de suite, confirma Paul avec un sourire.

– Et qui est Sirène ?

– Elle ne supporte pas les voyages. Je l'ai laissée à la maison.

– Voilà une bonne chose. Et pourquoi ?

– Elle est entichée de teckels portant des lunettes de soleil.

– Je ne mets jamais de lunettes de soleil, déclara Antje.

– Il aurait vraiment été grand dommage que je ne voie pas vos yeux. Ils me plaisent.

– Vous me plaisez aussi, répliqua Antje ; je suis entichée d'hommes riches et âgés.

En entendant sa propre voix et en constatant qu'elle était redevenue celle de l'homme qu'il avait cessé d'être durant ses nuits d'angoisse, il s'aperçut qu'il était en train de sortir de l'état où le trouble et l'embarras paralysent la langue.

– Merci, dit-il en réfléchissant, il y a longtemps que j'attendais ça.

– Vous attendiez quoi ?

– Qu'une jolie femme me dise une chose pareille.

– En Afrique, on peut tout dire.

– C'est vrai, confirma Paul. Il en a toujours été ainsi. Mais vous faites erreur. Je ne suis pas riche.

– Et âgé ?

– Là oui, très âgé.

Paul se trouva stupide de penser – et de craindre – que cette stimulante liberté de ton entre lui et cette jeune femme gaie allait cesser abruptement, une fois le petit déjeuner terminé. C'est alors qu'il comprit avoir eu besoin de compagnie dès la rencontre avec les singes et avoir alors mal interprété les signaux qu'il recevait. À mesure qu'il était gagné par un sentiment qu'il caractérisa – certes non sans hésitation, mais très justement – comme de la joie de vivre, il sentait son appétit croître, presque de bouchée en bouchée, mais, désireux de ne pas vider trop vite son assiette, il se mit à jouer avec sa fourchette dans la montagne d'œufs brouillés que le cuisinier lui avait servie sans lui demander son avis. Une nouvelle fois, ce fut Antje qui, avec l'accent qui le mettait de si heureuse humeur, prit l'initiative. Il lui fallait encore écrire des lettres pour chez soi, se laver les cheveux et trouver des lacets pour ses bottines, énuméra-t-elle, ajoutant qu'elle aimerait quand même bien dîner avec lui et attendre en sa compagnie que la mère éléphant et son enfant viennent au crépuscule au bord du trou d'eau.

– Au cas où, pour les beaux yeux d'une inconnue, il vous serait possible de repousser votre voyage à Samburu, l'aguicha-t-elle.

La journée n'était pas encore bien avancée, mais ses grands yeux avaient déjà la couleur du ciel sans nuage de midi.

Un très bref instant, Paul chercha à lire sur le visage de sa compagne une innocence qui lui permettrait de s'abandonner à l'illusion que cette petite phrase était anodine. Puis son expérience de la vie, son esprit cartésien et soupçonneux l'empêchèrent de croire qu'il était en présence d'un de ces hasards mystérieux réservés par l'Afrique. Il n'avait rien dit à Antje de ses projets et elle était malgré tout au courant. Que savait-elle encore ? Quelles étaient ses intentions, quels dangers pouvaient venir d'une femme qui, durant un instant, avait été assez bonne pour lui faire oublier son âge et le poids d'une existence ? La méfiance lui fit perdre la vue, l'ouïe et la parole, mais, malgré sa paralysie temporaire, il constata qu'il s'était une nouvelle fois fait des idées et qu'en Afrique on devait absolument se garder de toute illusion sur son propre compte. Il n'était pas encore devenu un fataliste acceptant sans résistance que les choses soient comme elles sont ; il voulait vivre, il ne voulait pas mourir.

Ayant recouvré sa lucidité, Paul se débarrassa d'une indifférence qu'il avait ressentie comme une protection. Mais c'est avec regret qu'il abandonna le bonheur sans nuage suscité par un flirt d'un jour qui, étrangement, lui avait rendu sa confiance en soi. Il savait à présent qu'il était menacé, mais il comprenait en même temps qu'il ignorait par quoi. Les scènes et les propos qui l'assaillirent spontanément formèrent un tableau effrayant, tant ses contours étaient nets. Il était de retour au bord du lac Naivasha et voyait Gabriel, son appareil radio à la main, se hâter de dire « Roger, Roger » et faire diversion en parlant de chasse.

C'est seulement au bout d'un certain temps – Paul, après coup, ne put le mesurer à l'aide d'aucune des unités qu'il connaissait – que son désarroi et la crainte que Gabriel soit un individu moins transparent qu'il n'y paraissait se transformèrent en une fureur noire. La colère lui brûla le corps et la tête comme un feu de brousse dévore les champs, l'herbe et la vie. Petit enfant encore, Paul avait compris, et n'avait depuis plus jamais oublié, que l'homme est incapable de se défendre contre les feux de brousse. C'est pourtant ce qu'il fit.

– De qui tenez-vous que je compte aller à Samburu ? demanda-t-il d'une voix forte et impérieuse qui déchira le silence.

– J'ai demandé à votre chauffeur où vous conduisait votre safari, répondit Antje. Qu'est-ce que ça a de si important ? La plupart des gens, une fois ici, veulent aller à Samburu voir les éléphants.

Sa sensation de libération fut trop inattendue, trop forte, trop naïve, ridicule pour tout dire. Paul s'aperçut certes à temps qu'il lui fallait ramener au calme sa tête, sa gorge et son cœur avant de desserrer les lèvres. Il comprit aussi qu'il n'avait pas encore retrouvé la maîtrise de son corps, mais il ne se laissa pas assez de temps pour laisser retomber son excitation et il se leva d'un bond, si maladroitement qu'il renversa la chaise à laquelle il s'était appuyé en dernier. Il posa d'abord sur les épaules d'Antje ses mains encore fébriles, puis sur sa tête qu'il attira d'un geste gauche, et il l'embrassa sur le front.

– À ce soir donc, Sirène, rendez-vous avec la maman éléphant, balbutia-t-il.

– Je ne m'appelle pas Sirène, pouffa-t-elle. Moi, c'est Antje.

– Attention, murmura Paul, et sa mise en garde était on ne peut plus sérieuse, en Afrique, les mots qu'on répète prennent un sens particulier.

– Je le sais, dit-elle.

Originaire d'Utrecht, Antje Visser, qui ne connaissait pas plus les sirènes qu'elle ne connaissait Lolita et Loulou, n'était pas une aventurière ; elle n'était pas non plus à la recherche d'un prince, seulement d'un être avec qui elle pourrait parler et rire. Elle était encore assez jeune pour ressentir ces deux activités comme un besoin élémentaire, mais elle avait laissé passer le moment favorable à une estimation au moins grossière de la largeur du fossé séparant rêve et réalité. Sur ses vingt-cinq années d'existence, elle en avait passé six, les dernières, à travailler derrière le guichet d'une banque, à suivre des cours d'anglais et d'allemand et à endurer un mariage raté. Toutefois, elle n'avait cessé de rêver à l'Afrique depuis le moment où elle avait appris à écouter et à parler.

Alors que ses amies envisageaient déjà très concrètement leur avenir, Antje entretenait toujours l'espoir de retrouver un jour son père en Afrique : elle ne le connaissait que sous les traits d'un jeune homme blond posant sur une photo dans un cadre d'argent. Pendant longtemps, elle n'avait pas soupçonné un instant que des mère et grand-mère soient capables de tisser des mensonges aussi épais que les tresses blondes des petites filles avides d'histoires fabuleuses ; avec une candeur totale, elle avait cru que, par une journée fatale, ce père inconnu, mais si beau, s'était égaré dans la jungle africaine. Quand elle avait appris que son père, alors même que sa mère était enceinte, était sorti à jamais de leur vie à toutes deux, il était trop tard pour que l'espoir de rencontrer un jour le grand bonheur dans le vaste monde l'abandonne. Antje aimait l'Adonis du cadre en argent. Elle attendait en effet de lui qu'il la fasse entrer dans une existence où elle n'aurait plus à subir la tutelle de deux femmes aigries et taciturnes, incapables d'aimer un enfant et dépourvues d'imagination, abstraction faite, bien sûr, de ce mythe d'un bonheur paternel disparu, mensonge au romantisme parfaitement désuet.

Si – après avoir épousé un étudiant, son cadet d'un an, que la confrontation avec tant d'illusions et d'idées débridées avait à ce point tourneboulé qu'il avait cherché refuge dans l'affection d'un homme par qui, au demeurant, il se sentait attiré depuis des années déjà – si Antje, donc, dans sa détresse, avait consulté un psychothérapeute, elle aurait pu connaître une existence plus stable. Même un médecin indifférent aux états d'âme de sa patiente aurait été capable de déceler dans son attirance pour les pays lointains l'effet d'un traumatisme de la petite enfance et de l'éclairer sur les complexes d'Œdipe en général et surtout sur ses propres problèmes psychanalytiques. Mais, élevée dans une famille où l'âme n'avait d'importance qu'eu égard à la vie éternelle, elle ne sut ni se faire conseiller, ni se faire aider. Alors même qu'elle se croyait déjà adulte, l'Afrique était restée une idée fixe dans son existence et elle avait gardé la conviction que seuls des hommes d'un certain âge se souciaient de comprendre une jeune femme.

Antje, chez qui même les expériences les plus cruelles n'avaient pu atrophier une immense aptitude à agir contre toute raison, ne s'embarqua pas moins pour le Kenya en compagnie d'un homme de son âge ; elle en avait fait la connaissance au cours d'anglais du soir, connaissance trop superficielle toutefois pour lui permettre de s'apercevoir à temps que, contrairement à elle, le moment présent n'était pas son unique préoccupation. L'ambitieux jeune homme, qui travaillait dans le secteur touristique, voulait voir l'Afrique dans le cadre des deux semaines qu'il s'était accordées pour cela. Antje, en revanche, avait investi dans son projet tout ce qu'elle avait mis de côté pendant son activité professionnelle et elle était résolue à ne revenir en Hollande qu'après avoir élucidé pourquoi une femme comme elle, élevée dans l'esprit du travail, du devoir et de la discrétion, refusait de se satisfaire d'une vie derrière un guichet de banque à Utrecht.

Au bout d'une semaine, ces compagnons de voyage si disparates se séparèrent – sans regret – sur la plage de Malindi. Lui voulait bronzer, manger la plus grande quantité possible de ce homard si bon marché de l'océan Indien et ramener chez lui une partie de ses économies. Elle voulait partir en safari dans les hautes terres du Kenya.

Depuis ses adieux, voici trois mois déjà, à sa grand-mère et à sa mère – adieux particulièrement glaciaux en raison des circonstances –, errant d'un lodge à l'autre, elle avait bien entendu subi la fascination de l'Afrique qui, avec ses animaux imposants et ses êtres amicaux, correspondait absolument à ce dont elle avait rêvé. Mais elle avait aussi éprouvé un sentiment d'abandon et de désarroi dans un monde souvent obscur et à la beauté trompeuse pour les étrangers. Elle avait constaté avec quelle rapidité le vent pouvait souffler les traces et connu les nuits torrides, ces nuits qui s'étaient mises à lui faire oublier ce qu'elle était jadis venue chercher dans un pays qu'on devait longuement apprendre à connaître avant de pouvoir l'aimer.

Quand elle s'était informée sur Paul auprès de Gabriel, Antje ne recherchait ni le grand bonheur, ni une protection masculine, ni même l'occasion de renflouer une bourse de voyage qui, pourtant, en avait grand besoin. Elle n'était pas d'une nature calculatrice, elle était seulement trop souvent seule et elle avait aussi été déçue que les lions, les éléphants et les léopards ne correspondent pas autant qu'elle se l'était imaginé à ses rêves de nature et de paix. Ce n'était à vrai dire rien d'autre qu'un accablement passager – état si peu habituel chez elle qu'elle y avait succombé sans coup férir – qui lui avait donné l'idée d'aller à Samburu, lieu où elle comptait de toute façon se rendre, en compagnie de cet homme qui semblait bon enfant et dont le « look » désuet lui plaisait autant qu'il l'émouvait. Le fait qu'il aurait pu être son père lui parut être l'effet d'un destin auquel elle était depuis longtemps soumise. Quand, passant l'après-midi à la piscine, elle vit Paul monter dans la voiture, elle lui fit signe de la main. Bien qu'il n'ait répondu à son salut qu'avec un extrême embarras, elle remarqua qu'elle se faisait déjà une vraie fête de la soirée à venir.

Un minuscule oiseau à tête rouge et à longue queue, le plumage marqué de points noirs et blancs, était agrippé à la tige d'une fleur rouge, son bec orange dressé à la verticale ; ses couleurs éclatantes et aveuglantes donnaient vie au brun clair de la steppe. La voiture était garée dans l'ombre grise d'un quinquina à l'écorce jaune. Très haut au-dessus de l'arbre, une girafe, écarquillant ses yeux aux longs cils, les regardait tout en bas. Paul détacha les mains de Gabriel du volant, lui prit la droite dans la sienne et murmura :

– Merci.

– Pourquoi dis-tu merci quand un petit oiseau chante ?

– Le petit oiseau est un grand sorcier. Sans toi, je ne l'aurais jamais entendu.

Après un plantureux petit déjeuner dont il avait perdu l'habitude, Paul s'était retiré dans l'obscurité de sa hutte et il avait fallu un bon moment avant que la monotonie africaine ne parvienne à l'apaiser. Et plus tard, Gabriel avait été obligé d'insister longuement pour l'amener à partir à la chasse aux images de l'après-midi. Il était néanmoins heureux d'avoir cédé. Plus qu'au petit matin, c'est dans le jour déclinant que se découvrait à lui l'immensité impérieuse de ce paysage qui forçait l'homme à l'humilité, l'enivrant un instant avant de le plonger dans la mélancolie l'instant suivant. Aussi, lorsque Gabriel, faisant brusquement siffler un peu d'air entre ses dents, mit le moteur en marche et que, sans un seul mot, il retourna à vive allure dans la forêt, Paul lui tapa sur l'épaule.

– Laisse tomber, mon ami. Mes yeux sont déjà pleins. Nous chercherons ton rhinocéros demain.

– Demain, il sera trop tard. Aujourd'hui, tu as besoin de forces pour la nuit.

– Un *mzee* n'a pas besoin de forces pour la nuit. Tu ne le sais pas ?

– Aujourd'hui, tu ne seras plus un *mzee*, papa. Les femmes jeunes sont un bon médicament contre les vieux os.

– Tu parles trop, frère singe.

Deux rhinocéros, les corps massifs pressés l'un contre l'autre, la tête penchée, les cornes dressées, la peau aussi peu colorée que l'herbe assoiffée, étaient à moins de dix mètres de la voiture, mais ils ne levèrent même pas le regard quand les hommes vinrent les troubler. On aurait dit que le sage dieu d'Afrique les avait créés pour symboliser l'éternité. S'ils venaient à bouger, c'était uniquement pour remuer la queue.

– Ce sont tes rhinocéros, dit Gabriel. Seul un homme pas comme les autres a le droit de voir des rhinocéros.

– Est-ce que je suis un homme comme ça ?

– Oui, répondit Gabriel.

Il avait la voix aussi ferme qu'une épine pleine de sève et il ne réussit cependant pas à refouler à temps un soupir dans sa gorge.

6

La fenêtre était grande ouverte, son grillage enfoncé, et, quand Paul ouvrit la porte de la hutte, elle alla taper bruyamment contre le mur. Il comprit aussitôt que, s'il ne passait pas immédiatement à l'action, il allait devoir passer la nuit en compagnie d'une nuée de mouches et de moustiques ; malgré sa fatigue, il décida de retourner au bâtiment principal dès qu'il aurait enlevé le sable de ses chaussures et de demander au responsable de l'accueil, quelqu'un de très serviable, de lui faire porter par un garçon une bombe insecticide. En soupirant, il lança la clé à tête de lion sur le petit bureau. Il aperçut alors la bougie. Sur la table de nuit ce matin encore, elle était à présent dans le cendrier, cassée en quatre morceaux. On avait jeté dans la corbeille à papiers, maintenant renversée, le chandelier que Paul, dans la nuit, n'avait pu attraper depuis son lit. La chaise, elle aussi, ne se trouvait plus à côté de la fenêtre comme au moment du départ pour la chasse aux images, mais au milieu de la pièce, les pieds en l'air.

Effrayé, Paul la redressa et la remit à sa place ; il s'apprêtait à s'asseoir quand il vit son sac de voyage par terre, grand ouvert. Il se rappelait pourtant parfaitement, en quittant la hutte, avoir posé son bagage sur le tabouret recouvert d'une peau noire, parce que, en cherchant sa clé, il avait remarqué la présence de petits insectes noirâtres.

À présent, malgré la pénombre, il pouvait constater que quelqu'un avait fouillé son sac. Angoissé, il alluma la deuxième bougie, encore intacte : il avait certes déjà compris que quelqu'un avait pénétré dans sa chambre par effraction, mais il ne s'attendait tout de même pas à constater de tels ravages. Il y avait des vêtements dans tous les coins.

On avait arraché la moustiquaire de sa fixation, barbouillé le rideau vert clair d'une peinture marron qui, en séchant, avait formé de gros grumeaux. Le traitement infligé au rideau et à la bougie inquiéta Paul bien davantage que la fouille de son sac. Dans son souvenir, les voleurs d'Afrique n'agissaient pas ainsi, ils étaient au contraire silencieux, agiles et circonspects. Du temps de son enfance, on les considérait avec une certaine admiration comme des maîtres dans l'art de passer inaperçu. Mais l'inconnu qui était entré dans la hutte ne s'était pas soucié une seconde d'effacer ses traces.

Sur le lit traînaient deux caleçons, une chaussette dépareillée et une chemise, sur la table basse un gant de toilette dégoulinant d'eau, sur l'appui de la fenêtre une chaussure – sans lacet. Un mince filet d'eau noire s'échappait de la salle de bains et coulait sur le tapis de sisal clair, mais c'est seulement après y avoir pénétré que Paul comprit enfin qu'il n'avait pas été victime d'un banal cambriolage, fléau quasi quotidien contre lequel chaque hôtel, chaque lodge mettait en garde les clients dès leur arrivée.

D'un coup de dents, on avait coupé en deux le tube de dentifrice, barbouillé la glace de mousse à raser ; après la bougie, on avait cassé le savon en morceaux et brisé la carafe d'eau bouillie. La plupart de ses cachets contre l'hypertension nageaient dans la cuvette des toilettes. Le couvercle en plastique du verre à dents avait été mâché. Des pelures de bananes qui avaient déjà noirci dans l'atmosphère renfermée de la pièce gisaient dans le lavabo où l'eau coulait goutte à goutte.

Ce fut ce spectacle peu ragoûtant des pelures où couraient de minuscules fourmis rouges qui prit, pour Paul, la valeur d'un présage significatif. Après le petit déjeuner, cédant à un élan sentimental, il avait emporté la banane à laquelle il devait d'avoir lié connaissance avec Antje. Il avait eu l'intention de la lui remettre cérémonieusement au dîner, la voyant déjà pouffer tandis que lui serait resté sérieux comme un pape.

Le souvenir de l'innocente gaieté qui avait présidé à ce petit déjeuner – une embellie qui avait duré toute la journée – suffit à rendre Paul mélancolique. Le charme de ces instants lui parut soudain irrémédiablement révolu ; il sentit dans ses tempes une douleur aiguë, impérieuse, accompagnée du pressentiment qu'il ne trouverait plus la paix durant le reste de son voyage.

Il lui vint alors à l'esprit le mot de « safari noir », safari au cours duquel le voyageur perdait la vue avant d'arriver au but. Paul eut l'impression que les fourmis allaient sortir d'elles-mêmes et se changer en monstres aux longs tentacules et qu'elles l'égorgeraient s'il ne parvenait pas à détourner d'elles le regard, mais il fut incapable de fermer les yeux. Ces visions et son trouble se muèrent en une panique qui lui parut aussi indigne que ridicule. Malgré ses efforts, il fut envahi par le sentiment d'être livré à une puissance hostile. D'un seul coup, il eut l'impression de ne pas être seul dans la pièce obscure. Il entendit des voix, des hommes rire bruyamment, un jeune chien geindre. Obsédé par l'idée qu'il pourrait être privé de cette unique possibilité de fuite avant de l'atteindre, il se précipita vers la porte avec tant de hâte qu'il trébucha.

Il l'ouvrit à la volée avec un gémissement et sortit de la hutte en titubant. L'air gardait encore la chaleur torride de la journée, mais il lui fit du bien, apaisant ses nerfs exacerbés, et, quelques minutes plus tard, il avait retrouvé son calme et sa raison. Les poings toujours serrés, il était désormais en mesure d'analyser ce qui s'était passé. On n'avait pas voulu le cambrioler, mais le provoquer, l'avertir, l'intimider.

– Pour quelle raison ? ne cessait-il de murmurer. Pourquoi ?

Son chuchotement semblait venir de loin, mais à l'abattement succéda néanmoins la volonté, sans aller jusqu'à se rebeller, de ne pas se soumettre à des gens qui se moquaient de leurs victimes parce que, contrairement à lui, elles ne connaissaient pas la langue et les signes de l'Afrique.

– Non, dit Paul.

Il avait la voix ferme, il n'éprouvait plus de douleurs dans la tête. Ses mains se dénouèrent. Il s'enfonça les ongles dans la peau pour se sentir réagir et se rendit compte qu'il était de nouveau capable de penser avec logique et méthode. Il se dit qu'il valait mieux ne pas aller chercher dans sa loge le chef de la réception, mais plutôt commencer par établir ce qui lui avait été dérobé. Il se sentit néanmoins mal quand il rentra dans la hutte et qu'il posa le sac sur le bureau.

Il ne retrouva ni la deuxième chaussette ni sa chaussure gauche. Il lui manquait également une des chemises confectionnées à Nairobi, de même qu'une casquette de lin blanc et la tablette de chocolat du pique-nique du lac Naivasha. Gabriel l'avait enveloppée en riant dans un mouchoir. Paul tenta en vain de se souvenir si ce rire, par hasard, n'aurait pas sonné faux et comporté des accents railleurs, mais il ne parvint à se remémorer que des sons d'une pure gaieté.

Il trouva au fond du sac une plume de flamant rose. Il l'avait découverte dans l'herbe haute du bord du lac, peu avant que Gabriel se serve de son poste émetteur-récepteur et, avant de repartir pour Nakuru, il l'avait rangée à l'intérieur de son passeport. Le passeport n'était plus là. Paul se mit aussitôt à sa recherche. Il se rappelait très bien l'avoir caché sous son linge et, de plus en plus nerveux, il jeta par terre ses chemises, ses pantalons, ses stylos et la photo de Cornelia avec le teckel. En vain. Découragé, il ouvrit les tiroirs du bureau et de la table de nuit, fouilla même l'armoire qu'il n'avait pas encore utilisée et alla jusqu'à se glisser sous le lit, même s'il était déjà certain que l'intrus était uniquement venu pour le passeport.

Il sentit une sueur glacée lui couler le long du corps quand il essaya d'imaginer ce qu'être sans passeport pouvait signifier en Afrique. Il ne parvint pas à chasser cette idée avant qu'elle se transforme en un cauchemar comme il n'en avait encore jamais connu. Il était pris au piège. En Afrique, le détenteur du moindre pouvoir ne laissait à personne le temps de prouver son innocence.

Paul s'assit et regarda fixement par la fenêtre. Il vit l'horizon se teinter de gris, sentit le peu de chaleur protectrice de son corps le quitter, son cou et ses épaules se refuser à soutenir sa tête. Il se dit qu'il était déjà muet de désespoir comme les animaux pris au piège, quand leurs forces les abandonnent, mais il éprouvait encore le besoin de libérer sa poitrine du poids qui l'empêchait de respirer. Il s'entendit crier, sans reconnaître pourtant sa propre voix et sans savoir à qui il s'adressait. Pareil à un enfant, il se boucha les oreilles.

– Mais tu rugis comme un lion, papa, lui dit Gabriel d'une voix aussi paisible que la nuit à son heure la plus noire. Pourquoi ? Est-ce que mes rhinocéros t'auraient déjà ensorcelé ?

Il prit une bougie dans la poche de son pantalon, l'alluma, soufflant légèrement sur la flamme jusqu'à ce qu'elle ait pleinement pris vie et attendant qu'elle soit assez haute pour savourer l'instant. Alors seulement, il mit le passeport dans la main de Paul, un passeport un peu humide et encore couvert de fourmis. Les insectes sortaient de l'intérieur des pages, tombaient par terre. Des dents puissantes avaient mordu le carton bordeaux.

– Gabriel, d'où sors-tu ? Comment se fait-il que tu aies mon passeport ?

– Deux questions à la fois, *mzee*, lui reprocha Gabriel avec la patience d'un âne repu. Tu m'as appelé. Tu as crié aussi fort que le premier coup de tonnerre des grandes pluies. J'ai de bonnes oreilles. Voilà pourquoi je suis là. Mes pieds sont allés plus vite que l'eau dans une rivière qui a trop bu.

– Le passeport, Gabriel ! On me l'a volé. Je l'ai cherché partout sans arriver à le trouver. Regarde un peu ma chambre !

– Bois du whisky, papa, conseilla Gabriel. Il t'arrangera la tête, et moi, je vais arranger ta chambre.

Il posa sur la table une bouteille qu'il tira de sous sa chemise.

– Cela fera du bien à un vieil homme qui devient fou.

– Le passeport, insista Paul, où était-il ?

– Le passeport était sous l'arbre qui sait siffler. Tu ne te rappelles plus cet arbre ? Je te l'ai montré ce matin. Tu l'as caressé des yeux.

Gabriel déboucha la bouteille de whisky et la tendit à Paul. Leurs mains ne se touchèrent pas plus longuement que le temps d'une pulsation, mais cela fut suffisant. Paul sentit bien qu'il était en train, à partir du mot « ami » qu'il avait si souvent prononcé de manière irréfléchie, de tisser une de ces liaisons dont il croyait s'être débarrassé à tout jamais ; bien que sachant parfaitement que ce n'était pas une chose à faire, il ne laissa pas retomber les bras. Le souffle court, il attira Gabriel à lui ; il vit, dans le visage sombre, les pupilles s'élargir et il entendit aussi que la respiration de Gabriel avait le même rythme désordonné que la sienne.

– Merci, murmura-t-il, merci, mon ami.

– Ta bouche sait dire de belles paroles, *mzee*. La mienne n'a pas appris à le faire.

Pour attirer l'attention de Gabriel sur le saccage de sa chambre, Paul attendit d'avoir bu une première gorgée de whisky, d'avoir senti la brûlure dans sa gorge et constaté enfin que ses mains ne tremblaient pas et que son cœur ne battait plus la chamade. Il le conduisit alors dans la salle de bains pour lui montrer le miroir maculé et les peaux de banane pourrissant dans le lavabo, puis il l'amena au rideau tout poisseux ; il fut à nouveau la proie du trouble et de l'inquiétude qui l'avaient saisi voici peu et, comme s'il quémandait une réponse susceptible de lui procurer au moins un petit apaisement, à défaut de pleinement le rassurer, il interrogea :

– Pourquoi le voleur a-t-il fait ça ?

Ces huit mots suffirent à ébranler le corps vigoureux de Gabriel avec la même violence qu'une tempête de vent secouant un jeune plant de maïs dont les racines n'ont pas emmagasiné assez de pluie. Le visage de Gabriel n'était plus qu'une bouche largement béante, ses dents luisaient à la lueur de la bougie, et quand il frappa l'épaule de Paul de ses deux mains, son rire souleva de tels échos qu'on aurait cru que sa voix n'était pas projetée contre les murs d'une petite hutte, mais contre la plus puissante des puissantes montagnes du Kenya.

– Le voleur, dit Gabriel quand il eut enfin réussi à ravaler son rire, le voleur était un singe. Tu ne t'en es pas aperçu tout de suite ? Tu ne connais donc pas nos frères ?

Il s'agenouilla, se faisant aussi petit qu'un jeune babouin à qui la mère donne encore la main.

– Tu as oublié de fermer la fenêtre, poursuivit-il en se grattant les deux oreilles en même temps, toujours à la manière d'un babouin. Il ne faut pas. Les singes des lodges sont effrontés et n'ont peur de rien. Il faut que tu fermes les fenêtres aussi solidement que les portes. Tu as vraiment cru, papa, que les voleurs de Nakuru prennent le temps de manger des bananes et de barbouiller les rideaux de chocolat ?

– Et le passeport, Gabriel ? Pourquoi le singe a-t-il emporté mon passeport ? Et qu'est-ce qu'il peut bien faire de ma chemise ?

– Ton singe était plus malin que tous les autres, répliqua Gabriel en se léchant les babines de sa langue mouillée. Il s'est contenté de mordre dans le passeport et de le jeter sous l'arbre qui sait siffler. Mais il portera ta chemise jusqu'à sa mort, *mzee*. Les singes aiment les chemises à *protection particulière*.

Existait-il dans la langue de Gabriel un terme pour protection particulière ? En tout cas, ce n'est pas celui-ci qu'il avait employé. Il avait prononcé l'expression sans l'accentuer, en anglais, mais Paul n'en remarqua pas moins qu'il avait imité la voix quelque peu nasillarde de mister Singh, du Norfolk.

– Le singe pensera toujours à moi en portant ma belle chemise neuve, dit Paul en riant à son tour et, comme Gabriel avant lui, il ne laissa passer qu'un soupçon de moquerie dans ses yeux mi-clos.

Gabriel était déjà à la porte quand Paul le rappela. Lentement, comme si cela lui était pénible, il ouvrit la poche intérieure gauche de sa veste et en sortit un petit billet de dix dollars plié en quatre.

– Les rhinocéros m'ont expliqué, dit-il en prenant une voix douce et en tendant l'argent à Gabriel, que je devais te remercier.

– Je sais.

– D'où le sais-tu ?

– Tu crois que je n'entends pas ce que dit un rhinocéros ? Quand le soleil se lèvera, je t'apporterai le thé, papa.

La mère éléphant – accompagnée d'un petit qui, pas après pas, gardait toujours la même distance entre sa trompe et la queue maternelle qui lui indiquait la voie à suivre – était en train de se frayer un chemin vers l'eau à travers d'épaisses broussailles quand Paul arriva sur la terrasse. Antje était déjà là. De loin, il la vit assise à la table ronde et il se rappela immédiatement son embarras lors de leur première rencontre. Il s'attendait à ressentir la même timidité que dans la matinée ; aussi fut-il très étonné de se diriger vers elle sans complexe.

Paul avait mis une chemise blanche ayant échappé aux pattes du singe et une cravate aux rayures démodées prêtée par le lodge, la direction n'entendant pas – pour satisfaire quelques rares touristes qu'elle n'appréciait de toute façon pas – déroger aux bonnes vieilles traditions vestimentaires des clubs anglais. Il était aussi décontracté que s'il avait dormi tout l'après-midi. Il remarqua combien il avait le pas léger et crut être encore sous l'effet du whisky, sans se rendre compte que c'était un sentiment d'attente impatiente qui l'animait. Il fallut qu'une vieille dame – petite tête chenue émergeant d'un châle de laine rose – le salue avec reconnaissance pour qu'il s'aperçoive qu'il était en train de sourire. Il fit signe de la main à Antje. Les étoiles brillaient dans la nuit claire et un croissant de lune entouré d'un doux halo projetait cette faible lueur qu'on ne voit que sur les hautes terres du Kenya. Les nuages de la journée s'étaient parés de velours noir et seuls les gens que Mungu avait dotés d'un œil de rapace pouvaient encore les voir. Une lourde odeur de sel et de chaleur mourante montait du lac de Nakuru, se mêlant au tendre parfum des eucalyptus et des manguiers sauvages. Une hyène hurla sa faim dans la nuit. Seule l'une des nombreuses grues royales qui nichaient dans les arbres lui répondit.

La terrasse était éclairée par des lampes aux socles recouverts de feuillages. Les photophores et leurs globes de verre épais teintaient de rose les tables décorées de camélias blancs dans des vases verts. Toutes les tables étaient chargées de bouteilles de vin, de petits pains ronds si odorants qu'on les aurait crus tout juste sortis du four et d'immenses corbeilles de fruits.

Auprès d'un grand foyer, sous un bosquet d'arbres, quatre cuisiniers aiguisaient de concert des couteaux aussi étincelants que des baïonnettes d'argent et avaient commencé à faire griller de la viande. Dès qu'ils avaient extrait des charbons de bois grésillants un steak ou un poisson fumant, ils appelaient tous en chœur un serveur. À peine ce dernier se dirigeait-il vers les clients qu'un des innombrables chats de l'établissement se coulait hors de l'ombre et, sans bruit, la tête dressée, suivait sa proie posée sur le plateau.

Le plus petit des serveurs arborait sur son veston jaune une plaque portant l'inscription « Stanley ». Paul lui ayant demandé d'où lui venait ce nom, il expliqua qu'il l'avait pêché dans le lac Nakuru et que, sinon, il n'aurait pas trouvé de travail dans un lodge aussi distingué. Il sortit alors une plume de flamant de sa poche et la présenta à la lumière avant de la poser sur l'assiette de Paul.

– Merci, j'en ai déjà une, s'étonna celui-ci.

– Je le sais, répondit Stanley en savourant l'éclat des petites étincelles de peur qu'il avait fait apparaître par magie dans les yeux de son hôte.

Ses mains étaient si agiles qu'il réussissait à entraîner les couverts dans une valse avant de les poser sur la nappe ; il ne cessait de dévorer des yeux la chevelure blonde d'Antje. Il l'appela à plusieurs reprises « mama », mais, à sa manière de claquer de la langue, il était évident qu'il ne pensait pas à sa mère. Quand Paul demanda de l'eau pour le repas, le regard si joyeux de Stanley se voila cependant de tant de déception et de reproche qu'il dut faire aussitôt machine arrière. En s'excusant, il commanda une bouteille de vin rouge, alors même qu'il ne le supportait pas. Antje, de son côté, dit qu'elle n'avait pas l'habitude de boire du vin.

– Je ne voudrais pas vexer notre si aimable ami. Il me plaît.

– Tu me plais aussi, dit Antje quand Stanley, ravi, versa de très haut le vin dans les verres sans en renverser une goutte.

– Qu'est-ce qui te prend soudain ?
– Ça n'a rien de soudain. Ça m'a pris dès le début. Tu es si merveilleusement vieux jeu.
– Dois-je considérer ça comme un compliment ?
– Oui.
Paul, de bonne humeur, réfléchit un instant pour savoir si Antje l'avait tutoyé intentionnellement ou bien s'il lui était arrivé ce qui arrivait à la plupart des Néerlandais de sa connaissance. Ils utilisaient l'apostrophe intime même quand ils parlaient l'allemand couramment. Il voulut le lui demander, mais, en la regardant, il obtint une réponse à une tout autre question.
Il venait de se souvenir de deux yeux ayant eu la même expression de spontanéité et d'effronterie – et du fait que c'était lui qui leur avait ôté leur gaieté. À contrecœur, il fit un retour en arrière, revenant aux temps de l'espoir, quand il croyait encore que la sincérité de Cornelia et son amour de la vie l'aideraient à oublier. Le souvenir se transforma sur-le-champ en un poids pour sa conscience et il crut qu'il ne pourrait y échapper le reste de la soirée. Embarrassé, il serra le pied de son verre et inclina la tête en frissonnant, mais il avait oublié avec quelle rapidité, sous un ciel nocturne d'Afrique, la douleur et le repentir s'apaisent, laissant la place à un simple et faible souvenir de ce qui fut jadis. Quand Paul leva son verre en s'inclinant vers Antje et que son menton effleura la fleur d'un camélia qui s'élevait très haut au-dessus du vase, il fut de nouveau capable de sourire.
– *Carpe noctem*, dit-il tout bas.
– Je ne connais pas encore assez bien le swahili.
– Une bonne fée a veillé sur toi dès le berceau, Sirène.
– En compagnie de ma méchante grand-mère. Je crois que c'est à cause de ça que je suis ici.
– C'est la même chose pour moi, grand-mère mise à part.
Stanley apporta à Antje des couverts à poisson en même temps qu'une truite au cou décoré d'un ruban bleu et, à Paul, un simple couteau et une petite banane jaune. Avec un léger et bref sifflement, il la posa à la place réservée à la fourchette.
– *Nugu*, souffla-t-il à l'oreille de Paul avant de s'éloigner à grands pas élastiques, une pile de tasses à consommé à la main.
– Devine un peu ce qui m'est arrivé aujourd'hui, dit Paul.

Au début, il avait eu l'intention de décrire fidèlement son aventure de l'après-midi, mais les images s'étaient aussitôt embrouillées dans sa tête avant de s'évanouir tout à fait. Sa panique lui paraissait à présent grotesque ou, au mieux, digne d'une histoire typiquement africaine. Plus il lâchait la bride à son imagination au cours de son récit et plus il y prenait plaisir : il finit presque par croire que c'était en hurlant de terreur qu'il avait fait fuir le singe. Il sortit le passeport de la poche intérieure de sa veste pour montrer les traces de morsure à Antje.

Elle eut la même réaction physique que Gabriel et, sans cesser de rire, secouant violemment la tête, elle fit mine de mordre un bout de la couverture cartonnée. Le passeport finit par tomber dans l'assiette contenant les arêtes de poisson et Antje, à force de rire, avala de travers. Paul lui tendit alors son mouchoir pour qu'elle essuie ses larmes. Déclarant qu'elle n'avait encore jamais rencontré un homme se servant de mouchoirs de tissu, elle demanda si elle pouvait le garder.

De la tête, il fit signe que oui, alors qu'il venait pourtant de partir pour un safari où ni le rire ni le flirt n'avaient leur place. Antje mit le mouchoir dans une de ses poches, prit la petite banane et l'agita dans tous les sens. De l'autre main, elle caressa le visage de Paul. Il ne put s'empêcher de rire, mais uniquement parce qu'elle lui avait touché le nez et que Cornelia avait fait de même lors de leur première rencontre. Il avait cependant déjà trop perdu de sa vigilance pour garder le contrôle de sa langue.

– Quand j'étais enfant, confia-t-il, j'ai toujours souhaité rire exactement en même temps que mon ami Kamau. Mais ça n'a jamais marché, hélas. En Afrique, on dit que les gens qui rient ensemble ne se séparent plus de leur vie.

– Combien faut-il à ta magie pour commencer à agir ? Nous reste-t-il assez de temps pour le dessert ?

– Oui. Nous avons tout le temps du monde.

– Ta hutte est plus belle que la mienne, trancha Antje quand elle eut fourré dans la bouche de Paul la dernière fraise de sa propre assiette.

Entourée des taches de lumière que projetait sa lampe de poche et qui dansaient au rythme de ses foulées, elle courut jusqu'à la hutte de Paul, sautillant sous les arbres comme si elle connaissait bien le trajet. Paul sautillait aussi et, à chaque retour sur terre, il aurait voulu être encore en train de voler. Il prétendit que c'était l'effet du vin, mais Antje refusa de le croire.

Ils prirent place devant la hutte, sur l'herbe rase, sur des chaises qui ne s'y trouvaient pas auparavant. Une lampe brûlait sur une petite table où avaient été disposés deux verres et la bouteille de whisky entamée. Paul baissa la mèche et la lueur jaune s'éteignit.

– À cause des moustiques, dit-il.

– À cause de nous, papa.

Il tressaillit, le visage qu'il rencontrait tous les matins dans la glace lui revenant en mémoire, et il demanda :

– Pourquoi m'appelles-tu papa ?

– Parce que c'est comme ça que tout le monde t'appelle ici, mentit-elle.

Elle saisit la bouteille de whisky, la reposa et finit par prendre la main de Paul. Mais son vieux rêve ne sortit pas de ses cendres avant qu'elle ait appuyé la tête contre le corps de son compagnon et entendu battre son cœur. Alors, comme lorsqu'elle était enfant, elle retrouva le trésor caché en Afrique. Elle révéla à Paul pourquoi elle l'avait cherché si longtemps. Lui, en revanche, tut ce qu'il savait de la fragilité des contes africains.

Au bout d'une heure, les dernières bribes de musique venant de la terrasse cessèrent à leur tour. Les serveurs faisaient claquer la vaisselle et les couverts et plaisantaient d'une voix étouffée. Au bord du trou d'eau où dormaient les serpentaires et où se tenaient deux gazelles qui ne s'étaient jusque-là pas risquées à quitter l'abri des arbres et des buissons et dressaient une tête inquiète, les spots aveuglants s'éteignirent. Il n'y avait plus que la lumière des étoiles dans un ciel où la cime des montagnes se dissimulait derrière le voile épais des mirages de la journée. Des feux brûlaient dans le lointain. Le vent, rageur, enflait la voix. Un animal fit entendre une plainte. Antje dit que c'était un lion et qu'elle l'entendait rugir toutes les nuits.

– C'est un chien fou d'amour, ma douce petite Juliette, rectifia Paul. C'est la vieille histoire du rossignol et de l'alouette.

Il vit des ombres sortir furtivement des buissons aux épines acérées. Les plus grandes se muèrent en fantômes, mais elles ne menaçaient que d'une main minuscule et ne se laissaient pas attraper. Paul se mit à tripoter son alliance, avec l'illusion qu'il s'agissait là d'un geste machinal ; il ne tarda pourtant pas à s'apercevoir qu'il aimerait avoir Cornelia à ses côtés. Il y avait beau temps que, quand elle ouvrait le lit, il n'avait rien à lui expliquer. Elle n'attendait plus rien, aucune réaction de son corps, aucune émotion quand elle le touchait. Elle n'en demeurait pas moins amicale et indulgente envers l'homme désormais incapable de répondre à son amour.

Le froid de la nuit, un froid très vif, tomba soudain. Paul, ayant entendu Antje claquer des dents, décida de lui parler sans détour. Il lui proposerait de la raccompagner dans sa chambre et de revenir prendre avec elle le petit déjeuner du lendemain matin comme si cette nuit n'avait jamais existé. Mais, à l'entendre ainsi rouler indéfiniment des pierres dans sa bouche, le rire la prit et, se dégageant lentement de l'étreinte de ses bras, elle ouvrit la porte de la hutte à toute volée. Les pieds plantés dans la terre meuble, les bras raidis par le refus, Paul continuait à chercher les mots qui, sans vexer Antje, le préserveraient de ce qui allait suivre inéluctablement ; mais, lui tournant le dos, elle avait déjà disparu dans l'obscurité et, s'éclairant de sa lampe de poche, elle se dirigeait vers les bougies du lit et du bureau. Elle l'attira ensuite avec détermination, l'obligeant à entrer dans la lumière et la chaleur.

Il accrocha sa veste au portemanteau avec des gestes si hésitants et alambiqués qu'il la fit tomber par terre, tout heureux de devoir la ramasser en relevant la tête très lentement, comme si chaque geste lui offrait un sursis avant le moment de l'aveu. Un bref instant Paul voulut croire que seule la soudaine clarté de la moustiquaire fascinait son regard, et pas la nudité des hanches d'Antje.

Épargnée par le soleil d'Afrique qui avait rougi les bras, le visage et les mains, cette peau blanche lui brûlait les yeux. Il éprouva un tel besoin de la toucher que le désir, né d'un instant de stupéfaction, le frappa avec la soudaineté de l'éclair lors d'un orage sans pluie. L'incendie, comme allumé à plusieurs endroits simultanément, gagna tous ses membres, mais Paul se défiait toujours de son corps. Ayant longuement trituré sa cravate avant de parvenir à la dénouer, il la jeta par terre, puis entreprit de déboutonner sa chemise avec des doigts qui lui paraissaient avoir doublé de volume. Accablé d'une tristesse dont il n'avait encore jamais ressenti à ce point la charge d'humiliation, il s'assit sur le tabouret où était posé le pantalon d'Antje. Épuisé, il tenta de faire de sa faiblesse un refuge.

Antje se tenait nue devant le lit, les bras ouverts ; à la lueur des bougies, ses cheveux semblaient plus clairs qu'en plein soleil et ils étaient si longs et fins qu'ils recouvraient ses seins, leur donnant des reflets de nacre. Le devant de la moustiquaire, sorti du matelas et transparent comme le dernier voile de Salomé, coulait sur ses épaules. Paul put voir l'éclat incarnat de sa jeune bouche et l'appel de ses yeux bleus – un bleu comme on en voit encore sur les cartes postales destinées à être coloriées.

Si Paul retrouva son assurance, ce fut justement grâce à ces yeux aussi doux et larges, dans la lueur vacillante des bougies, que ceux des jeunes impalas lorsque, sortant sans bruit de la forêt, ils exposent leurs têtes aux cornes délicates à une lumière qui met en valeur leur beauté et leur grâce. Quand, en Europe, durant les interminables nuits d'hiver qui le tuaient à petit feu, il se cherchait un refuge en Afrique, il ne se représentait jamais rien d'autre que les yeux des impalas.

Les rencontrant soudain sous une forme inattendue, il comprit enfin leur message. Une dernière fois, son passé vint le tourmenter. Il se vit à nouveau lutter, échouer et sombrer dans le désespoir, mais, en s'entendant parler, il sentit que sa voix était le soupir d'un homme certain de sortir vainqueur de l'épreuve.

– Tu me prends en traître, Sirène. Je ne suis qu'un homme après tout.

– Un homme d'Allemagne, chuchota-t-elle. Ils parlent toujours trop. C'est déjà ce qu'on apprenait à l'école. Qu'est-ce que tu attends ?

Le drap avait la fraîcheur enivrante d'une journée africaine tout juste née, la lourde odeur résineuse de la couverture de laine était douce, mais l'ivresse qu'elle provoquait était tout autre que la nuit précédente. Au moment où Paul sentit la pression de la bouche d'Antje sur la sienne et où son jeune corps commença à rappeler le sien à la vie – et où, surtout, il se rendit compte qu'il n'avait plus à craindre l'échec –, il se dit qu'il était en train de tromper sa femme. À l'instant de la délivrance, sa mauvaise conscience lui imposa donc un repentir auquel il se soumit. Une fois Antje endormie à ses côtés, la respiration paisible, couchée sur le dos comme un enfant, il resta un long moment sans parvenir à se décider à éteindre la bougie, tant le beau visage de sa compagne lui paraissait proche et néanmoins étranger. Il comprit alors qu'il avait tort : ce n'était pas sa femme qu'il avait trompée avec cet impala inconnu et inquiétant, il venait de tromper Antje avec Cornelia.

Même en pleine ivresse, en pleine extase, même en pleine euphorie à l'idée d'être redevenu un homme, il n'avait pensé qu'à Cornelia ; c'est elle qu'il avait entendue rire, elle qu'il avait embrassée, ses mains qu'il avait senties. C'est à sa femme qu'il avait parlé d'amour, pas à l'enfant, dans le creux de ses bras, qui l'appelait « papa ». C'est Cornelia qui avait reçu son aveu : tout repartait à zéro, ses blessures étaient guéries.

Quand Paul éteignit la bougie, elle n'était déjà plus qu'un lumignon et il passa le reste de la nuit à remuer ses pensées en tous sens, jusqu'au moment où la lumière grise du matin lui brûla les yeux. Il ne cessait de retrouver une Pénélope toujours aussi jeune, belle et patiente malgré l'attente, pour laquelle, plein d'énergie, il bandait l'arc d'Ulysse ; il décida d'écrire à Cornelia. Bien qu'ignorant encore comment il pourrait s'y prendre pour expliquer à sa femme des choses qu'elle ne pourrait ni comprendre ni pardonner, il s'imagina néanmoins qu'elle serait très heureuse de recevoir une carte où un singe, des lunettes de soleil sur le nez, serait allongé sur une chaise longue.

Cette idée lui parut si drôle et si symbolique de sa vie qu'il se mit à rire tout haut. Effrayé, il serra les lèvres et se retourna vers Antje. Elle remua juste le bras droit et, dix minutes plus tard, elle ne le vit pas non plus se lever et s'habiller. Paul avait seulement l'intention de passer quelques courts instants devant la hutte pour se rafraîchir les idées et calmer ses sens. Il lui semblait qu'il était très important de retrouver la monotonie apaisante de l'Afrique avant qu'Antje se réveille et parle à nouveau de l'accompagner dans son safari à Samburu.

Il entendit l'envol du premier oiseau. On pouvait déjà voir le trou d'eau. Le buffle, à nouveau, était là, noir colosse d'immobilité. Sur les fleurs rouges d'une haie d'épines, les gouttes de rosée se teintaient d'un rose pâle dans le soleil levant. Une lumière s'alluma dans le hall du bâtiment central, une fenêtre s'ouvrit et quelqu'un poussa la porte avec énergie. Un homme grand et vigoureux passa devant Paul, la tête profondément enfoncée dans le creux des épaules, comme s'il lui avait fallu se faire tout petit à l'heure où la vie s'éveille. Avançant d'un pas rapide sur le chemin recouvert de gravier, il ne faisait pourtant pas le moindre bruit.

Ce silence parut si étrange à Paul qu'il suivit la silhouette grise du regard jusqu'au moment où elle prit la direction du grand parking. C'est alors seulement qu'il reconnut Gabriel.

7

Les jours heureux, quand Gabriel était en safari, il n'y avait pour lui ni mauvaises questions le mettant dans l'incapacité de répondre correctement, ni ordres funestes de Nairobi propres à faire bouillir le sang dans le corps, tuant le rire avant qu'il ait pu sortir de la gorge. Quand, dans les lodges, il se rendait au parking avant le lever du soleil, sans avoir pour cela d'obligation particulière, il était en droit de marcher la tête haute et de se laver le front, le nez et le menton dans l'air frais du matin. Son cœur faisait alors aussi peu de bruit qu'un cèdre en plein sommeil, ses jambes étaient légères et ses mains au repos.

Les premières voix des journées heureuses caressaient les oreilles de Gabriel ; elles lui étaient aussi familières que celles de ses amis et de ses parents, chez lui, à Naro Moru. À Nakuru, c'était toujours le vent de la mer qui mettait fin au silence de la nuit. Il rappelait les humains à la vie alors que, dans la forêt, les pintades gardaient encore la tête au chaud dans leur plumage et que les grues royales n'avaient pas quitté leur poste sur les arbres.

Les jours sans colère et sans peur, Gabriel avait beau courir aussi vite qu'un enfant et sans que ses pieds touchent le sol, sa peau restait aussi sèche que les racines assoiffées de l'herbe brûlée par le soleil. Quand il était dans un tel état et qu'il entreprenait, avant un raid ordinaire, de nettoyer les vitres de l'auto, de vérifier si les niveaux d'huile et d'essence étaient corrects ou si un animal aux dents acérées n'avait pas, durant la nuit, rongé les câbles, il gardait la tête aussi froide que la première rosée du soir.

Les jours où Gabriel n'était pas obligé, dès les premières lueurs du jour, d'être l'homme qu'il ne voulait pas être, il éprouvait même de la joie à entendre sa propre voix : il entonnait alors les chants qu'il avait appris du père de son père alors qu'il reposait encore sur le dos de sa mère. Ces chants dataient d'une époque morte depuis longtemps. En ce temps-là, les hommes ne partaient en safari qu'avec leurs pieds, et avec une tête qui désirait pour seul butin de jeunes gazelles ou du bétail pris aux ennemis ; mais pas les vestes, les caméras ou les montres des riches étrangers. Gabriel savait bien sûr que les riches pouvaient à tout moment s'acheter de nouvelles vestes, de nouvelles caméras et de nouvelles montres, mais il avait souvent la nostalgie du temps où un chasseur n'avait pas besoin de devenir un voleur et n'était pas obligé de dépouiller ses victimes alors qu'il avait auparavant reçu d'elles de l'argent.

Le lendemain matin de la merveilleuse journée qui avait vu Gabriel dépister les rhinocéros et le *mzee* lui donner une très grosse somme d'argent en l'appelant son ami, cette nostalgie avait grandi plus vite encore que l'herbe morte après la première grande pluie. Gabriel baissait tellement la tête en marchant que même ses frères auraient eu la plus grande peine à le reconnaître. Sur le long chemin menant des huttes des chauffeurs au parking situé à l'intérieur de l'enceinte du lodge, il aurait pu compter non seulement les pierres une à une, mais aussi les touffes d'herbe les plus courtes et les moindres fourmilières.

Ce n'était pas une bonne chose. Les yeux qui ne peuvent garder assez de distance avec la terre sont privés de la fierté qui permet à un homme de sentir sa force. Les yeux qui restent collés à la terre confondent de minuscules vers avec d'énormes serpents à la gueule béante et les petits cailloux avec de gros rochers.

Tout en marchant aussi lentement que s'il ne voulait pas arriver au parking avant que la lune ne se montre, Gabriel sentait sur sa peau le froid de la peur. De ses deux mains, il se donna un coup sur le ventre pour l'obliger à se calmer, mais les pierres de ses intestins se turent tout juste le temps d'une pause entre deux halètements. Ensuite, les aiguilles qui lui perçaient la tête devinrent encore plus longues et plus pointues. Moqueuses et méchantes, elles ne cessaient de hurler à Gabriel combien il avait été stupide de ne pas rappeler ce salopard de Singh à l'heure convenue.

Il savait pourquoi il avait commis une erreur aussi dangereuse. Au moment où il avait retrouvé le passeport sous l'arbre siffleur, et même après avoir mis l'argent du *mzee* dans la poche de son pantalon, il était encore décidé, comme à l'ordinaire, à respecter l'accord passé avec Singh. Pourtant, pour la première fois, sa tête avait ensuite entrepris de faire la guerre à la sagesse et à la prudence.

Gabriel connaissait les raisons de ce changement. Ce safari ne ressemblait à aucun des précédents. Il s'était mis à rire trop tôt avec le *mzee* et, plus tard, il n'avait cessé de permettre à ses oreilles de prendre plaisir aux plaisanteries d'un homme dont les yeux s'éclairaient quand il l'appelait « papa ». Ce *mzee* était différent des autres hommes âgés, incapables, quand ils succombaient à la magie des animaux durant leurs safaris, de retenir leurs paroles dans leur bouche.

Cet homme qui savait parler aux rhinocéros dans leur langue et qui considérait les singes comme ses frères faisait danser devant les yeux de Gabriel des images qu'il n'avait encore jamais vues et dont il éprouvait un désir violent. Cette nuit, alors que les aboiements du chien lui avaient volé son sommeil et qu'il était resté ensuite longtemps éveillé, l'idée lui était même venue que son *mzee* était peut-être un sorcier capable de changer un homme en un autre homme, y compris Gabriel. Il s'était dit en cet instant qu'il ne ferait plus jamais ce qu'il n'aurait pas envie de faire.

Maintenant que l'heure des ordres l'avait rattrapé comme un guépard rattrape une gazelle guettée depuis le crépuscule, Gabriel comprenait pour la première fois pourquoi les vieillards ont le dos courbé alors qu'ils n'ont plus sur les épaules les fardeaux que les yeux peuvent voir. Quand il s'assit dans la voiture, ses articulations étaient toutes raides et il eut les doigts trop énervés pour attraper du premier coup le poste émetteur-récepteur. C'est à la troisième tentative seulement qu'il réussit à établir la liaison. La voix de Singh était pareille à du gras sous le soleil quand il s'annonça, mais elle devint encore plus tranchante qu'une *panga* fraîchement aiguisée quand il apprit que Gabriel était encore à Nakuru.

– Tu devais pourtant partir hier pour Samburu, cria l'Indien, et Gabriel pouvait voir les ombres méchantes sur son visage aussi distinctement que s'il avait été à côté de lui au comptoir de l'hôtel Norfolk.

– Mais mister Paul veut encore rester ici, *sir*.

– Ça veut dire quoi, ça ? Il veut rester ! Qu'est-ce qui lui plaît tant à Nakuru ? La salive lui coulait du menton, à cette vieille bourrique, quand il m'a demandé la première fois comment il pourrait se rendre à Samburu.

– Hier, la vieille bourrique a voulu coucher avec une femme à Nakuru, expliqua Gabriel, et aujourd'hui il veut revoir les rhinocéros.

Il fut étonné que les mots lui soient sortis aussi prestement de la bouche, car il passait dans sa gorge nouée aussi peu d'air qu'entre deux arbres aux racines entremêlées. La langue le brûlait comme un feu de brousse, ses yeux étaient à l'étroit dans leurs orbites où un sel très dur les irritait.

– Et toi, espèce de hyène peureuse, tu t'es frotté les mains parce que ça te permettait de t'en mettre plein la panse un jour de plus à Nakuru.

– Mister Paul dit qu'il a bien le temps, trouva à objecter Gabriel, tout heureux de pouvoir à nouveau parler comme un homme qui n'est plus obligé d'avaler des ordres. Il n'arrête pas de me le dire, *sir*. Qu'est-ce que je dois lui répondre quand il me dit ça ?

L'Indien le traita de sagouin, de bon à rien, de sale Kikuyu, ajoutant qu'il n'était qu'un menteur, un voleur et un assassin ; il le menaça de détruire sur-le-champ ses papiers et de bloquer son salaire, hurlant qu'il allait sans plus tarder informer la centrale de ce qui s'était passé et que Gabriel avait intérêt à se méfier.

D'un seul coup, ce chasseur silencieux qui n'approchait jamais lui-même la proie baissa encore la voix. Un instant, Gabriel eut l'impression qu'une main puissante venait de lui fourrer de l'herbe sèche dans la bouche. Puis la voix menaçante de l'homme qui n'avait même pas besoin de bouger le petit doigt pour indiquer aux voleurs le chemin qu'ils avaient à prendre se tut soudain. Mais les craquements d'un émetteur-récepteur suffisaient à transmettre des ordres.

– Je n'ai plus beaucoup de temps devant moi, cria tout à coup l'Indien dont la voix avait brutalement retrouvé son tranchant. Tout est déjà préparé. Nos hommes attendent. Mais ils ne pourront intervenir que lorsque vous partirez de Samburu. Alors, débrouille-toi pour y arriver aujourd'hui au plus tard. Et note bien ceci, espèce de pauvre imbécile noir : si quelque chose cloche cette fois encore, ce ne sera plus la peine de venir demander du travail. Il n'y a pas de travail pour des gens qui savent tout et ne font rien. Alors, manifeste-toi dès que tu seras arrivé à Samburu.

La liaison radio était enfin terminée. Gabriel resta assis dans la voiture, les yeux fermés, laissant le soleil dormir sur ses paupières ; il resta ainsi un temps qui lui parut très long parce que la lumière se décomposait en cercles d'un bleu profond et que, dans cette obscurité protectrice, il pouvait de nouveau respirer aussi paisiblement que s'il avait couru aux côtés d'un vieil homme obligé de tirer ses jambes derrière lui. La chaleur du courage lui revenait doucement dans la nuque et les épaules. Ses oreilles chassèrent les douleurs qui venaient de les frapper et n'entendirent plus que les sons dont elles avaient soif. Son cœur avait cessé de cogner contre ses côtes à la manière d'un animal se débattant dans un piège.

Quand Gabriel rouvrit les yeux, la lumière était devenue aussi blanche que la crinière des noirs singes colobes quand ils se cachent peureusement dans les recoins les plus sombres de la forêt, et elle fit surgir dans sa tête des images qui lui firent croire qu'il rêvait. Il étira les bras, les jambes et le dos, tel un chat qui doit s'assurer de la souplesse de ses membres avant de bondir ; il sentit alors que son corps et sa tête s'apprêtaient à voler. La bouche de Gabriel disait des paroles qu'il ne comprenait pas, mais qui lui paraissaient aussi belles que le chant des oiseaux qui retrouvent leur voix à l'instant où ils se sentent en sécurité. Comme par enchantement, des images naissaient devant ses yeux. Il s'était transformé en lion et Singh en souris.

Gabriel sauta de la voiture. À peine ses jambes eurent-elles effleuré le sol qu'elles le propulsèrent haut dans les airs. Il claqua la portière avec autant de force que ses mains en avaient et il savoura le fracas dont l'écho chassa toute la colère qu'il avait en lui. Quand il s'assit sur la terre humide, il sentit son visage caressé par le soulagement de celui qui vient d'échapper de justesse à ses ennemis.

Bien qu'ayant appris à l'école que tous les jours sont d'égale longueur et qu'ils durent tous vingt-quatre heures, il trouva que le temps qui s'écoulait jusqu'au proche lever du soleil était aussi infini que le ciel au-dessus des montagnes bordant le lac. Ce temps n'appartenait qu'à lui. À nouveau, dans les vingt-quatre heures à venir, assis dans l'auto à côté du sage *mzee*, il serait l'homme qu'aucun ordre ne pourrait atteindre

Au loin, une nuée de flamants s'éleva dans le ciel, étoffe aussi fine que celle dans laquelle les Indiennes font couper leurs saris, mais teinte en rose. Gabriel frappa dans ses mains, comme s'il avait voulu chasser les oiseaux jusque sur les sommets des montagnes. À l'instant où il baissa les bras, un rayon de soleil vint toucher les aiguilles de sa montre. Il calcula que, s'il ne ménageait pas ses jambes, il pourrait apporter à temps le thé à son ami et que personne ne saurait que ces mêmes jambes n'avaient pas seulement parcouru le chemin entre les logements du personnel et la cuisine.

Il vit que ses pupilles, bien que reflétées par une simple flaque d'huile, étaient claires comme les étoiles une nuit de pleine lune. Il remarqua que sa bouche recommençait à balbutier des sons qui lui emplissaient la tête d'ivresse ; il prit la résolution d'appeler le *mzee* « papa » durant toute la journée et d'observer attentivement ses lèvres pour y voir la tristesse s'y dissiper. Aujourd'hui, le papa rieur voudrait certainement photographier son chauffeur – cela faisait partie d'un safari. La plupart des touristes voulaient avoir la photo de leur guide dans leur appareil dès le premier jour du voyage. Régulièrement, ils promettaient à Gabriel de la lui envoyer à Nairobi, mais ils ne le faisaient jamais. Papa, en revanche, n'était pas comme les autres. Quelqu'un qui savait que les singes peuvent parler, rire et pleurer écrirait à coup sûr une lettre et enverrait des photos à son chauffeur.

Tout en se précipitant du côté des bâtiments des cuisines pour aller chercher le thé, Gabriel partit une deuxième fois en cette matinée pour le lointain safari vers Naro Moru. Il se vit avancer lentement vers sa hutte devant laquelle sa femme était assise, en train de remuer le repas dans la grande marmite qu'il lui avait achetée au marché de Nairobi ; elle se leva dès qu'elle aperçut son mari et jeta la cuillère par terre. Il lui présenta la photo brillante, lui parlant du *mzee* qui l'avait prise et qui connaissait la langue des rhinocéros et des gens d'Afrique.

Gabriel ne revint de Naro Moru que lorsqu'il eut récupéré le thé dans la cuisine. S'imaginant que, comme la veille, « papa » voudrait se baigner le front dans la vapeur bouillante, il pressa le pas, le plateau à la main, en direction des chambres des clients, fonçant tel un buffle en train de charger. Mais, à l'instant précis où il ouvrait du pied la porte de la hutte de Paul, un éclair lui traversa le crâne : et il se souvint qu'il était en safari avec un homme qui n'avait pas d'appareil photo.

Son regret de voir anéanti son rêve d'une belle photo pour sa femme ne fut que de courte durée : très vite, l'hilarité qui lui racla la gorge fut si forte qu'il fut obligé de poser le plateau par terre, avant de laisser échapper de lui le tonnerre d'un rire. S'il agitait le corps comme un chien secoue son os, c'était parce qu'il venait de comprendre que Singh, pour une fois, ne serait pas le voleur rusé se déguisant en portier distingué pour faire dévaliser ceux de ses clients qui, précisément, emplissaient ses oreilles de paroles bienveillantes et ses mains de pourboires plus généreux encore.

Pour la première fois de son existence, Singh venait de forer un puits auquel il ne puiserait jamais la moindre goutte d'eau : quel intérêt y avait-il à dépouiller un touriste portant des chemises faites par un tailleur de Nairobi et n'ayant besoin que de ses yeux pour les images des animaux d'Afrique ? Le rire de Gabriel fut si bruyant que les grues royales sous les arbres, effrayées, rentrèrent leurs plumes.

En revanche, le puissant dieu Mungu qui, depuis la montagne, avait vu la colère de Gabriel, envoya sa voix tonitruante tout en bas dans la plaine pour lui annoncer qu'il allait récompenser son honnêteté : il lui offrait un bon bout de temps et un petit peu de tranquillité, car il était désormais sans importance de savoir quand ils arriveraient à Samburu. Ce safari n'appartenait plus qu'à lui et à son joyeux «papa». *Kessu* – n'importe quand, pendant la journée peut-être ou, mieux encore, pendant la nuit – le petit Gabriel dirait à l'horrible et grand salopard qu'il ferait bien de chercher un autre travail pour ses hommes de main.

– Pourquoi riais-tu de si bonne heure ce matin ? demanda Paul en essayant d'écraser une mouche sur sa chaussure.

– Comment as-tu fait pour m'entendre ? Je n'étais pas ici.

– Je sais. Tu es allé au parking et tu as de nouveau utilisé ton poste émetteur-récepteur.

Gabriel n'était pas homme à faire marcher sa langue à cause de quelques petits mots dont il n'était pas encore certain que leurs épines soient nourries de sève amère. À se défendre trop rapidement, on risquait de dire ce qu'on ne devait pas dire. En silence, il posa la théière sur la table, servit le thé et se dirigea lentement vers le lit. Il lui fallut un long moment avant de réussir à faire un nœud avec la moustiquaire. Tout en lui imprimant un balancement, il calcula qu'il s'était à présent écoulé assez de temps pour transformer une trace, une fois découverte, en un trou sans importance. Mais, leurs yeux s'étant rencontrés, Gabriel se rendit compte que papa avait une mémoire d'éléphant et qu'il était toujours en chasse.

– Hier, lui rappela Gabriel sans grand espoir, tu as ri quand la moustiquaire a sauté.

– Tu ne m'as pas vu devant ma hutte, ce matin, en te rendant au parking ? À qui as-tu parlé, Gabriel ?

– À mister Singh. Il veut savoir si tout va bien avec la voiture.

– Roger, Roger, dit simplement Paul.

– Roger, Roger, papa, répondit Gabriel avec un sourire.

Puis, savourant la douceur de la délivrance que lui offrait cette petite bribe de vérité, il interrogea :

– Où est la femme qui a dormi dans ton lit ?

– Elle est retournée dans sa hutte. Elle voulait faire ses bagages et venir avec nous à Samburu, mais je lui ai dit que nous ne partirions pas encore aujourd'hui.

– Voilà qui est bien, papa, très bien. Un homme ne va pas en safari avec une femme qui n'a dormi qu'une fois dans son lit. C'est dangereux. Hier, je t'ai dit qu'elle te volerait ta tranquillité. Tu ne m'as pas cru. Tu n'as pas peur qu'elle te vole à nouveau ta tranquillité aujourd'hui ?

– Non, mon ami. Je n'ai pas peur. Un *mzee* est heureux de ne pas avoir trop de tranquillité. Comme ça, il sait qu'il n'est pas encore mort. Et maintenant, tu vas me dire qui t'a volé ta tranquillité ce matin.

Tout en ensevelissant soigneusement mister Singh dans un fossé profond, Gabriel s'assit sur le tabouret, les yeux fixés sur les buissons du trou d'eau. Il était agréable de se taire avec un homme qui remplissait d'argent la poche de son chauffeur et lui enduisait les oreilles d'un suc très doux que personne n'était en mesure d'acheter. Ils soupirèrent tous les deux, et tous les deux savaient pourquoi. La grande cafetière Thermos finit par se vider et son revêtement argenté perdit tout éclat. Les mots qui ne devaient pas être prononcés se bousculaient dans la pièce ou essayaient de sortir des gorges. Mais les hommes silencieux attendirent, pour évoquer les images qui avaient les mêmes couleurs pour tous les deux, d'avoir vu une grosse mouche repue se traîner, les pattes collées, hors du lac de sucre au fond de la tasse et, un peu plus tard, s'envoler en direction des carreaux de la fenêtre.

Ils se mirent alors à parler des singes dans la forêt, du babouin du lodge, des rhinocéros qui, avec l'aide de Mungu, rendaient aux hommes âgés leur jeunesse, et des éléphants dont la peau offrait aux petits oiseaux, comme nourriture, les insectes qui les importunaient. Tout en clignant des yeux dans le soleil, le *mzee* raconta la froide obscurité de son monde ; puis Gabriel parla, lui, des jours qui n'étaient plus, quand un homme n'était pas encore obligé de s'en aller à Nairobi pour que ses enfants aient de quoi manger. Il en vint ainsi à évoquer Naro Moru, sa femme au ventre à nouveau plein et les deux fils que le père n'avait pas revus depuis de longs mois.

Comme les yeux de Gabriel avaient fini par s'égarer dans les nuages de fumée de sa hutte natale, sa voix était devenue lourde elle aussi. Pour Paul, cette nostalgie inconnue et pourtant familière fut comme un écho de la sienne propre, mais sa mélancolie ne suscitait plus de crainte en lui, seulement un besoin de plus en plus pressant de protéger Gabriel d'un avenir dont il ne soupçonnait rien. Averti comme il l'était des choses de l'existence, il fallait qu'il mette en garde ce jeune homme qui l'appelait « papa » et qui lui faisait oublier pourquoi il avait fui devant la vie ; il fallait aussi qu'il lui explique ce qu'il advenait des fils qui manquaient tant à leurs pères retenus au loin.

Dans la lumière aveuglante du matin qui le faisait plisser les yeux, il avait l'impression d'avoir ranimé les scènes des temps enfouis. Mais, dans son esprit, les fils de Gabriel avaient remplacé Jens, dont il n'avait jamais pu saisir la main sans éprouver une hésitation. Quand ils riaient, ils découvraient les mêmes grandes dents que leur père. Leurs crânes couverts de mouches brillaient au soleil. Le petit, qui avait une cicatrice sur le front, se mettait à pouffer avec gêne quand l'étranger blanc le soulevait de terre et le pressait contre sa veste aux nombreux boutons. Mais à l'instant où Paul respira le parfum et la chaleur de la peau de l'enfant et où les souvenirs de sa jeunesse submergèrent son odorat plus encore que sa mémoire, un Jens grincheux surgit à nouveau dans ses pensées et, comme le premier jour du voyage, lui demanda pourquoi il fallait qu'un père vienne en Afrique pour aimer les enfants.

Paul eut beau se dire à temps qu'il allait encore se mettre dans son tort s'il privait son fils de l'amour auquel il avait droit, il en conçut tout de même de l'irritation. Pour ne pas infliger une nouvelle blessure à Jens, il rechercha certes plus longtemps que d'ordinaire des mots conciliants, mais, même en Afrique, quand il conversait avec son fils, il ne réussissait qu'à commencer ses phrases sans jamais les terminer.

– Partons, décida-t-il, tout étonné de la soudaine facilité avec laquelle il avait repoussé Jens.

– Où veux-tu aller, papa ?

– À Naro Moru.

– Pourquoi est-ce que tu dis ça ? Tu n'es encore jamais allé à Naro Moru.

– Si. Est-ce qu'on ne voit pas le mont Kenya de là-bas ?

– Oui, c'est vrai. À Naro Moru, notre montagne n'est pas seulement là pour les gens qui chassent avec une caméra. Depuis ma hutte, tu peux atteindre la neige en marchant. Je peux te mener au sommet, là où habite Mungu. J'y suis déjà allé avec beaucoup d'étrangers. Ils ne savaient rien de ce qu'ils auraient dû savoir et ils sont quand même arrivés au sommet.

– C'est trop tard, Gabriel. Je n'irai plus jamais là-haut. Je suis trop vieux.

– C'est seulement tes yeux qui sont vieux, répliqua Gabriel. Et ils m'ont trompé. Tu n'es pas vieux. Mais je continuerai à t'appeler *mzee* quand je voudrai voir un feu s'allumer dans tes yeux. Quand veux-tu partir ?

– Hier. Ou bien est-ce qu'il faut que tu interroges d'abord ton fantôme ?

– Hier, c'est bien, dit Gabriel en se secouant pour faire tomber le rire de sa poitrine. Je n'ai besoin de parler avec personne aujourd'hui et demain non plus.

– Tu téléphoneras à nouveau *kessu* ? voulut savoir Paul.

– *Kessu*, confirma Gabriel, rasséréné. Mais nous partons aujourd'hui et nous parlons d'hier, poursuivit-il. Il faut que nous emportions ton sac pour ce safari. Naro Moru, c'est loin. Nous ne pourrons pas être revenus avant que le soleil soit tombé du ciel. Veux-tu que j'aille vite voir la femme pour lui dire que nous partons ?

– Non, Gabriel. C'est moi qui dois le lui dire. J'y vais tout de suite.

Arrivé sur la pelouse devant la hutte, Gabriel revint tout de même en courant, se tenant le front comme si, juste au moment de partir, il venait effectivement de se rappeler la nouvelle la plus importante de la journée. De dehors, il ouvrit en grand la fenêtre qui n'était qu'entre-bâillée, glissa la tête dans la pièce et desserra les dents.

– Sirène, lança-t-il à haute voix en accentuant la première syllabe du mot qu'il s'était longuement entraîné à prononcer, Sirène sera très contente de te revoir si vite.

Ils sortirent de Nakuru par une large route goudronnée, entre des camions lourdement chargés, des autocars brinquebalants et des véhicules tout-terrain peints en vert. Ils la quittèrent à Nyahururu. De kilomètre en kilomètre, le chemin très peu fréquenté, dont Gabriel prétendit que son père le lui avait offert dans l'heure qui sépare une mauvaise journée et une bonne nuit, devenait toujours plus étroit et plus caillouteux. Gabriel devait s'arrêter souvent. Des hommes et des enfants poussaient devant eux des vaches fortement bossues, des chèvres efflanquées et de minuscules moutons. Ces troupeaux hétéroclites et leurs bergers rappelèrent à Paul les images en couleur de son ancienne bible pour enfants. Il essaya de retrouver les noms qui avaient jadis nourri son imagination, mais un seul lui revint à l'esprit.

– Laban, murmura-t-il.

– Je connais Laban, chuchota Gabriel en retour. C'est le père de mon père.

Les hommes qui poussaient leur bétail à l'aide de longs bâtons étaient âgés et aussi décharnés que leurs vaches, dont les côtes se dessinaient sous la peau terne ; les enfants, maigres aussi, allaient pieds nus, mais ils étaient capables de courir assez vite pour rester à la hauteur de la voiture pendant plusieurs minutes tout en gardant assez d'air dans la poitrine pour crier d'un ton aigu « Dollar, dollar ». Ils quémandaient des stylos à bille et des montres et proposaient de se laisser photographier.

– Nous allons en safari uniquement avec nos yeux, leur criait Gabriel dont la voix était pleine de la fierté d'un homme différent des autres.

Le chemin, défoncé par une longue sécheresse, était bordé d'euphorbes aux tiges vigoureuses et d'épais fourrés à ce point recouverts de papillons aux ailes rougeoyantes qu'ils paraissaient flamber. Dans l'herbe brûlée, on apercevait le jaune d'ivoire d'os d'animaux rongés par les fourmis et un crâne de gazelle, poli par le soleil et à moitié enfoui sous les épines d'un buisson aux minuscules fleurs violettes.

Une fine poussière rouge s'élevait dans les airs au-dessus des nids-de-poule du chemin et retombait en pluie légère sur la voiture décapotée.

Paul remarqua que les bras nus de Gabriel avaient le même éclat rougeâtre que les siens. Il sourit avec mélancolie en se souvenant combien, enfant, l'idée qu'il puisse avoir, un instant de bonheur, la même couleur de peau que les gens d'Afrique l'avait fasciné. À cette époque, il avait un jour parcouru des champs en friche avec son ami Kamau, sentant la terre dure sous leurs plantes de pied. Puis, se laissant tomber sur le sol, Kamau avait soudain affirmé que tous les hommes avaient la peau couleur de cuir rouge.

Une troupe de zèbres se reposait dans l'ombre grise d'un baobab au tronc géant. Dans la lumière de midi, les rayures noires de leurs corps rebondis paraissaient très larges et foncées ; elles donnaient aux animaux cette apparence de calme et d'indolence qui, dans des temps immémoriaux, avait certainement été à l'origine de leur nom en swahili, *punda milia*, qui signifiait « âne rayé ». Les petits se pressaient contre leur mère et leurs yeux ignoraient encore tout de la peur et de la chasse.

– Qui t'a dit qu'elle s'appelait Sirène ? demanda Paul.

– C'est toi, papa. J'étais devant ta porte quand tu as couché avec elle.

– Tu as fait ça, toi ? Es-tu un singe pour vouloir tout voir ?

– Oui. Les singes savent qu'un vieil homme qui couche pour la première fois avec une femme jeune a besoin d'être protégé.

– Tu as raison, mais Sirène n'est pas dangereuse. Tu n'as plus besoin de me protéger d'elle.

– Je n'aurai plus besoin de te protéger quand tu sauras que tu veux la garder, pas avant.

– Quel sacré ange gardien tu fais ! Si seulement je t'avais connu avant de rencontrer Cornelia !

– Quand tu me parles dans ta langue, répondit Gabriel en mettant dans ses lèvres assez de mécontentement pour les rendre lourdes, je n'arrive pas à te comprendre. Qu'est-ce que tu as dit ?

– J'ai dit que tu étais très intelligent.

– C'est bien, papa *mzee*. Il faut que tu le dises deux fois. Quand tu dis des choses intelligentes, mes oreilles prennent de la force. Elles entendent trop de sons d'animaux. Et de personnes qui ne savent pas fermer la bouche quand la bêtise brûle en eux. Mais qu'est-ce que tu vas dire d'intelligent maintenant ? On vient de crever !

L'auto n'avait pas quitté la piste, et la chaussée, depuis environ dix kilomètres, était même bien meilleure. Paul descendit et fit le tour de la voiture : les quatre pneus lui paraissaient intacts, mais il fit comme s'il n'avait rien remarqué et, satisfait, il s'assit en silence sur un large tronc d'arbre. Il lui suffisait de n'avoir ni faim ni soif et de sentir la chaleur de son corps cautériser les blessures de sa tête. Il y avait longtemps que les diables qui le pourchassaient n'avaient été si petits et si dociles.

Pendant un bon moment, il ne fit rien d'autre qu'observer les grasses fourmis rouges en train de s'ouvrir un nouveau chemin ; ensuite, il regarda Gabriel examiner longuement le cric avec perplexité, avant de le placer sous la voiture, mais il semblait éprouver beaucoup plus de difficultés que lors de leur première crevaison, peu avant l'arrivée au lodge de Nakuru. La nuit, alors, était déjà presque tombée, et la réparation n'avait duré qu'un quart d'heure, alors qu'à présent le dôme enneigé du mont Kenya étincelait entre de légers nuages, dans un ciel aussi pur et bleu que l'océan Indien. L'herbe haute teintait de vert les flancs de la montagne. Sous une euphorbe candélabre solitaire, un troupeau de bétail attendait la fraîcheur de l'après-midi. Chaque fois qu'une vache remuait la tête, de minuscules oiseaux s'envolaient.

– Ton auto est très intelligente elle aussi, dit Paul. Elle a choisi un bon endroit pour se reposer.

– Je ne t'entends pas quand je suis au travail, grogna Gabriel.

Il démonta le pneu avant droit en gémissant, puis s'assit par terre, toujours geignant, regardant fixement au loin, et il finit par déclarer qu'il ne trouvait pas l'endroit où il fallait mettre une pièce. Il ajouta qu'il allait aussi défaire les deux pneus arrière, mais qu'il devait au préalable réparer le cric.

– Il fera nuit, soupira-t-il, avant que je sache quel pneu est fichu.

– Je ne suis pas si bête que ça, Gabriel. J'ai déjà vu que tu savais changer un pneu à toute vitesse. Pourquoi ne pas me dire que tu veux voler du temps ?

– Voler, non, papa. Je ne suis pas un voleur. Je veux seulement retenir le temps. Dans une main, j'ai la tête, et dans l'autre, la queue. Le temps ne peut plus s'en aller. C'est une bonne chose pour nous deux.

– Très bien. Viens t'asseoir à côté de moi. Le temps, c'est quelque chose de très lourd. Nous ne serons pas trop de deux pour le retenir. Et puis après, tu me diras pourquoi tu ne veux arriver à Naro Moru qu'à la nuit.

– Il vaut mieux qu'un homme n'ait pas bonne vue quand il est resté longtemps loin de chez lui.

– Il faudra que j'en parle à Ulysse. Il connaît Sirène lui aussi, dit Paul en riant d'entendre Gabriel essayer de prononcer le nom. Je peux lire dans ta tête, Gabriel. Tu ne veux pas que quelqu'un te voie. Il ne faut pas que mister Singh apprenne que nous nous rendons à Naro Moru.

– Tiens ! dit Gabriel, étonné, en se levant. Tu vas devoir retenir le temps tout seul à présent. J'ai du travail.

Il ne lui fallut pas plus de dix minutes pour remonter le pneu, puis ranger le cric et les bagages. Tout en balayant le sable des sièges, il laissa déborder sa gaieté : il fredonna une chanson où il était question d'un léopard qui s'était endormi avant de partir en chasse et dont les gazelles se moquaient. Un oiseau bleu comme de la glace se posa sur un acacia épineux et accompagna le chant de son gazouillis. Gabriel attendit qu'il se soit tu. En sifflotant, il alla chercher une grosse boîte en carton dans la voiture et étendit une nappe blanche sur le sol.

– Ton repas, papa, dit-il en mordant à belles dents dans chaque mot. Mungu nous l'a envoyé pendant que l'oiseau chantait. Aujourd'hui, je m'assieds auprès de toi pour manger. Tu te souviens quand tu m'as appelé au bord du lac Naivasha et que je ne suis pas venu ?

– Je me souviens. Roger, Roger. Pourquoi viens-tu aujourd'hui ?

– Parce que les jours de Naivasha ne sont plus.

8

Paul essuya son front brûlant et trempé de sueur avec la manche de sa chemise. La peau le brûlait aussi au-dessous des yeux et il avait les cils collés. Pourtant, ce qui le dérangeait plus encore, c'était l'idée que sa tête pourrait se désolidariser de son corps avant qu'il ait réussi à résoudre le problème qui le préoccupait prioritairement. À son arrivée à Naro Moru, et en particulier durant les premières heures, il avait fait d'énormes efforts pour formuler correctement une réponse à la question qu'il ne cessait de se poser, mais il n'avait pas réussi à décider pour plus longtemps qu'une minute ou deux s'il avait fait preuve d'inconscience ou simplement d'insouciance.

Comme il ne parvenait pas à échapper à cette alternative, les deux hypothèses lui paraissant également plausibles et logiques, Paul regarda autour de lui dans la hutte sans fenêtre. Il essayait de se rappeler ce qu'avait signifié, jadis, cette histoire d'inscription à la main contre un mur et pour qui elle avait été lourde de conséquences ; mais il ne se souvenait que d'une chose : Jens, à quatre ans, avait un jour barbouillé de bleu, avec les doigts, la salle à manger fraîchement repeinte, utilisant même, pour accomplir son exploit, l'échelle du peintre. Paul sourit, ce dont il avait été absolument incapable à l'époque. Il scruta attentivement des visages dont il ne distinguait que les dents et les pupilles. Sur aucun d'eux il ne décela l'ombre d'une menace. En lui, la brûlure du soupçon commença à décliner, de même que déclinait la lumière jaune d'une lampe posée sur une caisse en bois, devant un lit bas où s'empilaient des couvertures grises pleines de trous.

Dans ces conditions, jouant à la fois le rôle d'accusateur et de défenseur de l'homme qui avait troqué sa robe d'avocat contre une chemise kaki trempée, Paul plaida que son cas relevait finalement de la simple légèreté de l'être. Le juge lui donna raison ; Paul trouva seulement que les attendus du jugement n'étaient pas assez détaillés. Il se promit – quand il ne serait plus fatigué au point de ne pouvoir bouger la tête pour dire non – de faire au moins une exégèse approfondie des propositions principales de ces attendus, de rechercher quels en avaient été les fondements et d'en étudier le contenu philosophique.

– Ça y est, j'ai trouvé ! s'écria-t-il dans la salle comble.

Il ressentit une grande confusion à ainsi importuner le tribunal par des considérations personnelles, mais le juge lui tapa sur l'épaule d'un geste approbateur.

Les hommes, les femmes et les enfants installés autour du foyer continuèrent à manger et à parler tranquillement, tout comme s'ils n'avaient pas été interrompus dans leur activité par cette apostrophe incongrue. Paul eut besoin d'un bon moment pour se dire qu'il n'avait peut-être pas parlé à haute voix. Une autre question le harcela alors avec d'autant plus de force : pourquoi une situation le condamnant à une totale passivité et que sa raison autant que son expérience jugeaient très dangereuse lui inspirait-elle un sentiment de gaieté ? Il perdit toutefois de sa concentration avant d'avoir pu trouver une réponse satisfaisante.

Ce qui l'entourait, en revanche, lui semblait familier. Plus il y pensait, plus il se rappelait nettement avoir vécu quelque chose d'analogue lors d'une excursion dans les Dolomites. À la suite d'une dispute avec Cornelia, il était parti seul dans la montagne, où, surpris par l'arrivée du brouillard, il avait erré à l'aveuglette ; pourtant, durant toute la durée de cette aventure, il avait eu le sentiment d'être parvenu au but auquel il aspirait et de ne plus avoir à craindre de se perdre lui-même.

À ce point précis de ses évocations du passé, le monde d'où il venait et celui où il se trouvait se télescopèrent, puis se désintégrèrent en un véritable feu d'artifice. Paul n'eut pas du tout envie de rassembler les pièces du puzzle. À un moment ou à un autre, il demanderait à Gabriel de s'en charger à sa place. Son fils noir avait des doigts habiles et ne posait jamais les questions qu'il ne fallait pas.

La fumée que renvoyaient les murs en tôle ondulée et humides était blanche et épaisse. Au-dessus du bois, qui se consumait et s'écroulait en craquant dans un foyer en grosses pierres, elle s'élevait sous la forme de nuages ronds qui se dissipaient ensuite pour donner naissance à de minces filets montant jusqu'au toit pointu. Si la fumée d'Afrique irritait la gorge et voilait les yeux de larmes, c'était uniquement pour tromper les méchants et les envieux. Elle était certes aussi âcre que les baies sèches d'un vieux poivrier, mais elle n'était pas agressive : dans les temps si reculés que même les anciens ne les voyaient plus quand ils regardaient en arrière, un feu allumé à propos était déjà l'ami de la nuit. Il ne faisait aucun mal à ceux qui se confiaient à lui. Paul se sentait lui aussi pris d'unc agréable envie de dormir sous l'effet de ces nuages de fumée qui l'empêchaient de voir ce que, auparavant, il aurait certainement qualifié de présent.

Chaque fois qu'il inspirait une légère bouffée de cet air lourd et adouci par la bouillie de maïs fumante, une douleur lui transperçait le nez et les oreilles, mais elle ne durait pas. Ensuite, il trouva même qu'il respirait et entendait mieux qu'auparavant. Dans cet état d'exacerbation des sens, il eut l'impression que les mots chuchotés autour de lui en un flot ininterrompu étaient des chansons dont il avait si longtemps cherché à se rappeler la musique.

Paul était fou de joie d'avoir enfin retrouvé le rythme de son passé, alors qu'il croyait l'avoir perdu à jamais. Il caressa l'idée de partager avec Gabriel sa joie exubérante, mais il comprit qu'il ne disposait pas du vocabulaire suffisant pour parler de ce nouveau safari. Un tel voyage dans le temps l'obligeait à garder le silence jusqu'au moment où son accompagnateur aurait épuisé sa joie du retour.

Paul se mit à observer la femme de Gabriel. Elle détourna la tête quand elle s'aperçut de la direction de ses regards, resserra autour de sa taille rebondie la fine étoffe de sa robe jaune, imprimée de rayures pourpres, et abaissa la mèche de la lampe à paraffine qui jetait une lumière tremblotante dans la pièce. Poussant un léger soupir, elle s'assit sur un petit tabouret, le dos appuyé contre le mur. Dès qu'ils étaient arrivés, Gabriel était allé chercher un deuxième tabouret dans la hutte voisine et l'avait tendu à Paul.

– Un *mzee*, avait-il dit avec un bruit de langue indiquant que le mot avait changé de signification et n'était plus qu'une plaisanterie, un *mzee* ne doit pas s'asseoir par terre.

– Ton *mzee* ne se relèvera plus, avait protesté Paul, si tu lui donnes une chaise au lieu de le laisser sur le sol.

La femme au cou très mince, ceint d'un collier de perles de verre bleues, s'appelait Wanjiru et n'adressait la parole qu'à son mari et à ses deux fils ; mais aucune timidité n'habitait ses grands yeux châtain clair. Quand Gabriel – qu'elle nommait Kinanjui comme tout le monde – avait surgi devant la hutte dans l'obscurité naissante, en compagnie d'un hôte étranger, elle avait ravalé sa surprise aussi vite qu'elle aurait avalé une baie des bois polie par le vent et elle avait contraint au calme ses yeux et sa bouche. À peine Wanjiru avait-elle senti contre la sienne la peau de Gabriel et trouvé que son parfum n'avait pas changé, qu'elle avait couru jusqu'à un lopin de terre entouré d'une clôture, sous le vieil acacia épineux, pour en rapporter des haricots très fins et des herbes drues et savoureuses. Pendant qu'elle les cueillait, elle avait ri à deux reprises, assez fort pour que l'écho accomplisse le long safari jusqu'à la montagne.

Une fois abaissée, la mèche projetait un rai de lumière trop faible pour éclairer les murs de la hutte. Les silhouettes très distinctes des nombreuses personnes accroupies devant le feu ne tardèrent pas à s'estomper, donnant des ombres légères qui, à leur tour, fondirent et s'entremêlèrent. Tout se figea en un gris uniforme devant les yeux de Paul. Le flou évoqua dans son souvenir les vieilles illustrations des histoires de revenants d'Edgar Allan Poe. La fable du corbeau lui vint aussi à l'esprit. Sans connaître la raison de ce refus, il entendit l'énorme oiseau noir crier « Jamais plus ! », et il se dit que ces deux mots lui étaient à coup sûr destinés et qu'ils étaient très importants.

Se sentant obligé de vérifier qu'il n'avait pas perdu la vue, il enfonça ses index dans ses orbites. Plongé dans le brouillard d'une existence en cours de décomposition, il se força à partir à la recherche de ses tourmenteurs, de tous ceux qui l'avaient poussé jusqu'ici, au pied du mont Kenya, dans une hutte minuscule et sentant la nourriture, la sueur et les haillons pourris. Même s'il n'hésitait pas à se mettre lui-même impitoyablement en cause, Paul ne parvint pas à découvrir quels fantômes étaient capables de contraindre un homme à se dépouiller de sa vieille peau.

– Bois, papa, dit Gabriel en lui tendant un gobelet rouge.

Paul enfonça les ongles dans le carton humide. C'est avec amusement qu'il lut l'inscription sur le gobelet.

– Du Coca ? s'étonna-t-il.

– Du Coca ! exulta le fils aîné de Gabriel.

Debout sous le bras de son père tendant le gobelet, il se léchait les babines avec délectation. Il avait les yeux collés par un liquide purulent ; ses bras et ses jambes, couverts de cicatrices, étaient aussi décharnés que des branches sèches. Mais sa voix était forte et se faisait entendre tout autant que celle des anciens. Ses parents l'appelaient encore par un nom emprunté à sa langue. Beaucoup de temps s'écoulerait encore avant qu'il ait besoin d'un nom anglais pour partir à Nairobi chercher du travail. Il se dénommait Kania, et il passa sur la montre de Paul un doigt couvert d'une croûte de terre.

– C'est meilleur que du Coca, dit Gabriel en écartant du bras le jeune quémandeur. C'est même meilleur que le whisky que tu as bu quand ton passeport avait disparu. Tu t'en souviens ? Tu m'as appelé et j'ai couru plus vite que le soleil et que la pluie et je t'ai parlé du singe.

– Je me souviens, répondit Paul en poursuivant le jeu familier du rappel du passé, jeu qui lui procurait la même joie naïve qu'à Gabriel.

Il se pencha au-dessus du gobelet. L'odeur âcre d'un alcool puissant lui piqua le nez et lui fit monter les larmes aux yeux.

– C'est du *tembo*, reconnut-il. Et pas n'importe lequel !

– Du *tembo* de Naro Moru.

– Du *tembo* de canne à sucre. Oui je sais, Gabriel. Chez nous, on donne à boire quelque chose de semblable à ceux qui ne doivent pas se réveiller pendant qu'on les dévalise.

– Chez nous, ce sont les voleurs eux-mêmes qui boivent le *tembo*. Pour leur travail, ils n'ont besoin que de pieds légers et de mains lestes.

– Si je bois ton *tembo*, je m'endormirai aussitôt sur ce siège. Et je me réveillerai où ?

– Dans le lit de ma femme, dit Gabriel.

– Je ne peux tout de même pas coucher avec ta femme.

– Même sans *tembo*, ta tête est déjà bien malade, *mzee*. J'enverrai Wanjiru et les enfants chez sa sœur.

– Et toi, tu iras où ? Tu as tout de même bien envie de coucher avec ta femme. C'est pour ça que nous sommes venus à Naro Moru.

– Est-ce que tu couchais avec ta femme quand elle avait ton fils dans son ventre ? Je resterai avec toi. Tu le sais bien, papa. Personne ne te volera ta tranquillité cette nuit.

– Ils apprendront où nous sommes, Gabriel.

– Qui ?

– Les voleurs de temps.

– Oublie les voleurs. Ils ne peuvent plus voler notre temps. Ensemble, nous les avons arrêtés. Sous l'arbre. Là où nos pneus ne voulaient plus avancer. Maintenant, il faut avaler ton médicament. Le singe t'en a laissé assez. Je l'ai mis dans ton sac ce matin.

– Laisse le médicament dans le sac, dit Paul un peu plus tard, alors que la hutte s'était vidée et qu'un silence complice s'était établi, comme si les deux hommes s'étaient d'emblée mis d'accord pour recourir à ce réconfort si propre à la mélancolique sérénité africaine. Je préfère le conserver, poursuivit-il. Que se passerait-il si je tombais malade ici et que nous n'ayons plus de médicament ?

– Ici, tu ne peux pas tomber malade. Le gouvernement l'a interdit. Quand on est malade à Naro Moru, on meurt rapidement, expliqua Gabriel.

– Tu ne m'avais pas dit ça, ce matin.

– Est-ce que tu m'avais demandé ce qui se passerait si tu tombais malade à Naro Moru ? J'ignorais que tu voulais le savoir. Chez les singes, tu m'as dit que tu étais déjà mort. C'est ce que tu m'as dit. Tu ne t'en souviens plus, *mzee* ?

– Si, mais je ne suis plus l'homme que j'étais. Tu n'arrêtes plus de parler des singes, à présent. Tu as oublié les rhinocéros. Il y en avait deux.

– Tu ne veux plus mourir ?

– Pas aujourd'hui.

– Et *kessu* ?

– *Kessu*, tu me réveilleras si je ne suis pas mort, trancha Paul.

Il plongea la langue dans le gobelet avec encore un peu d'appréhension, et le goût de sucre, qu'il trouva agréable, le rassura. Mais, après la première gorgée, il éprouva un tel besoin de sentir à nouveau la brûlure dans sa gorge qu'il vida le gobelet comme s'il avait à étancher une soif de plusieurs jours.

– La coupe de ciguë, Gabriel.

– Qu'est-ce que tu as dit ? Parle dans ma langue.

Et c'est ainsi qu'au pied du mont Kenya, une nuit où le croissant de lune ne donnait pas assez de lumière pour distinguer une peau noire d'une peau blanche, Paul parla de Socrate à Gabriel. Debout devant une hutte en tôle ondulée, sous un grand arbre dont les fleurs blanches avaient emmagasiné le parfum du soleil, ils furent deux à entendre les jappements d'un chacal et à regarder la neige. Mais un seul d'entre eux pressentait qu'un homme ne peut être prédestiné à errer éternellement dans la jungle de l'illusion.

L'eau-de-vie fit sentir ses effets beaucoup moins rapidement que Paul ne s'y attendait. Avant que Gabriel soit obligé de le ramener dans la hutte et de le mettre au lit, il eut plus de temps qu'il ne lui en fallait pour lui expliquer pourquoi la seule douleur qu'il ressentait à présent était celle de ses membres engourdis. Si le chemin avait été long, le résultat en valait la peine.

Gabriel n'était pas seulement un homme qui, assis au volant d'une auto louée, conduisait un autre homme – qu'il appelait papa – sur le chemin de l'aventure, la seule de toute une existence trop tôt plongée dans la grisaille. Le sage chauffeur avait aussi à la main la hache qui permet de briser la chaîne unissant la désespérance du passé et la peur de l'avenir. Ce fils d'adoption, qui ne réclamait rien de son père pour l'instant, savait ce que signifie l'oubli accordé par l'Afrique à ceux qui ne désirent d'autre faveur dans leur existence. Il était un guide, un maître qui n'avait pas plus de fausses femmes que de faux amis, qui ne se faisait pas non plus de fausses idées du contentement et du bonheur – il ne demandait pas leur avis à des dieux irrésolus qui, à l'heure du départ, regardaient derrière eux et invitaient à temporiser. Gabriel était capable de rire en évoquant les jours à venir et il ne se plaignait jamais des jours déjà écoulés. Il les tuait avant qu'ils ne le détruisent.

Quand les murs se mirent à tourner autour de lui, entraînant dans leur ronde effrénée de couleurs jaunies par la fumée son estomac et les images bordées de noir dans ses orbites palpitantes, Paul se promit de demander dès le lendemain matin à Gabriel s'il existait en swahili un mot servant à exprimer le dégoût de la vie. Il était en train de chercher des périphrases capables de faire comprendre cette notion, heureux du grand nombre de variantes qui lui venaient à l'esprit, fier de leur justesse et de son esprit imaginatif, quand il s'endormit.

Durant cette nuit où, pour la première et la dernière fois, ses rêves se trouvaient enfin exaucés, il ne se réveilla qu'en une occasion, ce qui ne s'était pas produit depuis ses jeunes années. Alors, durant quelques instants d'un rare bonheur, grâce à un mince rai de lumière qui éclairait la pièce comme en plein jour, il vit que Gabriel dormait par terre devant le foyer. Le feu était éteint. Pourtant, il montait encore de l'âtre une fumée légère à l'odeur lourde et douceâtre. On aurait dit qu'on avait étouffé les flammes en les arrosant d'eau-de-vie de canne.

Gabriel s'était contenté de s'envelopper les jambes dans une couverture kaki usée : il dormait sans rien sur le haut du corps. Il portait autour du cou une mince lanière de cuir avec une dent de lion très brillante. Sa poitrine luisante avait les reflets d'ébène qui donnent à l'art du continent africain son apparente naïveté, son harmonie et sa vie. À ce spectacle, Paul sentit le trouble l'envahir, un trouble encore renforcé par les sentiments qu'il éprouvait envers Gabriel, lequel se voulait protecteur et respirait maintenant aussi paisiblement qu'un enfant ne connaissant pas de tourments nocturnes.

Jamais encore il ne s'était demandé quelle attirance un corps masculin exerçait sur lui, ni même s'il éprouvait la moindre attirance. Il n'arrivait cependant pas à refermer les yeux comme si rien ne s'était passé ; une pulsion vibrante, aussi effrayante qu'étourdissante, lui ordonnait de se lever et d'aller s'allonger auprès de cet homme auquel il s'était attaché comme à personne auparavant et dont il sentait à tout instant la force sans en être le moins du monde jaloux.

Il ressentit un besoin impérieux de palper la rondeur de l'épaule de Gabriel, de toucher la peau qui lui semblait si jeune et si belle, de plonger les doigts dans les cheveux crépus et noirs comme du jais. Comme il avait appris à le faire durant les années douloureuses où il doutait et s'accusait de tout, il voulut se livrer à l'introspection et vérifier si, les bornes franchies, son cœur s'affolerait encore davantage ou si, le traitant de vieux fou sentimental, il le ramènerait à la raison.

Quelque peu honteux, Paul essaya de se souvenir quand il s'était saoulé pour la dernière fois au point de se fourvoyer dans des périls et de subir les envoûtements de la passion et de la séduction. Ayant fini par se rappeler un épisode de sa jeunesse où un professeur de grec avait joué un rôle resté quelque peu ambigu, il ne sentit qu'une vague nostalgie de la rupture sans retour l'envahir. Au même moment, très distinctement en revanche, il eut devant les yeux l'image du géant à qui il suffisait de toucher la terre du pied pour renaître. Il chercha longuement son nom.

– Antée, murmura-t-il.

– Dors, papa.

Quand Paul perçut des voix, il était l'heure où, bien que le jour soit levé, la lumière est encore grise. Un bref instant, le temps que ses cils enfin se décollent, il crut que les hommes, les femmes et les enfants de la veille étaient tous revenus et qu'ils allaient rallumer le feu, puis reprendre leurs palabres. Tout à coup, il se rendit compte que Gabriel et sa femme étaient seuls à parler. Leurs voix étaient étouffées, mais elles enflaient à intervalles toujours plus rapprochés, sous l'effet d'une de ces excitations qui paraissent d'autant plus menaçantes qu'elles s'expriment sur un ton feutré. Paul eut beau prêter l'oreille, attentif à chaque mot, il ne parvint à en saisir aucun. C'est seulement après avoir identifié les syllabes fortement accentuées qu'il comprit que le mari et sa femme s'exprimaient en kikuyu. Un enfant se mit à gémir.

Il tourna la tête avec difficulté en direction de cette plainte légère et prolongée, s'efforçant à la fois de distinguer les silhouettes dans la lumière diffuse et de saisir la scène dans sa totalité. Il vit que Wanjiru tenait le plus petit de ses fils sur son ventre proéminent. Le bras de l'enfant, dont Paul eut l'impression qu'il avait moins d'un an, pendait sans force. Le petit corps était raidi, le ventre ballonné, le visage gris. L'enfant écarquillait des yeux purulents et sans éclat.

– Que s'est-il passé, Gabriel ?

– Il est malade.

– Qu'est-ce qu'il a ?

– Beaucoup de fièvre. Referme les yeux, *mzee*. Un homme blanc n'y peut rien. Il pousse trop de cris quand un enfant veut mourir.

Paul sauta du lit bas aussi vite que le lui permettaient ses articulations engourdies. Un instant il demeura immobile – pareil à la statue de la vengeance à l'heure de l'inéluctable – face à la mère et à l'enfant ; il s'entendit haleter, puis il sentit une irrésistible bouffée de fureur s'emparer de lui et l'étourdir. Il attira alors l'enfant à lui, le pressant contre sa poitrine. L'enfant était devenu plus inerte encore, mais il avait cessé de pleurer. Pesant, apathique et brûlant de fièvre, il reposait dans les bras d'un homme qui, sa vie durant, avait souhaité être père mais qui ne s'était jamais abandonné à son instinct de la responsabilité et de l'amour.

– Des enfants qui veulent mourir, ça n'existe pas, dit-il pour sa défense. Il faut que tu ailles chez le médecin avec ton enfant.

– Tu entends, *mzee* ? Voilà déjà que tu cries. Je t'ai dit que c'est ce que tu ferais. Hier, je t'ai dit aussi qu'il n'y a pas de médecin ici. Tu as déjà oublié ?

– Qu'est-ce qu'on peut faire, Gabriel ? Je t'aiderai. J'ai de l'argent et je peux payer un médecin. Tu le sais bien.

– Sors devant la hutte avec l'enfant, dit Gabriel d'une voix sombre mais dénuée de tristesse, et tourne tes yeux vers la montagne. Alors, tu verras combien un homme est petit. Si Mungu veut que mon fils meure, il ne souhaite pas entendre la voix des hommes. Ça rend ses oreilles malades. Si nos enfants meurent, c'est l'affaire de Mungu. Pas la tienne !

– Tu n'as pas le droit de dire ça, Gabriel. Même ton Mungu doit savoir qu'un père n'abandonne pas son fils à ses ennemis sans faire la guerre.

Pieds nus et sans enfiler sa veste, Paul sortit effectivement devant la hutte avec l'enfant. Il le pressait contre lui, sentait au travers de sa chemise fouettée par le vent la chaleur brûlante du petit corps agité de convulsions et, tout en refusant de s'abandonner à l'impitoyable rudesse de l'Afrique, il s'aperçut que ses larmes coulaient sur la minuscule poitrine qui luttait contre la mort. Comme s'il s'agissait d'une coutume ancestrale, Gabriel apporta le petit tabouret à son ami étranger qui parlait si joliment de la mort mais qui voulait quand même la combattre à la manière dont les jeunes guerriers massaï, dans le temps, combattaient ceux qui dérobaient leur bétail et leurs femmes. Il posa le siège sous l'arbre dont les fleurs blanches mouillées de rosée s'ouvraient sous les premiers rayons de soleil. Tenant toujours le petit garçon dans les bras, Paul s'assit. Le désespoir lui brûlait le corps comme la fièvre celui de l'enfant, mais il tendit le malade en direction de Mungu, le dieu en colère, en le conjurant d'abandonner sa chasse.

Il priait – sans savoir à qui il s'adressait –, implorant que ne meure pas cet enfant dont il ignorait le nom et qu'une pirouette du destin, une idée hâtive jamais explorée dans toutes ses conséquences, avait déposé dans ses bras. Il y avait bien longtemps que Paul ne s'était plus révolté contre ce qui le laissait sans parole et sans défense, et sa tête était sur le point d'éclater, tant était grande son incapacité à retrouver l'usage des armes qui s'offrent à celui qui a trouvé le courage de se battre. Il sentait cependant en lui une force qui lui ordonnait de ne pas abandonner. Il berçait l'enfant au rythme heurté de son propre cœur, il lui caressait le front et lui murmurait les mots tendres qu'il avait refusés à son fils.

Même après s'être aperçu que l'enfant ne réagissait pas et qu'il semblait peser de plus en plus lourd, il continua à parler comme si sa voix mais aussi cette nouvelle volonté magique pouvaient à elles seules sauver une vie que tout le monde, sauf lui, considérait comme perdue. Il chercha des images du temps où Jens était encore enfant : il se rappela une chambre où l'on avait fait l'obscurité et il lui vint à l'esprit le mot «rougeole», mot que Jens, bien qu'âgé de huit ans déjà, n'avait pas réussi à retenir. Anne avait eu très peur que la rougeole puisse dégénérer en méningite.

Paul plissa les yeux. Il était ému de constater que, pour la première fois depuis qu'il avait découvert qu'Anne l'avait trompé pendant plusieurs années avec un de ses bons amis, il pouvait penser à elle sans amertume, et précisément dans l'état de révolte où il se trouvait. D'un seul coup, il lui sembla même très important de se réconcilier avec elle. Comment pourrait-il, sinon, solliciter son aide ? Seule une femme aussi résolue et compétente qu'Anne pouvait lui dire comment faire tomber la fièvre sans médicament chez un enfant aussi jeune que le fils de Gabriel. Là-dessus, Cornelia imposa tout à coup sa présence, vêtue par-dessus le marché de la robe sans manches qu'il trouvait hideuse. Alors ses souvenirs explosèrent, se métamorphosèrent en une boule de feu. Paul entra en fureur, reprochant à Cornelia de n'avoir jamais surmonté sa jalousie et d'avoir mauvais goût. Les boucles d'oreilles en strass lui revinrent en mémoire ainsi que le poster avec son teckel aux lunettes de soleil, mais, en même temps aussi, les livres qu'elle lisait et les émissions télévisées dont elle était une spectatrice enthousiaste. Il s'en voulut soudain de son intolérance, se reprochant de choisir un mauvais moment pour régler ses comptes, mais sa colère trouva aussitôt un nouvel aliment : au début de son second mariage, il avait dû regarder avec Cornelia d'interminables séries télévisées débiles qui, toutes, avaient pour théâtre des hôpitaux. Il s'en voulait encore.

– Il n'y a rien qui soit mauvais au point qu'on ne puisse en apprendre quelque chose, entendit-il pontifier Cornelia.

Paul avait été surpris, car une phrase aussi bien construite ne lui ressemblait pas. Il lui avait demandé sur un ton sarcastique où elle était allée la pêcher. Pour toute réponse, elle avait alors pointé son doigt sur lui. Il s'était levé sur-le-champ, mais la phrase l'avait accompagné dans sa fuite, et à présent, elle lui apparaissait non totalement dénuée de sens et même, avec le recul, tout à fait digne de lui.

– Tu brûles, *mzee*, l'avertit Gabriel, avant de rentrer dans la hutte et d'en ressortir avec un bout de tissu qui, bien qu'humide, sentait la fumée et qu'il appliqua sur la tête de Paul.

– Où donc étais-tu, Gabriel ?

– Ici. Est-ce que je dois te laisser seul avec un enfant qui veut mourir ?

– Gabriel, es-tu déjà allé dans un hôpital ?

– Non. Ici, il n'y a pas d'hôpital. Je te l'ai déjà dit hier. Ce n'est pas la peine de demander deux fois la même chose.

– Je regrette, mon vieux. Je pensais qu'il pouvait y avoir au moins un hôpital de brousse. À la télévision, on n'arrête pas de voir ce genre de choses.

S'entendant parler allemand, il répéta la phrase, puis, presque sans transition, les mots un à un. Certains lui parurent être les clés d'une armoire fermée qu'il voulait ouvrir à tout prix, et il les mit à part avec un soin minutieux. Il éprouva de la honte à ne pouvoir renoncer à ce jeu déconcertant alors qu'un enfant était en train de mourir, mais le chaos des lettres et des syllabes, le mélange d'espoirs et de noirs pressentiments l'empêchèrent de rebrousser chemin. Il était obsédé par l'idée que le destin lui avait montré une voie à suivre et qu'il ne lui restait plus qu'à détecter les bons indices.

– Un hôpital de brousse, soupira-t-il.

Il s'accrocha au mot, se le répétant à plusieurs reprises à haute voix, et il finit par remarquer que les sons cédaient la place à des images.

Ces images étaient celles d'un hôpital de brousse, dans une contrée d'Afrique qu'il n'avait jamais réussi à identifier, théâtre du genre d'histoires qui enthousiasmaient tant Cornelia. Paul se souvenait à peine de la série télévisée elle-même ; il se souvenait en revanche fort bien des médecins pleins d'assurance qui, au cours de presque chacun des épisodes, sauvaient leurs patients de la mort. À présent, il regrettait de les avoir tournés en dérision et d'avoir blessé Cornelia. Bien que sceptique quant à l'utilité de pareils efforts, il s'acharna à concentrer son attention sur les premières et rares impressions qui lui revinrent ; il fut stupéfait de constater, au bout d'un certain temps, que quelques-unes des scènes se précisaient effectivement et que le fait d'avoir surmonté sa passivité procurait à ses nerfs tendus à craquer un réel soulagement.

Il commença à mettre systématiquement bout à bout ses bribes de souvenirs et se lança dans une quête de plus en plus frénétique de détails, se prenant bientôt à penser qu'ils allaient lui offrir une issue s'il y mettait assez d'énergie. Dans chacun des épisodes de la série ou presque, un des médecins avait fait bouillir – il le vit très distinctement – de grandes quantités d'eau dans d'énormes seaux. Paul entendit même sa voix :

– Il ne faut pas laisser les enfants se déshydrater, expliquait-il en retroussant ses manches au-dessus du coude.

– Pourquoi ? demanda Paul.

– Ne crie pas, *mzee*, tenta de le calmer Gabriel.

Ce médecin avait des yeux d'un bleu acier, des cheveux blonds comme les blés et une assurance frisant l'arrogance, l'image même du vainqueur dans les livres illustrés dédiés aux héros. Son perfectionnisme déplaisait aujourd'hui encore à Paul, mais il se dit qu'il serait stupide de s'abandonner à des sensations subjectives. Fasciné, il observa le géant aux yeux bleus verser du sel et du sucre dans l'eau bouillie, puis en remplir des bouteilles. Paul fit dans sa direction un geste approbateur de la tête.

– Il faut que tu ailles faire bouillir de l'eau, dit-il, et apporte-moi du sel et du sucre.

Sa certitude que Gabriel allait le contredire était si grande qu'il lui parla sur un ton qui lui parut déplacé et brutal en présence d'un enfant en train d'agoniser.

– J'ai parlé comme ça sans le vouloir, murmura-t-il.

Gabriel ne bougea pas d'un pouce. Mais il transmit aussitôt l'ordre à sa femme. Wanjiru se dépêcha de regagner la hutte.

– Nous aurons aussi besoin de torchons et d'une écuelle avec de l'eau froide, se remémora Paul, en remerciant Anne et la rougeole de Jens.

– Tu es comme un arbre qui ne sent pas la mort en lui bien que l'éclair ait brûlé ses racines, dit Gabriel.

L'enfant serra les lèvres avec force quand sa bouche sentit le gobelet de Coca plein d'eau bouillie. Paul réclama ses médicaments. Wanjiru les lui ayant apportés, il dévissa la pipette du petit flacon contenant son collyre et il la remplit de la solution salée et sucrée. De la main droite, il instilla la solution, goutte après goutte, dans la bouche de l'enfant, tout en chassant, de la gauche, les mouches qui s'acharnaient sur le petit corps inerte. Du même coup, il chassait les démons qu'abritait sa propre tête.

– Qui t'a dit que tu devais faire ça ? demanda Gabriel.

– Mungu, lui répondit Paul en chuchotant. Et ma femme aussi.

– Sirène ? s'étonna Gabriel. Mais elle est à Nakuru.

– Non, Cornelia, rectifia Paul. Et Anne, ajouta-t-il en se penchant sur le fils de Gabriel.

Une fois, il l'appela même Jens, mais il ne confondit les visages et les époques que le temps d'une hésitation due à son état d'excitation. Chaque fois que l'enfant avalait une goutte d'eau, Paul implorait le dieu étranger retiré sur le dôme immaculé de la puissante montagne de remettre dans son carquois sa flèche mortelle et d'apporter son soutien à un homme qui avait tout gâché dans sa vie.

Les ombres disparurent. Quand elles eurent retrouvé leur couleur et qu'elles s'allongèrent à nouveau, Paul se leva de son siège. Il déposa son fils avec précaution dans les bras de Wanjiru, la fit s'asseoir sur le tabouret et plongea des bouts de tissu sentant la sueur et la pourriture dans une écuelle rouillée pleine d'eau.

Il enroula les compresses autour des mollets de l'enfant et les lui posa sur la poitrine, sentant combien elle était encore chaude chaque fois qu'il les renouvelait. Afin d'entretenir en lui un mince espoir de succès, il se força à croire que ces cataplasmes aspiraient la fièvre hors du corps bouillant afin d'entretenir en lui un mince espoir de succès. À un moment, Paul regarda autour de lui. Il vit qu'un cercle d'hommes silencieux l'entourait. Sous un arbre, les femmes se tenaient serrées dans l'ombre comme hier les zèbres. Paul vit leurs yeux et eut une révélation : ce n'étaient jamais les mères qui refusaient de se battre contre la mort de leurs enfants.

Lorsque l'enfant poussa son premier cri, suivi d'autres, plus forts et incessants, il entendit le hurlement de triomphe d'une hyène. C'est seulement quand l'arbre, les hommes et les femmes commencèrent à tourner autour de lui qu'il s'aperçut que ce rire était de lui. Épuisé, il se pencha une nouvelle fois sur l'écuelle, rafraîchit le chiffon et le posa autour des mollets du fils de Gabriel qui recommençait à gigoter. Il vit une dernière fois le flamboiement d'une vive lumière, mais il n'était plus capable de se protéger les yeux.

Quand Paul se réveilla, il était allongé sur le lit. Il avait la peau brûlante et son corps était raidi. Seule sa tête était libre de tout poids. Wanjiru était assise sur le tabouret. Elle tenait l'enfant contre son sein et le faisait téter.

– Gabriel, cria Paul, où es-tu ?

– Je suis ici, papa. Est-ce que tu croyais que je ne serais pas là quand notre fils reviendrait de safari ?

9

Gabriel tendit à Paul son deuxième fils – tout comme il l'avait fait au moment où l'enfant partait pour un long safari avec la mort. À présent, le garçon gargouillait à pleine gorge, les doigts de sa main droite serrés en un poing plein de vie, et on pouvait voir ses deux premières dents ; le père avait une voix forte, aussi ferme que l'arbre dont les racines n'ont encore jamais souffert de la sécheresse.

– Notre fils, dit-il en poussant la porte de la hutte.

Les joyeux oiseaux dont le soleil levant rougissait les ailes entendirent certainement ces deux mots. Deux mots qui avaient d'abord été dans la gorge de simples hôtes, mais qui, maintenant, y étaient à demeure. Si Gabriel, la première fois, les avait chassés de la langue avec autant d'énergie, c'était uniquement pour vérifier que leur écho allait rebondir contre la montagne et revenir avec assez de force. Puis, voyant que cela s'était produit, il avait répété chaque syllabe à voix basse et très lentement. Pas une seule fois n'avait manqué de se renouveler le beau sortilège qui, les jours sans maladie et sans tristesse, recouvre d'une peau nouvelle les mots usés par l'âge.

La veille, pendant que la mère alimentait le feu, l'enfant s'était endormi sur l'épaule du père. Il avait autour du cou le mouchoir blanc à bordure bleue de Paul, si bien qu'il avait senti à la fois l'odeur de fumée de sa hutte et celle de la lotion après-rasage d'un monde où les hommes cachent la perte de leur jeunesse derrière le parfum des fleurs. À cet instant, Gabriel avait pris conscience que sa langue et sa vie avaient changé pour toujours. Il avait alors laissé la lumière de la joie inonder son visage et son ravissement n'avait fait que grandir à voir combien papa *mzee* était ébloui par des regards d'où débordait la gratitude.

À peine la fièvre s'était-elle enfuie de son corps que l'enfant s'était remis à boire l'eau telle qu'elle sortait du puits au-dessous de l'arbre, une eau froide, avec une odeur de terre. Pour remuer bras et jambes, lever la tête et chasser de sa gorge le rire ou la mauvaise humeur, le petit garçon n'avait plus besoin du sel que lui avait fait prendre le sage dieu Mungu en lui ordonnant de vivre. Il engloutissait les petites portions de bouillie de maïs chaude que sa mère lui glissait dans la bouche aussi goulûment qu'avant sa maladie. Il avait le ventre plat comme une feuille, la peau lisse, et ses yeux – pour la première fois depuis longtemps – étaient débarrassés de leur pus. Pour ne pas avoir à reconnaître le pouvoir d'un dieu, Paul repoussait l'idée que lui et le fils de Gabriel aient pu bénéficier d'un miracle. Il cherchait un mot répondant mieux à son scepticisme et à son humilité ; tournant et retournant dans sa tête une foule d'idées – hasard et providence, inspiration et mémoire –, il se posa les questions philosophiques du sens et de l'être, mais ne trouva pas de réponse. De temps à autre, il s'examinait attentivement dans la petite glace accrochée au mur de la hutte. Il se retrouvait face à un homme qu'il ne connaissait pas, mais dont il pouvait soutenir le regard, car cet étranger, délivré de sa mémoire, n'avait plus à se repentir de son dégoût de la vie ni à souffrir de sa désespérance.

Quand il observait son fils guéri, Gabriel n'avait en revanche pas besoin de mots. Il n'en connaissait pas assez pour aller à la chasse aux explications et pour faire revenir dans sa mémoire les jours qui n'étaient plus. Il ne passait pas son temps à se demander si les images qu'il avait dans la tête le tourmentaient et de quel poids elles pesaient. Gabriel remarquait cependant de plus en plus fréquemment que le silence, dans l'art duquel Paul était passé maître à l'égal d'un homme à la peau noire, était en train de forger des liens qui l'attachaient à Paul avec une force qu'il n'avait encore jamais connue. Ces liens invisibles ne lui faisaient pas peur, car, s'ils étaient peut-être plus dangereux que ceux qui s'offraient à l'œil, c'étaient tout de même eux qui rendaient les journées agréables. Ils faisaient disparaître le visage que Gabriel ne voulait plus voir. Singh, ce chien vorace, n'aboyait plus que de loin en loin, d'une voix de plus en plus lasse : présent au départ du safari, il n'était pas entré dans la hutte de Gabriel.

Wanjiru était elle aussi devenue quelqu'un de différent après avoir vu Mungu lui rendre son fils. Elle ne chuchotait plus quand elle parlait avec son mari et ne redoutait plus – comme ç'avait été le cas en craignant de perdre son deuxième fils – que, le jour venu, sa poitrine n'ait plus assez de lait pour l'enfant encore dans son ventre. Elle avait aussi cessé de serrer hâtivement sa robe autour de son corps dès qu'elle se croyait observée par l'hôte étranger. C'était elle qui, à présent, regardait fréquemment Paul. Contrairement au premier soir, où il avait soudain surgi devant elle avec ses cheveux clairs et son grand nez qui l'avaient effrayée, elle n'avait plus peur de le déranger en lui adressant la parole. Wanjiru avait la langue qui brûlait du désir de travailler, mais elle l'obligeait à la patience.

Chaque fois qu'elle sentait combien la peau de son fils était fraîche et combien la joie lui avait ôté un poids du corps, elle se contentait de sourire au sage *mzee* blanc, qui avait seul su apprendre de Mungu le pouvoir magique du sel. Lui aussi dessinait alors un arc avec ses lèvres. Elle aimait sa gentillesse comme elle savourait la chaleur du matin après une nuit trop froide et elle avait le ferme espoir que, le moment venu, il ouvrirait si grand la bouche qu'un rayon de soleil viendrait danser sur sa jolie dent en or.

Ce qui se produisit sur le chemin menant à la plate-bande de légumes. Le *mzee,* qui la suivait d'un pied léger, dit à trois reprises d'une voix très forte, comme s'adressant à un vieil âne sourd, qu'il voulait porter le seau d'eau trop lourd pour elle. Elle eut beau refuser de la tête, il fut le plus fort. Mais, quand il lui eut pris l'anse des mains, l'enfant qu'elle portait sur son dos se réveilla. Il se mit à donner des coups de pied à sa mère, puis il baissa la tête et tira d'un coup si sec sur les cheveux de Paul que celui-ci laissa tomber le seau. L'eau destinée aux haricots inonda ses deux chaussures, et il éclata de rire.

– Papa *Kifaru*, dit Wanjiru en riant elle aussi.

Paul fut étonné de l'entendre parler swahili. Il avait cru qu'elle ne connaissait que le kikuyu. Il fut ému par ce désir de lui faire plaisir. Pour la remercier d'une de ces facéties dont Gabriel était si friand, il tira sur son nez comme pour l'allonger et le redresser. Wanjiru s'étouffa si bien de rire qu'elle relâcha sa vigilance et dit dans un swahili impeccable, avant que l'heure de le faire soit déjà arrivée :

– Tu n'as pas besoin de tes mains pour me parler. Je ne suis pas une femme stupide qui ne comprend que sa propre langue.

– Est-ce qu'elle est au courant pour nos rhinocéros ? demanda Paul à Gabriel alors qu'ils attendaient sous l'arbre l'arrivée de la fraîcheur.

– Tout le monde est au courant.

– Au courant de quoi ?

– Que les rhinocéros ont fait de toi un autre homme, papa *mzee*. Pourquoi tu demandes ce que tu sais déjà ? Wanjiru est comme toutes les femmes. Elle n'avait pas encore le droit de t'appeler papa Kifaru.

– Pourquoi ?

– Les hommes voulaient attendre demain pour te dire que nous avons trouvé ce nouveau nom pour toi.

– En quoi demain sera-t-il différent d'aujourd'hui ?

– Aujourd'hui nous mangeons des légumes, nous buvons de l'eau et nous parlons de demain. Demain, nous abattrons un mouton, nous boirons du *tembo* et nous parlerons d'aujourd'hui.

– Pourquoi ?

– Pourquoi ? répéta Gabriel en imitant la voix de Paul et ses gestes de la main. Il faut toujours que tu poses des questions ! Demain, nous parlerons d'aujourd'hui, parce que nous ne voulons pas que le temps soit volé. Et nous boirons du *tembo* et nous mangerons de la viande parce que mon fils n'est pas mort.

– Est-ce que demain nous ne devions pas reprendre la route ? demanda Paul à contrecœur.

– Pourquoi tu dis ça ?

– Maintenant, c'est toi qui poses des questions. C'est pourtant bien toi qui avais dit qu'il ne fallait pas partir d'ici trop tard.

– Il est déjà trop tard, *mzee*.

– Trop tard, ça peut être aussi trop tôt.

– Chaque jour, tu deviens plus intelligent, le complimenta Gabriel. Mes oreilles ont de plus en plus soif de tes paroles.

Paul avait beau pressentir le spectacle qui l'attendait quand Gabriel le mena devant la hutte, il oublia quand même de protéger ses yeux et ses oreilles. Sa main se porta à son cou comme pour s'étrangler quand il entendit le cri d'agonie du mouton ; il vit le sang couler des entrailles et s'infiltrer dans la terre, les couteaux étincelants fouiller les chairs suppliciées alors que l'animal était encore agité de soubresauts. Les hommes accroupis se relevèrent. Jetant leurs couteaux par terre, ils regardèrent avec curiosité cet homme qui avait été le seul à répondre à un mouton agonisant. Pas un seul ne bougeait. Quand le premier d'entre eux se décida à sortir du cercle, tous firent mine de chanceler à leur tour, comme contraints, pour apaiser la tempête de leur ventre, d'avaler plus d'air qu'une poitrine ne peut en contenir. Leur rire indulgent couvrit dans le soir la voix du vent, mais leur ironie se teintait de la bonhomie que donne un vœu exaucé.

– Tu n'es pas obligé de boire le sang, dit un homme encore jeune. Nous ne sommes pas des Massaï. Nous, nous faisons des *barbecues*, c'est tout.

Il prononça le mot étranger d'une voix si forte et maladroite que Paul fut obligé de le répéter syllabe par syllabe pour pouvoir le reconnaître. Il opina du chef, et ses lèvres qui tremblaient encore esquissèrent un sourire. L'homme était mince et avait la peau très noire. Comme les touristes du lodge, il était vêtu d'un tee-shirt lilas portant en surimpression des zèbres à la longue crinière. On y avait brodé l'inscription « Jambo Kenya », avec une couleur différente pour chaque lettre. L'homme tenait dans une main une *panga* étincelante, celle dont on se sert pour ouvrir la voie à travers les hautes herbes touffues, et, dans l'autre, un luxueux couteau suisse rouge orné d'une croix blanche. L'emblème étincelait chaque fois que son propriétaire le tournait dans la direction du soleil couchant.

À peine le feu effleurait-il d'une de ses nombreuses langues les grosses bûches de bois fraîchement coupées qu'elles étaient déjà dévorées, dégageant une douce odeur de résine. On l'avait allumé devant la hutte, au milieu de lourdes pierres disposées en cercle, et il brûlait avec de hautes flammes crépitantes. Debout derrière le groupe des hommes, les bras serrés contre le corps, Paul tentait toujours de réprimer sa nausée ; regardant au loin, il vit que la neige n'avait pas changé de couleur.

Il s'imagina qu'ayant atteint la cime du mont Kenya au terme d'une longue marche il verrait, dans la vallée, de minuscules points incandescents lui signaler qu'il était pour toujours libre et en sécurité. Il se demanda un bref instant si un fuyard pouvait en même temps être libre et en sécurité. Son estomac ayant fini par s'apaiser et sa gorge par surmonter son irritation, il ne choisit cependant aucun des deux termes de l'alternative, se contentant de retenir le bonheur du moment et d'invoquer un vers où il était question de la paix bienfaisante que le poète voulait savourer le matin précédant le verdict. C'est alors que Gabriel lui tapa dans le dos ; effrayé, il se retourna, le vit qui lui tendait le tabouret.

– Pas aujourd'hui, refusa Paul. Aujourd'hui, ton *mzee* est jeune. Aurais-tu oublié les rhinocéros ?

De bonne humeur, il s'alluma une cigarette. L'homme au couteau suisse en voulut une lui aussi. Paul la lui ayant offerte, il se la ficha derrière l'oreille. Les anciens avaient vu la scène. Comme un seul homme, ils crachèrent à leurs pieds le tabac qu'ils mâchaient depuis des heures et firent cercle autour de Paul. Leurs doigts, secs comme du bois et tordus par l'âge, étaient pourtant si agiles qu'ils s'emparaient des cigarettes dans le paquet sans que Paul en voie une seule disparaître. Il s'aperçut qu'il était vide quand le plus âgé des vieillards, un homme édenté et à l'haleine aigre, l'exhiba d'un air triomphant, le plia soigneusement et le fourra en ricanant dans la poche de son pantalon déchiré. Paul donna au vieillard une tape sur l'épaule et s'assit à côté des hommes sur la terre molle et encore chaude.

La haute marmite, dont le couvercle en bois portait l'inscription « Norfolk Hotel Nairobi », était remplie à ras bord de *tembo* de canne. Gabriel ôta le couvercle de la marmite, puis l'y reposa aussitôt, montrant du doigt le ciel qui prenait une teinte bleu foncé, mais sans dévoiler encore ses étoiles. Les hommes approuvèrent d'un hochement de tête et firent claquer leur langue. La peau du mouton était elle aussi en train de changer de couleur. On l'avait accrochée à un arbre pour la faire sécher et elle avait emprunté son jaune clair au croissant de lune.

Sur les plus hautes branches, les premiers vautours étaient aux aguets. Quand on leur lançait des pierres, ils s'envolaient en poussant des cris perçants, mais, décrivant à toute allure un cercle autour des huttes, ils revenaient se poser au même endroit que précédemment. Pendant que les femmes mélangeaient du maïs concassé et de l'eau et assaisonnaient du gombo à grand renfort de grains de poivre et de sel, deux hommes présentaient au-dessus du foyer de gros morceaux de viande qu'ils avaient préalablement fixés sur de longues perches. La graisse giclait jusque dans le feu en grésillant. Portant sur son dos l'enfant guéri qui gardait les yeux grands ouverts, vêtue d'une robe rouge, Wanjiru avait noué autour de sa tête délicate un foulard jaune à points bleus et orné ses oreilles de petites boucles serties de pierres blanches qui brillaient comme des perles à la lueur du feu. Elles évoquèrent à Paul les tableaux de Vermeer. Elle lui tendit la première part de viande retirée du feu. Saisissant par un bout d'os carbonisé le morceau dégoulinant de graisse, il se brûla les doigts, puis les lèvres et la langue, et, prenant enfin son courage à deux mains, il y mordit à belles dents. Les hommes se rapprochèrent, aussi impatients que si personne avant lui n'avait jamais mangé un morceau de viande, et, dressant la tête, ils observèrent le *mzee* blanc qui empruntait sa force virile aux rhinocéros et qui appelait les singes ses frères.

Comme toutes les viandes qu'on cuit en Afrique immédiatement après l'abattage, elle était dure et, brûlée à l'extérieur, crue à l'intérieur, elle avait un fort goût de fumée. Dans un fugitif accès de mélancolie, Paul eut une pensée pour un grill-room proche de la cathédrale de Francfort et il se rappela – un peu plus longtemps qu'il ne l'aurait souhaité – combien Cornelia aimait à y manger une tranche de filet avec une pomme de terre en papillote, mais aussi que, dans les derniers temps, il avait toujours trouvé une excuse pour ne pas l'y accompagner. Tandis que le sang lui coulait le long du menton et sur la chemise, il chassait la douleur de ses mâchoires vers ses oreilles, craignant pour ses plombages et son estomac. À chaque bouchée, il était obligé de réprimer avec énergie son envie d'attirer un des chiens affamés rôdant alentour et de partager la viande avec lui pour abréger un peu son supplice.

De taille moyenne, les babines déchiquetées, haletants, les yeux d'un jaune citron brillants de fièvre, ils restaient tapis dans des broussailles épineuses ; on voyait leurs côtes saillir sous leur pelage terne. Paul se sentait mal à l'aise, car il avait le sentiment d'avoir déjà eu devant les yeux un tableau analogue, avec des tons plus clairs et moins de beauté plastique à vrai dire. Comme si cela avait effectivement encore de l'importance pour lui, il essaya de se remémorer ce qui avait existé avant d'être emporté par le vent ; il vit des gens de toutes les couleurs de peau et partit à la recherche de noms qui, une fois retrouvés, ne coïncidaient jamais avec les visages qui lui étaient apparus.

À un moment, il pensa à une orchidée blanche dans un vase d'argent. En dépit de son parfum intense, la fleur ne fit qu'entraîner Paul plus avant encore dans le labyrinthe des chimères. Une ombre bougea dans les buissons. Un chien noir, à la queue étonnamment longue, se détacha de la meute en aboyant. À l'instant où l'animal s'étira, bombant le dos, Paul revit en pensée les chats du Nakuru-Lodge qui talonnaient les serveurs portant les plats de viande. L'image des chats céda la place à celle d'Antje : assise au bord de la piscine, elle lui faisait signe tandis qu'il rejoignait Gabriel dans la voiture tout-terrain, lui promettant de revenir bientôt. Les années de désespoir lui ayant appris à refouler la réalité, il ferma les yeux, épouvanté, mais Antje était toujours là. Il ne vit d'abord que la peau blanche de ses hanches, puis il vit la moustiquaire tomber sur ses épaules et Antje tendre les bras dans sa direction. Il n'était toujours pas troublé, simplement un peu étonné qu'une jeune et jolie femme se donne tant de mal pour séduire un homme âgé et indécis, mais, tout d'un coup, il fut de nouveau en proie à l'excitation qu'il avait connue la nuit où, le débarrassant de son découragement étouffant, elle l'avait rappelé à la vie. Une douleur aiguë lui transperça la tête et le corps quand il se rendit compte que, depuis son arrivée à Naro Moru, il n'avait pas encore pensé une seule fois à elle.

En dépit de la spontanéité avec laquelle il succomba à un impitoyable sentiment de culpabilité, en dépit aussi de son repentir, il ne réussit pas à déterminer ce qui lui pesait le plus : la honte d'avoir pu l'oublier si vite ou le fait que, même sincèrement disposé à faire amende honorable, il n'avait d'autre désir que celui de son corps, comme s'il avait été en droit d'exiger quoi que ce soit. Sa mémoire l'entraînait inexorablement sur un chemin qu'il ne voulait pas suivre. Le soleil, au-dessus du lac de Nakuru, se fraya un passage au travers d'un voile rose ; il y eut des chants d'oiseaux et une odeur de lard et d'œufs au plat.

Il laissa tomber une banane, Antje la ramassa et dit qu'elle était au courant. Ils prirent le petit déjeuner au bord du trou d'eau, avec le buffle, les papillons jaunes et les libellules volant en rond, et, bien que Paul n'en ait toujours pas envie, ils prirent un nouveau rendez-vous pour se rendre ensemble à Samburu. Antje dévissa le bouchon d'une cafetière Thermos argentée où se reflétaient ses yeux bleus et elle remplit deux tasses. Paul lui dit sur un ton de reproche qu'il était stupide, voire sadique, de tourmenter un homme qui avait besoin de toutes ses forces pour mener une juste guerre défensive contre l'épouvantable odeur d'une viande de mouton sentant le poisson. Elle hocha la tête avec amusement, et il se demanda avec étonnement pourquoi il utilisait des expressions aussi pompeuses pour décrire des gencives brûlantes. Puis il la mit en garde, la prévenant que ses souvenirs allaient encore davantage s'emmêler si elle continuait à lui verser du café.

À peine s'était-il penché sur sa tasse qu'Antje le quitta. Ce fut la dernière fois que Paul pensa à elle durant cette nuit de folie. Son nez fit tout à coup de lui un esclave passif, privé de tout sens moral et de tout esprit de responsabilité : se refusant à restituer l'arôme magique qu'il avait reniflé une seule et unique fois, il laissa entendre que Paul ne rencontrerait pas le bonheur auquel il aspirait avant d'avoir atteint le Graal qu'était du café tout juste infusé.

À l'instant où, ayant sellé son cheval, il s'éloignait, il oublia tout ce qu'il savait des nuits africaines, il oublia qu'elles faisaient surgir de fiévreuses illusions, des rêves d'une triste banalité aussi, et qu'elles privaient les êtres de toute mesure et de toute raison, de toute décence et de toute dignité. Avide de prolonger le goût miraculeux dont il gardait l'enchantement sur la langue, Paul se mit à chercher avec rage des mots qu'il pourrait associer au café.

Il prit possession de chacun d'eux avec un sentiment de triomphe. Assis, dans sa salle de séjour, au pied d'un minaret turc en porcelaine on ne peut plus kitsch, il sirota tour à tour un moka, un expresso, un cappuccino, un café crème, un café au whisky irlandais et au brandy espagnol, très noir et très fort. Il était en train d'inventer la machine à café idéale, une cafetière qu'il n'était jamais nécessaire de remplir et qui fonctionnait même la nuit grâce à l'énergie solaire, quand se produisit un esclandre avec un arrogant médecin.

Le guérisseur était blond et portait une chemise de soie noire portant, sur le devant, le soleil doré de chez Versace ; il avait une moustache à la Dali et brandissait une hache au manche recouvert d'une peau de léopard. D'une voix de tonnerre, il mettait en garde contre l'hypertension, les hémorragies cérébrales et les ulcères d'estomac, puis, d'une voix de fausset, recommandait de boire de l'eau bouillie salée et sucrée. Paul lui retira sur-le-champ son autorisation d'exercer et accusa Cornelia de lui avoir servi de la lavasse. Elle ne connaissait pas le mot. Il entra dans une colère noire et essaya de la frapper, mais Gabriel lui retint le bras. Cornelia sauta du haut du minaret, puis par la fenêtre ouverte. Gabriel était toujours là, mais bien tangible cette fois, on ne peut plus réel et familier, et il ne parlait ni du passé ni du futur.

– Va boire maintenant, papa, dit-il. Tous les hommes sont déjà autour de la marmite. Tu es parti pour un safari beaucoup trop long.

– Trop long, confirma Paul. Pourquoi n'y a-t-il pas de café ? Je croyais qu'il en poussait ici.

– Pas ici, dit Gabriel en riant et, hochant la tête, il aida à se relever cet étrange *mzee* à qui il suffisait de fermer bien fort les yeux pour aussitôt oublier sa soif. Aujourd'hui, il y a du *tembo*.

Les hommes aspiraient le *tembo* directement dans la marmite en fer, grâce à de longues tiges de canne à sucre évidées. Les femmes buvaient leur médecine dans des cuillères en fer-blanc. La bière mettait des aiguilles dans la gorge et découpait la tête comme un couteau bien aiguisé, mais le vieux baume africain était frais et, bien que fort et épicé, il était bienfaisant pour des êtres incapables de se débarrasser tout seuls des fantômes qu'ils avaient eux-mêmes invoqués. Paul était assis en tailleur, le dos rond, entre Gabriel et un nain très âgé, aux dents aussi noires que sa peau et au visage couturé de cicatrices aussi blanches que la mousse du lait frais.

– *Mzee*, dit le nain en bougeant la tête de telle sorte que ses lobes d'oreille, qu'on lui avait allongés quand il était jeune, se mirent à osciller.

– *Mzee*, répéta Paul.

Mais il ne parlait pas de lui cette fois, plongé qu'il était dans la contemplation des milliers d'étoiles dans le ciel, habité d'un calme et d'une sérénité qui, de minute en minute, faisaient grandir la vie en lui. Ce furent ces étoiles qui lui révélèrent que l'âge et l'angoisse n'étaient plus ses compagnons de route. Enfant, il avait entendu le chant des étoiles. Il l'entendait à nouveau.

L'adulte victime d'un sortilège qui était assis à côté de lui passa la main sous sa chemise puante, en sortit une de ses cigarettes et l'alluma avec un briquet à gaz portant le nom d'une pharmacie de Lyon. Il avalait la fumée à chaque bouffée, et quand la cigarette fut trop courte pour qu'il puisse encore la tenir de sa main qui n'avait plus que trois doigts, il fut pris d'une quinte de toux si violente que, tout en jurant, il cracha sur les charbons incandescents. Il offrit le mégot à Paul en gloussant.

Celui-ci tassa soigneusement les bribes de tabac humides et eut beaucoup de mal à les rallumer. Pour ne pas vexer le vieil homme, il tira deux bouffées. Avant la deuxième, il lui vint à l'esprit qu'il n'avait pas peur d'être contaminé et qu'il n'éprouvait aucun dégoût ; il ne ressentait plus que le contentement et l'indolence de celui qui n'a plus ni but ni envie.

Il vit que Gabriel l'observait d'un air songeur parce qu'il s'était mis à réciter pour lui seul un poème de Hermann Hesse où l'auteur célébrait dans le renoncement à tous les désirs l'état de maturité ouvrant la voie au bonheur. Paul lui chuchota avec amusement :

– Tu n'as pas besoin d'avoir peur. Si je suis fou, c'est juste parce que je bois ton *tembo*.

– Tu n'es pas fou, répliqua Gabriel. Tu es maintenant un homme qui ne regarde pas en arrière vers les jours qui sont morts.

– Je ne regarderai plus jamais en arrière vers les jours qui sont morts, promit Paul.

Quand le *tembo* l'eut débarrassé de son scepticisme et de son savoir, de ses craintes et de sa lâcheté, de ses douleurs dans les articulations et de sa douleur de vivre, il sut qu'il approchait de l'arrivée. Heureux, il abandonna la chasse au bonheur au moment même où il pressentit qu'il avait trouvé la paix. C'est en rêve, au beau milieu d'une nuit en Afrique, que le sens du tableau de Cranach *La Fontaine de jouvence* – un tableau qu'il avait aimé d'emblée, même s'il ne l'avait jamais tout à fait compris – lui fut révélé : des femmes qui transportaient sur leur dos des vieillards brisés jusqu'à l'eau de jouvence, leurs maris qui ressortaient ensuite de la fontaine sous la forme de vigoureux jeunes hommes qui ne tournaient même pas la tête dans la direction d'où ils venaient. Paul se joignit à eux. Il leva son verre vers les étoiles, les remerciant pour leur message. Sa fuite l'avait mené à Naro Moru, jusqu'aux êtres humains qu'il avait connus dans son enfance puis que, devenu un adulte dont les racines refusaient de se laisser transplanter, désemparé d'impuissance, il avait tant désiré revoir.

Il était maintenant assis parmi eux, ces êtres pour qui le temps ne signifiait rien, et moins encore le fait de comparer sa propre vie avec la vie d'autrui ; ces gens qui ne regrettaient pas ce qu'ils avaient perdu, ne désiraient pas avoir davantage que ce qu'ils avaient, ne se précipitaient pas dans des aventures et ne sombraient pas dans la dépression. Ils ne parlaient ni de frustration ni de dégoût, ni de crises ni de guerres, ni d'impôts, de cours de la bourse ou de richesse. L'infidélité d'une femme ne les faisait pas souffrir une vie entière et ils ne prenaient pas plaisir à cultiver leur tristesse dans des puits sans fond ni échelle de remontée. Les frères noirs de Paul ne regardaient pas dans une glace qui ne renvoyait que des visages grimaçants.

Il mit la main sur son front pour voir s'il avait de la fièvre, mais il le trouva frais et lisse.

– Santé ! s'écria-t-il. *Cheerio, skol, misuri !*

C'était le dernier mot – un mot swahili, tout en moelleux, disponible pour toutes les enchères, signifiant à la fois beau, bon, joli, magnifique, merveilleux – qui correspondait le mieux à son humeur du moment. Il n'était pas saoul au point que les sons et les images se fondent en un brouillard épais, mais il était déjà la proie des mirages qui, dans la nuit tropicale, sont une promesse pour les êtres en quête de paix éternelle et qui, le matin venu, laissent la place au soleil de la vérité. Voilà pourquoi il s'abstint de prier l'instant trompeur de bien vouloir s'arrêter. L'Afrique l'avait gratifié de la seule faveur que connaisse ce continent de la patience : la paix de l'âme. Une paix qui, berçant sa conscience, endormait le désespoir et les angoisses de l'Europe. Il enfonça profondément sa tige de canne dans la marmite et but à cette source d'ivresse et d'oubli.

– Parle aux étoiles à haute voix, le pria Gabriel. Je voudrais bien entendre ce que tu leur dis.

– Je leur raconte de vieilles histoires et elles m'en racontent de nouvelles.

– Elles parlent de Socrate ? demanda Gabriel tout heureux.

– D'où connais-tu son nom ?

– Tu m'as parlé de ton ami l'autre nuit. Je voulais tout savoir de lui, mais notre fils est tombé malade. Je vais le chercher pour que lui aussi puisse entendre ce que le sage papa *mzee* dit aux étoiles. C'est aujourd'hui qu'on lui donne son nom.

– Il n'en a pas encore ?

– Il en a un, mais pour Naro Moru seulement. Ici, il s'appelle Kinanjui. Comme moi.

Wanjiru apporta le tabouret à Paul et, exactement comme le jour où Mungu lui avait rendu son enfant, elle déposa le jeune Kinanjui sur les genoux de l'homme plus intelligent que tous ceux qui buvaient du *tembo* avec lui. Elle ne retourna pas vers les femmes en train de bavarder dans les buissons, mais s'assit derrière le groupe des hommes qui, à l'appel de Gabriel, étaient venus se placer autour du *mzee* à la dent en or. Paul ne vit pas tout de suite l'attente sur les visages d'êtres qui avaient un profond désir de paroles, d'histoires et d'images venues de mondes situés bien au-delà de l'horizon familier. Il ne voyait que l'enfant dont le petit corps lui transmettait sa chaleur et il sentit à nouveau la flamme de joie brûler son propre corps à l'idée que le garçon était vivant.

Kinanjui était réveillé. Il mâchait un bout de racine coriace destiné à rendre dures et blanches ses deux premières dents et à ôter ses douleurs à la troisième qui, encore dans ses gencives, ressemblait à la pointe enneigée de la grande montagne. Les plantes de pied et les mains de Kinanjui faisaient une tache claire, et il avait, sous les ongles des mains, de la terre d'un rouge vif. Paul regarda l'enfant trop longtemps. Des souvenirs enfouis dans son subconscient, finement tracés au pinceau rose, se transformèrent en images.

Après tant d'années, il revit le lapin en peluche rose, avec des boutons noirs à la place des yeux. Quand il était aussi tendre et joyeux que Kinanjui, Jens n'allait jamais au lit sans son lapin. Toutes les semaines, Anne mettait dans la machine à laver l'animal aux dents de feutre proéminentes et à l'air stupide – et Paul, tout aussi régulièrement, lui reprochait de pousser un peu loin ses conceptions de l'hygiène et de perdre son temps à nettoyer un lapin tout propre. Maintenant, tandis que Kinanjui, en gigotant, frottait contre son pantalon les talons de ses pieds couverts d'une croûte de saleté, Paul pouvait penser au lapin en peluche sans éprouver de mécontentement – tout comme il arrivait à évoquer sans nostalgie le fils auquel il n'avait jamais montré les étoiles quand il se réveillait la nuit.

– Socrate, insista Gabriel. Voilà que, de nouveau, tu dors les yeux ouverts, papa. Tu étais chez tes rhinocéros.

– Je ne dors jamais, répondit Paul en riant. Ni le jour, ni la nuit. Tu le sais bien.

Ne s'y attendant pas, il fut comme fasciné d'entendre l'écho de son rire, et il vérifia si ce tour de magie était reproductible : à chaque fois, il lui revint de la forêt la confirmation que la vie était libre de tout fardeau.

– Si tu ris, nous aussi nous allons rire, l'avertit Gabriel.

Ses lèvres, lourdes de reproches et d'impatience, signifiaient qu'on ne se contenterait pas d'entendre parler pour son propre plaisir un homme qui n'avait pas voulu laisser mourir un enfant et qu'on attendait davantage de lui. Mais Paul ne savait par où commencer. Il téta vigoureusement sa canne à sucre ; le *tembo* monta de sa gorge à ses tempes, lui déliant peu à peu la langue. De la même façon que le jour où, jeune avocat, il avait effectué sa première plaidoirie, il essaya de se concentrer uniquement sur ce qu'il serait capable d'exposer avec facilité, de manière à ce que personne ne remarque le caractère limité de ses compétences.

Aux débuts de sa dépression, il avait recherché l'oubli auprès de Socrate. Paul se revit assis sous un lampadaire, il vit très distinctement le livre à reliure de cuir verte et le verre de bourgogne posé sur la table du salon. Tout en riant et en se chuchotant des choses à la manière des vieillards édentés en face de lui, il dut admettre que le *tembo* n'était guère propice à une plongée dans l'Antiquité. À part la phrase « Le savoir est une vertu » qui lui paraissait d'une sottise sans borne et qu'il était de toute façon incapable de traduire en swahili, il ne lui venait à l'esprit que la coupe de ciguë et Xanthippe dont il ne savait à vrai dire rien d'autre que le nom. En tout cas, il avait la ferme intention de le crier très fort, ce nom. Enthousiasmé de s'entendre une voix aussi retentissante, il leva la main droite dans un geste théâtral et s'aperçut alors avec soulagement qu'il avait tout de même fini par découvrir le mot clé de son histoire. Il commença alors à raconter.

Xanthippe était une femme sur qui l'on pouvait compter : secouant énergiquement la tête pour faire tomber de ses cheveux bouclés la poussière hellène, elle se faufila au travers de la canne à sucre que Paul venait d'emboucher et se précipita sous l'acacia épineux, vêtue d'une robe en peau de serpent noire. Brandissant une épée de flammes chipées à la cime du mont Kenya, elle chassa d'abord les vautours qui se disputaient les os du mouton, puis ses rivales qui s'apprêtaient à dérober la force des reins de leurs hommes, et enfin les Barbares qui avaient des vues sur la sagesse de Socrate.

Les femmes de Naro Moru poussèrent spontanément des cris d'allégresse. Les hommes tapèrent dans leurs mains en hurlant de joie.

Paul savait encore qu'il était saoul ; ce qui était nouveau pour lui, c'était l'ivresse de son imagination. Elle lui ordonna d'obtenir l'acquittement de Xanthippe, chose faite depuis fort longtemps, et il obéit. Le célèbre avocat exigea avec fermeté l'accès au dossier et demanda une prolongation des délais. Revêtu d'une robe parsemée d'étoiles, il grimpa à toute allure l'escalier menant au tribunal. Au cours d'une interruption de séance, il tomba amoureux de l'épouse méconnue du grand Socrate et il lui assura une place de choix dans les annales de l'histoire.

Contrairement à Pygmalion et à sa statue, Paul n'eut pas besoin de faire appel à Aphrodite pour donner vie à son amante. Sa Xanthippe, gracieuse comme un chevreuil, douce comme un impala et forte comme une mère éléphant avec son petit, avait l'entendement et l'intuition d'Anne, les traits enfantins et émouvants de Cornelia et la gaieté plaisante d'Antje. Grâce à Paul, Socrate eut encore le loisir de recevoir la coupe et le philtre des mains miséricordieuses de Xanthippe et enfin – contrairement aux dires des chroniqueurs – de laisser un témoignage écrit de sa sagesse.

– Raconte encore, dit le jeune homme au couteau de poche suisse.

– L'histoire est terminée, balbutia Paul.

– Et que fait Socrate maintenant que le soleil se lève ?

– Il va mourir, affirma le nain en mordant un de ses trois doigts.

– Tu mens, hurla Gabriel. Socrate ne va pas mourir. Regarde un peu ce *mzee*. Il tient notre fils et ce fils s'appelle Socrate.

– Seulement Socrate ? protesta Paul. Celui qui n'a qu'un nom meurt trop tôt.

La réponse de Gabriel n'arriva pas jusqu'à ses oreilles.

Il s'entendit encore appeler Xanthippe, mais, alors qu'il comptait les échos, ses yeux se fermèrent et une dernière succion appliquée à sa canne à sucre le plongea dans le sommeil. Son fils noir le porta dans la hutte sous les acclamations des hommes, mais le bruit n'arriva pas à le réveiller. C'est ainsi que Paul n'apprit pas non plus cette nuit que l'enfant Kinanjui, quand viendraient les jours qui n'étaient pas encore, ne s'appellerait pas seulement Socrate, mais également Paul.

10

Chaque fois que des coups violents venaient interrompre la régularité des balancements, Paul était arraché au sommeil, un sommeil profond et sans rêve. S'il parvenait à ouvrir les yeux, à l'instant où cela se produisait, il apercevait des nuages étranges qui ne conservaient leurs couleurs que quelques petites secondes avant de se fondre en de monstrucux ballons d'ouate ; puis ces derniers se dissolvaient à leur tour et, sans transition, le faisaient glisser à nouveau dans un état agréable où le rythme de la vie paraissait ne jamais devoir changer.

Durant les brefs instants où il émergeait du sommeil, il se rappelait très nettement s'être saoulé comme un Polonais et avoir éprouvé d'énormes difficultés à bouger les jambes et à remuer sa langue, devenue très lourde. Mais comme il ne se souvenait ni où, ni quand, ni dans quelles circonstances cela lui était arrivé, il se contentait de se tâter la tête avec précaution : elle lui apparaissait chaque fois plus petite qu'on aurait pu s'y attendre après une telle cuite, elle n'était même pas brûlante et ne lui faisait pas mal. Son examen donnait chaque fois le même résultat, si bien que, rasséréné, il poussait un soupir de soulagement, attendant un bref instant qu'il donne un écho. Mais chaque fois en vain.

Avant d'être obligé de refermer les yeux, tourneboulé par la danse effrénée des nuages au-dessus de lui, Paul s'étonnait également d'avoir le front aussi frais et de ne plus ressentir, ni au niveau de l'estomac ni dans la gorge, aucun effet du *tembo*, et il se rappelait même qu'il fallait le boire avec une tige de canne creuse, pour éviter que le psychisme en soit immédiatement affecté. Paul trouvait son état rassurant, même s'il lui paraissait contredire toutes les données de l'expérience. Pourtant la constatation qu'il n'avait encore jamais fait aussi froid dans la hutte de Gabriel et qu'il n'entendait ni Wanjiru, ni les enfants, ni le bois crépiter dans le foyer, ne cessait de le préoccuper – il estimait à vrai dire que les circonstances lui accordaient un laps de temps beaucoup trop court pour qu'il puisse résoudre une bonne fois pour toutes l'énigme d'un silence aussi total.

Qu'il fût aussi difficile d'entrer en conversation avec Gabriel le contrariait. Il avait beau tendre le cou, il ne voyait toujours qu'un seul côté de son visage. Il parvenait rarement à émettre plus que quelques mots, en tout cas jamais une phrase complète. En effet, à peine se raclait-il la gorge que Gabriel lui disait :

– Dors, papa, tu n'as pas encore besoin de tes yeux.

Paul trouvait vexant de disposer d'aussi peu de temps – avant de sombrer à nouveau dans un état indéterminable – pour demander à son sage compagnon de fugue pourquoi un homme, du seul fait d'avoir un jour ou l'autre bu trop de *tembo*, devait être frappé de cécité.

Il avait néanmoins conscience du problème qui se posait à lui : il lui fallait résoudre une équation à trois inconnues. Paul estima en tout cas opportun de ne pas trop parler à Gabriel, dans un premier temps, de son don pour les mathématiques, mais de commencer par tranquillement réduire les nuages à un dénominateur commun. Son esprit logique lui dicta de cesser d'avoir peur de garder les yeux ouverts. Il observa avec attention les nuages et, ayant effectué de premiers calculs, il constata qu'ils avaient fini par s'entendre sur une couleur et qu'ils étaient tous roses, sans exception.

Ensuite, le ciel vira au bleu. Paul ne tarda pas à entendre des cris d'oiseaux qu'il n'apercevait pas, mais dont il pensa qu'il s'agissait de gros volatiles ; un singe se mit tout à coup à vociférer ; des branches craquèrent ; c'étaient à présent des arbres et non plus des nuages qu'il voyait passer en volant et la neige du mont Kenya était encore devant ses yeux. Parfois, la montagne, pareille à un énorme éléphant, semblait vouloir se précipiter sur lui de toute sa hauteur et de toute sa masse. Cela le démoralisait, car il savait que c'étaient les gens ivres qui avaient tendance à voir des éléphants blancs, mais la montagne finissait toujours par retrouver des dimensions modestes, lui permettant de poursuivre sa série d'expérimentations. Par ailleurs, quand il arrivait que la montagne à la forme si variable disparaisse, ce n'était jamais pour longtemps, et c'est elle qui fournit enfin à Paul l'indice déterminant. Non seulement il avait découvert la nature du problème et l'avait analysé jusqu'en ses moindres éléments, mais il l'avait résolu. Délivré de ce poids, il s'assit, mit les poings sur les hanches et dressa la tête en direction des arbres volants.

– Nous sommes en voiture, dit-il.

– Non, rétorqua Gabriel de cette voix chantante à laquelle la moquerie suffisait à conférer une certaine plénitude. Non, tu es dans ton lit et c'est lui qui vole.

De sa main qu'il laissait pendre par la vitre ouverte, il frappa la face extérieure de la portière et, de l'autre, il tapa tout aussi vigoureusement sur l'épaule de Paul.

– Tiens ton volant, espèce d'âne bâté. Tu ne vois donc pas que la route est toute défoncée ? Pourquoi ne m'as-tu pas averti que nous partions ?

– Tu me vois parler avec un vieil homme sourd ? Mon sage *mzee* était réduit à l'état de sac, et c'est ce pauvre Gabriel qui a été obligé de transporter le sac. Tu as trop bu de *tembo*, papa, et tu étais incapable d'entendre, de voir et de marcher. Tu ne te rappelles plus que tu n'étais rien d'autre que de la viande et des os ? C'est moi qui t'ai porté dans la hutte.

– Et dans l'auto. N'oublie pas de dire ça aussi deux fois. Pourquoi ne m'as-tu pas réveillé ?

– Tu ne m'avais pas dit de te réveiller. Il y a beaucoup de *mzee* qui ne veulent plus jamais se réveiller quand ils se couchent.

– Gabriel, arrête ! Ne te fais pas plus bête que tu n'es. Tu m'as parfaitement compris. Je ne voulais pas mourir, et tu le sais bien. Je voulais dire au revoir à notre fils.

– *Kwaheri*, répéta Gabriel à voix basse. Socrate t'a dit *kwaheri*. Tu ne l'as pas entendu. Mais toi aussi, tu m'as compris, papa. C'est une bonne chose pour nous deux que Socrate ait été le seul à voir partir l'auto. Et Wanjiru. Le jour n'était pas encore gris. Tous les hommes dormaient. Quand le soleil aura dit *kwaheri* aujourd'hui, ils auront oublié qu'ils nous ont vus à Naro Moru. Toi non plus, tu ne te rappelles plus où tu étais hier.

– J'ai volé jusque dans le ciel, où j'ai cueilli une étoile. Puisque ta tête travaille si bien à la place de la mienne, il faut aussi que tu me dises où nous serons ce soir.

– C'est à toi de me le dire. C'est toi qui me payes. Tu l'as oublié ?

– J'ai tout oublié, dit Paul tandis que Gabriel arrêtait la voiture, mais je n'oublierai pas ton argent. Les rhinocéros me planteraient leur corne dans le derrière si je l'oubliais.

– C'est agréable quand ta langue part en safari, papa *mzee*.

Ils se taisaient, assis entre trois puissants arbres à saucisses dont les branches pendaient presque jusqu'à terre. Le soleil, encore blanc de la rosée de l'aube, était toutefois assez fort pour réchauffer la peau et tromper la tête. Un buisson aux fleurs violettes, ondulant dans une tiède brise, se dressait parmi des rochers aux arêtes vives. Frayée à travers l'herbe sèche, une étroite sente conduisait à une fourmilière à trois étages. La lumière crue se reflétait sur les cuirasses vertes de scarabées qui couraient en tous sens. Les deux hommes se penchèrent sur la carte comme si, sachant déjà où ils allaient, ils ne cherchaient que le chemin pour s'y rendre ; en fait, ils savaient l'un comme l'autre que l'heure du départ n'avait pas encore sonné. Paul pensait aux nuits de Naro Moru avec mélancolie parce qu'elles n'étaient plus que des souvenirs, même si les images avaient gardé des contours nets et une forte présence. Il s'adressa des reproches en se rappelant avoir eu l'intention de donner de l'argent à Wanjiru mais n'en avoir pas trouvé l'occasion.

À l'aide d'un petit bout de crayon qui bruissait de manière agressive sur le papier, Gabriel traçait une large route, mais il avait le regard plus souvent perdu au loin que fixé sur la carte. Il paraissait fatigué et, contrairement aux jours favorables où, pour chasser les mouches de son bras, il les frappait d'une vigoureuse tape de la main, il se contentait cette fois-ci de deux doigts. À un moment, il voulut siffler, mais le son resta à ce point bloqué dans sa bouche qu'il n'entendit qu'un bruit, celui que faisaient ses dents en grinçant furieusement. Pour empêcher que son feu intérieur ne lui brûle et ne lui troue la peau, il sortit de sa poche un bout de racine blanche et dure. Il mâcha et remâcha son désarroi jusqu'au moment où il n'eut plus dans la bouche qu'une bouillie molle.

– Retournons à Nakuru, proposa Paul quand les mouches revinrent, et reprenons les choses au jour où le singe m'a volé mon passeport. Si tu veux, nous pouvons même revenir au lac Naivasha.

– Tu as volé assez de temps pour pouvoir faire deux fois le même safari ?

– Oui, décida Paul, j'en ai volé assez. Nakuru, ce sera bien pour nous deux. Je pourrai y dire *kwaheri* à Sirène.

– Tu arrives toujours trop tard quand tu veux dire *kwaheri*, constata Gabriel. Sirène t'attend à Samburu. Elle doit déjà être dans le lodge.

– Comment le sais-tu ?

– Je lui ai dit qu'elle devait nous attendre à Samburu.

Gabriel replia la carte, la posa par terre, appuyant le pied dessus pour qu'elle ne s'envole pas. Quand il essuya les gouttes de sueur sur son visage, il riait encore, mais, pour contraindre les battements de son cœur à s'apaiser, il eut besoin de ses deux mains. Il ferma les yeux. Un profond sillon se dessina sur son front.

– Roger, Roger, chuchota Paul.

– Roger, Roger, reconnut Gabriel.

– Vas-y, parle avec ton ami Singh. Tu sais bien que je suis au courant de tout. Nous sommes amis, après tout.

Paul ne s'attendait pas à ce que Gabriel réagisse aussi spontanément. Il pensait qu'il le contredirait ou qu'il hésiterait ou même – pourquoi pas ? – qu'il se livrerait à nouveau aux cachotteries des jours où Singh n'était une donnée concrète que pour lui.

– Je me bouche les oreilles, dit Paul pour plaisanter.

Mais Gabriel s'était déjà relevé d'un bond, s'élançant vers la voiture avec la détermination de celui qui a trop longtemps repoussé une décision arrivée à maturité et qui pressent tout à coup que se présente à lui une chance unique de se libérer, s'il ne perd plus un instant. Tandis qu'il se hâtait, les pierres giclant sous ses pieds, on pouvait voir sa chemise flotter autour de son corps souple comme une bannière triomphale et, dans ce paysage brûlé de soleil et de sécheresse, se métamorphoser en une voile gonflée par le vent. Parvenu à l'auto, le vainqueur leva si haut la tête qu'il sentit le soleil sur son menton. Il éclata de rire. Quand il décrocha l'appareil, qu'il détestait, on vit saillir, soudainement blanchies, les jointures de sa main droite ; il serrait si fortement les lèvres qu'elles disparurent entre ses dents.

Paul comprit que Gabriel était en train d'imposer un choix au destin tout en étant parfaitement conscient du danger auquel il s'exposait. Pendant un moment, Gabriel lui apparut comme l'intrépide chevalier noir combattant les puissances obscures ; il admira ce preux héros pour la rapidité de sa décision, mais, à l'instant même où il enviait son courage, l'image rayonnante perdit son éclat : Paul eut l'impression que son propre corps se déchirait. Il ressentit soudain le poids d'une énorme culpabilité.

Il était vraiment un niais irresponsable, un *mzee* puéril, pour avoir non seulement été incapable de résister au jeu facile des rhinocéros tout-puissants, mais, pire encore, pour l'avoir nourri de fantasmes, de désirs naïfs et de nostalgie pendant si longtemps que deux adultes s'étaient mis à croire à la légende d'un recommencement. Car Gabriel, un homme fort et pragmatique qui n'avait jamais lâché la barre de son existence, était pourtant en train de traverser à la rame un fleuve rapide dont il n'atteindrait pas la rive salvatrice. Et c'était lui, Paul – un être qui ne sentait battre la vie en lui que lorsqu'il traversait des crises profondes, un être qui ne trouvait de satisfaction que dans le brouillard des illusions et des rêves –, c'était lui qui, avant de pousser dans les remous mortels son accompagnateur inconscient des dangers, lui avait procuré l'embarcation. Et il était lui aussi dans l'impossibilité de rebrousser chemin.

– Tu n'as pas à avoir peur, cria-t-il, soudain épouvanté à l'idée qu'il ne cessait de pousser Gabriel vers de dangereux écueils. Tu n'auras plus besoin de son argent.

– Je n'ai plus peur, répondit Gabriel d'une voix si énergique que l'écho revint en coup de tonnerre ; puis, hurlant alentour sans s'adresser à personne : Papa Kifaru est au courant de tout, espèce de voleur. Je n'ai plus besoin de ton argent.

– Attends un peu, Gabriel, il faut que nous soyons malins. Je vais te dire ce que tu devras raconter à Singh. Je sais mentir avec les mots. J'ai appris à le faire. Je sais mieux m'y prendre que toi. Crois-moi !

C'était trop tard. Gabriel ramait déjà de toutes ses forces. Il avait atteint l'endroit le plus profond du fleuve et, dans son anglais maniéré et exagérément précis, il demanda à parler à mister Singh. Au grand étonnement de Paul, il ne prononça ensuite plus un seul mot. Ses yeux se creusèrent profondément ; des étincelles vertes et jaunes s'allumèrent dans le blanc de ses pupilles.

Gabriel ne murmura qu'une seule fois quelque chose, avec un rire si bas que même un guépard à l'affût sur une branche basse n'aurait pu percevoir les sons de cette allégresse ; il ouvrit pourtant si grand la bouche que chacune de ses dents se mit à briller au soleil. Même si les grandes pluies avaient d'un seul coup noyé le pays entier sous les eaux, elles n'auraient pas réussi à éteindre la joie qui brûlait en lui comme un feu de brousse.

Encore inquiet, mais déjà curieux et impatient, Paul se releva aussi rapidement que le lui permettait une douleur lancinante dans son genou. Il partit en clopinant et se prit le pied dans une racine qui faisait saillie sur le sol desséché. Ayant rétabli son équilibre, il se remit en route en soufflant et atteignit la voiture tandis que Gabriel riait tantôt aux éclats, tantôt avec mépris.

– Tu n'as pas besoin de courir comme une gazelle en fuite, papa *mzee*, s'écria-t-il comme si la tempête qui sortait de sa bouche allait faire s'écrouler les montagnes à l'horizon. Le chien n'aboie plus. Il n'y a plus de chien.

Il lui fallut faire sortir encore beaucoup d'air de sa poitrine et rouler dans sa gorge de nombreux éclats de rire gros comme des rochers avant de pouvoir raconter la *schauri* sans s'étrangler avec sa propre salive à la manière d'un chien trop glouton. C'était une merveilleuse *schauri*, une de ces *schauri* qui n'arrivent que les jours favorables : elle était, disait Gabriel en ménageant de courts intervalles pour permettre à chacun des mots de s'abreuver d'un étonnement sans cesse renouvelé, elle était un cadeau de Mungu et des rhinocéros dont aucun n'avait oublié sa prière.

– Singh, reprit-il après avoir allongé de son mieux, avec force paroles et force gestes, cette bien trop brève histoire, Singh n'est plus là.

– Où est-ce qu'il a dû aller, Gabriel ?

– Mister Singh ne travaille plus au Norfolk Hotel, mister Paul.

– Tu es sûr de ça ? Est-ce que tu as bien entendu ? Peut-être qu'il est simplement en vacances. À moins qu'il n'ait pris un jour de congé.

– Non, persista Gabriel, le Norfolk a maintenant un nouveau portier. Il faudra que je me présente à lui si nous revenons de notre safari. Si nous revenons. Tu ne comprends donc pas ce que ça veut dire ? Pourquoi tu ne ris pas ?

Ses pieds fouillaient la terre rouge, la tassant ensuite jusqu'à en faire un monticule. Un dernier et vigoureux coup de pied transforma son corps en une flèche, une de ces flèches que, dans les temps anciens, les jeunes guerriers massaï les plus forts lançaient de leur arc puissant pour un safari sans début ni fin. La flèche monta si vite dans le ciel que des yeux humains n'auraient pu la suivre. Quand Gabriel redescendit des nuages, il resta là, sans bouger, le temps de respirer trois fois. Ensuite, avec douceur, il posa les mains sur les épaules de Paul.

– Tout est bien, *mzee*, dit-il à voix basse.

Il entraîna ensuite Paul dans une ronde effrénée, une ronde si folle que les arbres à saucisses se mirent à tourner autour de leurs têtes et que les touffes d'herbe se changèrent en boules, puis en porcs-épics volants. La fourmilière à trois niveaux se retrouva même surmontée d'une haute tour.

Ils s'étaient lancés dans une danse sauvage, à la manière de singes ivres d'avoir mangé, après l'orage, des fruits que le soleil brûlant a déjà fait fermenter. Ils hurlaient le nom de Singh d'une voix de lion qui portait jusqu'à la forêt et ils n'arrêtaient pas de tuer une nouvelle fois l'ennemi des jours néfastes. Les vautours iraient s'emparer de lui avant la première heure de la nuit. Gabriel le savait parfaitement. Quand il l'annonça, il était en équilibre sur les mains, se grattant l'oreille de son pied droit. Un peu plus tard, riant toujours, il chaussa les lunettes de Paul, mais il perdit la vue avant d'avoir fait quatre pas et tomba par terre comme un sac renversé d'un coup de pied. Paul le releva ; il entendit que le cœur de Gabriel battait la mesure d'un air nouveau et il sentit sa peau toute lisse. Elle dégageait une douce odeur et, dans la lumière éblouissante du soleil, elle luisait d'une lueur sombre, comme il sied à un chevalier taillé dans l'ébène.

Bien qu'obligés de presser leurs dix doigts contre leurs côtes secouées par la joie, aussi douloureuses maintenant que celles de vieillards n'arrivant plus à se protéger du froid, ils finirent par retrouver l'un et l'autre une respiration plus calme. Paul se souvint alors tout de même qu'il devait se comporter en *mzee* intelligent aux yeux de Gabriel et qu'il se devait de rester un homme qui vérifiait l'authenticité des preuves. Il déclara vouloir appeler le Norfolk depuis leur lodge, le soir même, demander à parler à Singh et voir s'il obtenait la même réponse que Gabriel.

La proposition n'eut pas l'heur de plaire à ce dernier. Ils échangèrent autant de paroles que des enfants se lancent de cailloux pendant leurs jeux. Leur petite querelle s'étant enfin trouvée à court de munitions, le malin papa Kifaru réussit à convaincre son dubitatif compagnon en lui racontant la magnifique histoire du vieil homme qui n'avait pas découvert à temps qu'il commençait à devenir sourd. Cet homme qui désirait vendre son chien, désormais incapable de se traîner, avait été fort étonné que son acheteur n'essaie même pas de faire baisser le prix proposé. Ils avaient topé là, chacun se félicitant de sa malice.

– Mais c'est seulement au moment où le jeune homme sortit ses vaches de l'étable, poursuivit Paul, que le vieil homme s'aperçut que, pour trois vaches, il n'avait pas touché davantage que pour un chien tirant la patte. Voilà ce qui arrive à celui qui se fie à ses seules oreilles.

– Bon, concéda Gabriel, ce soir tu téléphoneras au Norfolk et tu pourras entendre de tes propres oreilles que les miennes sont bonnes.

Ils regagnèrent la voiture main dans la main, comme des enfants égarés tout heureux de retrouver le chemin de la maison au dernier moment. Paul décida – si l'entretien téléphonique avec le Norfolk avait bien lieu – d'indiquer seulement que son safari durerait plus longtemps que prévu. Mais, quand il se rendit compte qu'il lui serait beaucoup plus difficile qu'à Gabriel de rompre ses liens avec le Norfolk, son idée cessa de lui apparaître aussi bonne et judicieuse qu'il l'avait d'abord cru.

– Au fait, que va-t-il se passer avec mon coffre-fort ?

– J'ignorais que tu avais encore un coffre-fort à l'hôtel.

– Je l'avais oublié moi aussi, répliqua Paul.

– Il y a quoi dedans ?

– Juste de l'argent. Le premier jour, Singh m'a dit qu'il valait mieux ne pas emporter tout mon argent en safari. Était-ce un bon conseil ?

– Non, gronda Gabriel. Qu'est-ce qu'il va se passer si tu n'as plus d'argent ?

– Nous prendrons ma carte de crédit. Avec une carte de crédit d'Allemagne, nous pouvons nous acheter le monde entier, mon ami.

– Ça doit être un sacrément beau pays, ton Allemagne, *mzee*.

– L'Allemagne est le plus beau pays du monde. Quand on est en safari au Kenya et qu'on a oublié pourquoi on est parti de chez soi.

Ils décidèrent de partir pour Samburu pour y retrouver Antje, dormir à nouveau dans un vrai lit et acheter de l'essence. Gabriel promit des éléphants, des lions et au moins un léopard sur un arbre. Il dit que ce serait bien de lier amitié avec un jeune et sympathique léopard, un animal qui se laisse approcher sans difficulté parce qu'il est très heureux que les chauffeurs reçoivent un bon pourboire grâce à lui.

– Dis-lui donc tout de suite que nous arrivons, proposa Paul.

Le seul fait de penser à Samburu lui remit en mémoire le jour où la nostalgie l'avait envoyé pour la première fois en safari. En route, il parla à Gabriel de sa jeunesse et de Kamau, revoyant aussitôt les champs qu'ils parcouraient pieds nus l'un et l'autre et sentant à nouveau l'odeur âcre de la résine des arbres au tronc épais. Il entendit aussi les hurlements des chacals le soir. Ses yeux virent toute la beauté d'un monde qui l'avait toujours retenu entre ses bras, mais il n'arriva pas à retrouver le visage de Kamau. Son ami d'enfance lui était devenu étranger : il avait à présent les yeux de Gabriel, son nez, sa bouche et son menton. Mais avant qu'il se soit mis à réfléchir sans fin et jusque dans les moindres détails à l'arbitraire des métamorphoses africaines, l'image de Jens surgit devant lui. Lui non plus ne respectait pas les usages du souvenir : depuis leur dernière rencontre, sa peau s'était considérablement assombrie et le surcroît d'amabilité dont il faisait preuve sautait aux yeux ; il manifestait également une stupéfiante compréhension à l'égard des pères qui, dans leur désarroi, partaient à l'aventure.

– Mon fils, le remercia Paul.

– Continue à raconter dans ma langue, papa, se plaignit Gabriel.

Comme ils n'avaient ni mangé ni bu depuis leur départ de Naro Moru et que c'était à peine si les acacias parasols jetaient encore une ombre, ils firent halte à Isiolo. Après les journées passées dans la hutte de Gabriel et l'immensité des espaces inhabités qu'ils venaient de traverser, Paul crut se retrouver dans une véritable ville quand ils entrèrent dans cette petite localité aux magasins minuscules, avec une station-service où trois chiens dormaient auprès de l'unique pompe à essence et plusieurs maisons qui, à en croire des écriteaux rédigés à la main, étaient des lieux offrant le gîte et le couvert.

Même si les gens se déplaçaient sans hâte, l'atmosphère était haute en couleur et il régnait une vive activité. Des femmes grandes et minces portaient sur la tête de lourdes charges, discutant à voix forte. On voyait errer dans tous les coins de petits mendiants. Partout, des hommes étaient rassemblés en petits groupes. Quand la voiture stoppa, elle fut aussitôt entourée d'hommes jeunes et de vieilles femmes qui vendaient des bijoux faits de perles, des ceintures et des masques. Gabriel les dispersa en jurant très fort et en les repoussant à deux mains.

Paul fut intrigué par le grand nombre de soldats en uniforme kaki. Plus petits et trapus que les autochtones, ils avaient la peau sombre des Kikuyu et une mine renfrognée et renfermée. À intervalles réguliers, ils levaient leur fusil, observant avec attention et méfiance ces gens bruyants issus d'une autre tribu qu'eux. Un minibus décoré de rayures de zèbre ayant fait halte, ils se mirent à gesticuler avec nervosité en direction des touristes trempés de sueur. L'accompagnateur fit passer le groupe en toute hâte devant les militaires en direction du marché.

– Roger, Roger, murmura Paul.

– Ta bouche n'est pas encore assez sèche, le mit en garde Gabriel. On ne rit pas quand il y a des soldats.

Le marché s'étirait tout le long de la rue qui traversait la localité. Chargées de marchandises, des tables et de simples planches posées sur des pierres se serraient les unes contre les autres. De très vieilles femmes se tenaient accroupies devant, le cou ceint de rangées de minuscules perles de toutes les couleurs ou de lourds anneaux d'argent. Artistement enturbannées de fichus très colorés, de jeunes mères tenaient leurs bébés sur leurs genoux. Des chèvres, des poules et des chiens efflanqués circulaient entre les étals. Les femmes proposaient des bananes rouges et brillantes, des mangues vertes, des papayes mûres, des melons ventrus, de minuscules haricots, des pommes de terre rabougries, et, dans des seaux, du riz et de la farine grossière. Il y avait aussi de l'eau claire en bouteille, des limonades d'un vert criard, des récipients en plastique et des plats en faïence ébréchés. Un jeune homme en jeans, avec, sur son torse nu, une dent de léopard pendue à une lanière de cuir noir, était assis entre deux caisses de bouteilles de Coca ; il avait derrière l'oreille un crayon à bille d'un bleu resplendissant et, au poignet, une Swatch au bracelet rouge vif et au cadran orné d'un Mickey dont les bras servaient d'aiguilles.

Une foule d'objets en cuivre brillaient même à l'ombre : chaudrons et poêles, chaînes de toutes les dimensions – certaines ornées de coquillages de Mombasa –, bracelets aux enjolivures inimaginables, grandes coupes plates offertes comme des trophées aux regards des touristes enthousiasmés, suscitant aussitôt en eux l'appétit de la bonne affaire. Si ces derniers s'exprimaient d'une voix suraiguë, le vendeur des coupes veillait à parler d'une voix calme, aussi douce que des yeux qui ne connaissent ni la faim ni la misère. Entre des feuilles de bananier aux vertus rafraîchissantes et des caisses de bois, Paul découvrit un étal proposant une pile de couvertures en laine, grises et élimées. Sur celle du dessus s'étalaient des cartes postales. Surpris, il s'immobilisa, tel un chasseur tombant en arrêt devant une trace inattendue. Cela faisait déjà plusieurs jours qu'aucun texte écrit, aucune image ne s'étaient offerts à ses yeux, et les misérables prises de vue locales le fascinèrent autant que les photos de professionnels qui montraient des animaux, des champs de caféiers en fleur, de jolies et jeunes cueilleuses de thé et le mont Kenya au front ceint de neige.

Toujours à l'affût d'une proie qu'il ne connaîtrait pas encore, il prit une carte représentant un koudou. Pelage gris-brun rayé, crinière dorsale blanche, l'animal avait des cornes recourbées en une étroite spirale. De plus en plus fasciné, Paul ne retrouva pas assez vite sa liberté et il se mit à rechercher avec effort – comme si résoudre cette question avait eu pour lui de l'importance – pourquoi les cornes sont chez l'animal l'expression de la masculinité alors que, chez l'homme, elles constituent une source inépuisable de railleries à l'égard de l'époux trompé. Irrité, il secoua la tête pour se débarrasser d'Anne avant d'avoir à la sommer de s'expliquer, et il demanda au vendeur combien coûtait la carte et s'il avait des timbres.

Il lui parut absurde et, pour tout dire, presque scandaleux qu'un voyageur sans but et sans avenir comme lui ait effectivement l'intention d'écrire une telle carte postale et de l'envoyer dans un monde qui ignorait tout des vertus apaisantes et miséricordieuses de l'Afrique. Il réprima une envie de caresser la photo du koudou et, gêné, reposa la carte. Le chasseur rêveur s'aperçut toutefois qu'il s'était transformé en proie. Il se mit à expliquer à Cornelia, en quelques phrases mûrement réfléchies, qu'il avait dû partir pour Isiolo afin de faire en lui la clarté sur ce que la décence exigeait d'un époux et sur ses obligations. Paul trouva logique, délicat et plein de tact le texte qu'il n'écrirait jamais, même si c'est là, en cet instant, que son intuition se transforma en certitude : il y avait certainement déjà fort longtemps que Cornelia ne le croyait plus au bord du Titisee.

– Plus tard, dit Gabriel avec compréhension. Ta tête ne peut pas travailler tant que tu as un trou dans le ventre, *mzee*. Nous allons commencer par manger.

Il entraîna Paul avec énergie et le mena derrière un bâtiment en pierre grise qui paraissait en bien meilleur état que les autres maisons. C'était une banque, gardée par un géant qui, les bras luisants, tenait une massue pleine de pointes dans une main et dans l'autre une galette de maïs jaune et dégoulinante d'huile. À côté de l'entrée de la banque, une porte ouvrait sur une pièce très sombre. Dans l'encadrement pendait un bout de carton sur lequel on pouvait lire, en caractères d'imprimerie lilas : «*Come and have drink*[1]». Des éclats de voix sortaient du local. Un chien qui n'avait plus qu'une oreille surgit en courant de l'obscurité, un os dans la gueule, et vint heurter le genou de Paul.

– Allez, entre, papa, dit Gabriel, il n'y a pas que les chiens qui mangent à leur faim ici.

Les clients se tenaient sur des tabourets au siège en plastique rouge et aux pieds chromés, devant de grandes tables en bois clair grossièrement raboté. Il n'y avait pas une seule femme parmi eux. La plupart de ces hommes n'étaient pas originaires de la région. Ils parlaient de Nairobi, des dangers dans le nord du pays et de bus qu'ils avaient dû attendre des journées entières ; ils avaient avec eux de petites valises minables et des sacs en plastique pleins à craquer, portaient des chemises claires et des chapeaux marron pleins de trous. Avant d'approcher les lèvres de l'épais liquide jaune au fond de leurs verres sales, il leur fallait chasser de grosses mouches noires aux ailes vertes et brillantes. Il y avait une forte odeur d'oignons, de graisse rance, de viande de mouton, de curry et de fumée froide. Un léger parfum de tabac au goût de miel vint taquiner les narines de Paul. Il était sûr d'avoir déjà rencontré cette odeur particulière, mais il ne réussit pas à se rappeler où. Une table, contre la fenêtre, était libre.

– De la viande, commanda Gabriel, et une grande bouteille.

Vêtu d'une veste blanche mais tachée qui lui descendait jusqu'aux mollets, un fez rouge posé sur des cheveux grisonnants, un homme vint poser devant eux deux assiettes en fer-blanc pleines et sortit sans un mot les couverts de la poche de son pantalon. Puis, fixant soudain Paul, hochant avec empressement la tête comme si une faveur venait de lui être demandée, il se dirigea en toute hâte vers une étagère où des bouteilles de whisky, de gin et de brandy trônaient devant une

1. «Entrez boire un verre» *(N.d.T.)*.

glace ternie. Il revint en agitant un torchon trempé, reprit les assiettes, frotta en rond la table pour la débarrasser de la saleté qui s'y était incrustée, puis, toujours avec le même torchon, essuya les verres. Il ouvrit alors enfin la bouche.

– *Jambo*, dit-il.

– *Jambo*, lui répondit Paul du même ton solennel.

Le plat – une montagne de riz gluant, jaune safran, de morceaux de viande grasse où étaient collés des grains de poivre rouges et de carottes constellées de taches noires – était si peu appétissant que Paul fut certain de ne pouvoir avaler la moindre bouchée. À la deuxième, il se rendit compte qu'il avait très faim et, à la troisième, qu'il se régalait vraiment. Épicés au point d'enflammer la gorge et le gosier, mais en même temps tendres et non dénués d'une certaine douceur, les morceaux de viande dans la sauce au curry lui semblèrent symboliser les contrastes de l'Afrique. La bouteille, déjà ouverte, contenait de la bière chaude où flottaient deux mouches noyées ; une troisième, rescapée, se traînait sur l'assiette de Paul, les ailes poisseuses. Il remplit les deux verres à ras bord, fit tomber par terre une des deux mouches mortes et l'écrasa du pied.

Un bonheur naïf et excitant s'empara de lui à l'idée que la saleté et la puanteur, la précarité et le risque de maladie, toutes choses dont il avait pleine conscience, ne le préoccupaient pas davantage qu'à l'époque de son enfance. L'ingénuité de la jeunesse et le poids des années qui avaient suivi se confondirent tandis qu'il mâchait, buvant et remerciant Mungu de l'avoir appelé à lui. Il ne ressentait plus aucun des tourments qui l'avaient poussé au départ, plus aucun doute, plus aucun état dépressif, il n'était plus un fugitif : il était un homme sans âge et sans futur, un homme qui ne voulait pas voir l'Afrique avec des yeux voulant à toute force interpréter et juger. Aimer ce pays lui suffisait.

– La dernière fois, vous buviez un gin tonic dans un verre propre, dit quelqu'un à la table voisine.

Paul fut tellement surpris d'entendre parler anglais qu'il ne remarqua tout d'abord pas que l'homme avait la peau des bras blanche et que, sous le chapeau à larges bords, le visage était rouge brique. Mais il reconnut immédiatement la voix. Elle paraissait sortir d'un puits sans fond et rebondir contre les murs.

– *Mister Smith, I presume*, dit-il en se levant et en s'inclinant avec un sourire. Du Norfolk !

– Et vous, vous êtes Livingstone, répliqua Smith. Je suis parfaitement au courant. Vous vouliez ou découvrir Samburu ou vous découvrir vous-même. Est-ce que vous avez réussi à prendre une décision ?

– Pas encore, reconnut Paul, mais je suis tout de même en bonne voie.

– Vous aviez aussi oublié si vous étiez marié ou non. Avez-vous au moins trouvé une réponse à cette question ?

– Pas tout à fait.

– C'est très bien comme ça. Un homme de votre âge ne doit pas trop se hâter.

À la vue de cet Ahasvérus aux cheveux blancs qui fumait la pipe, ne cherchait plus à résoudre les énigmes et lui semblait aussi familier que quiconque dans son ancienne existence, Paul fut pris d'une gaieté euphorique. Ce sentiment lui apprit qu'il n'importait plus de savoir comment et quand son safari se terminerait : s'il devait y avoir un jour un retour dans l'indifférence d'un monde figé, un monde d'obligations et de normes, de satiété et de contraintes, ce retour serait celui de son corps, mais plus jamais celui de sa tête.

Amusé, il se rappela sa première rencontre avec Smith. Il revit son embarras quand il s'était figuré que le vieil homme, désireux de les accompagner à Samburu, lui et Gabriel, imposerait sa présence. Nairobi, le Norfolk, le jardin, les serveurs et les clients, Singh, ses allusions et ses menaces nébuleuses, tout cela était aussi loin d'Isiolo que Francfort, son cabinet d'avocat, ses clients et Cornelia, à qui il écrirait dès demain. Ou *kessu*, un jour ou l'autre. Puis seul le marabout fut encore présent devant ses yeux. L'oiseau au plastron blanc déploya ses ailes et se laissa nourrir par une vieille dame au chapeau de paille à large bord. Plus tard, pendant que Smith et Paul déroulaient des tapis de souvenirs, perdant et retrouvant sans cesse le fil, Jens fit à son tour son apparition. Il se plaignit de n'avoir jamais eu la chance, enfant, de boire de la bière chaude avec des mouches mortes dedans.

– Nous sommes en route pour Samburu, voulez-vous venir avec nous ? proposa Paul.

– Je n'ai pas le droit de prendre des personnes étrangères.

– Gabriel, voyons, mister Smith n'est pas un étranger ! J'ai fait sa connaissance au Norfolk. Tu le sais bien.

– Moi, je le sais, mais pas la police. Elle regardera mes papiers quand nous serons en route pour Samburu. Il n'y a que toi d'inscrit dessus. Si tu veux, ajouta Gabriel – après un silence qui lui permit de ramener sur son visage la joie qui en était subitement disparue et la fierté de celui qui se sait en position de supériorité –, je peux aller demander à un policier si trois personnes peuvent s'asseoir dans ma voiture.

– Oui, va poser la question. Je sais que ta langue sera aussi maligne que ta tête, le flatta Paul.

Il vit Gabriel s'immobiliser devant la porte et rire en direction des nuages. Son fils noir n'avait aucunement l'intention de faire à un policier la démonstration de l'agilité de sa langue. Il était de nouveau en train de retenir le temps de ses deux mains.

Smith s'en aperçut lui aussi. Il posa sa pipe sur la table en riant, agita son chapeau en direction de Gabriel pour lui faire savoir qu'il n'était pas dupe.

– Ne vous faites pas de souci, dit-il en se tournant vers Paul, je finirai bien par arriver à Samburu. N'allons pas blesser votre ami si jaloux. Mais je crois que vous commettez une erreur.

– Comment ça ?

– En Afrique, il ne faut pas que les cœurs s'entremêlent. C'est comme des arbres dont les racines se sont croisées : ils meurent quand on les sépare.

– J'ai essayé, répondit Paul, mais mon cœur a refusé toute négociation.

11

– Ouvre donc enfin tes yeux, dit Gabriel avec mécontentement, la grande maman est arrivée. Je l'ai appelée quand nous étions à Isiolo et je lui ai dit que tu voulais lui dire *jambo* ici.

– Tu as fait ça avant de parler au policier, ou bien après ?

– Tu parles trop et tu vois trop peu.

Satisfait d'avoir bien lu les traces dans l'herbe haute et de voir le butin justifier après coup le malaisé détour, Gabriel leva de l'accélérateur un pied rendu lourd par la longueur du trajet. Il obligea la voiture à adopter la lenteur d'un serpent au ventre trop plein, tout en lui faisant éviter avec prudence les gros cailloux et les nids-de-poule dissimulés par les branches et les buissons. Les roues brûlantes se glissaient dans la fraîcheur avec un doux balancement.

Le vent aux sifflements aigus reprenait de nouvelles forces et, soulevant la terre rouge, tissait une étoffe qui, un bref instant, fut aussi ferme qu'une planche en bois fraîchement coupé, puis se transforma en un nuage transparent de grains de sable qui retombaient en pluie vers le sol. Le voile se désintégra au-dessus de la tête d'un petit vautour à la face jaune. La sentinelle au regard perçant, perchée sur un acacia parasol, guettait les restes que ne manquerait pas de lui abandonner la lionne qui, jamais encore la nuit, n'était revenue bredouille auprès de ses petits.

Dans la lumière dorée du soleil de l'après-midi, on voyait se dessiner la silhouette bleu foncé d'une éléphante. Masse énorme et patiente, elle se tenait dans l'ombre d'un buisson proliférant et très haut, aux fleurs orange, où elle allaitait son petit. Jeune, maladroit, il n'arrivait pas encore à enfoncer les pieds dans la terre desséchée en tétant, si bien qu'il ne cessait de perdre et de chercher la mamelle. La mère, avec sa queue, pressait la petite tête contre son gros corps rassurant. Dès que le petit recommençait à téter, elle fouillait avec sa trompe dans un trou assez profond pour garder la rosée du matin.

– Voilà que tu as encore refermé les yeux, *mzee*, dit Gabriel d'un ton de reproche. Tu ne vas donc jamais te réveiller ?

– Je ne dors pas, j'alimente seulement ma tête.

– Pourquoi ?

– Elle doit me dire pourquoi tu téléphones à des animaux quand tu t'éloignes pour chercher des hommes en uniforme.

– À Samburu, les éléphants ne sont pas des animaux. Ils sont nos frères et nos sœurs, nos fils et nos filles. La grande maman, là-bas, est aussi ta mère. Est-ce que tu veux lui faire peur avec tes paroles stupides ? Elle ignore tout des policiers.

– Ta langue est une nouvelle fois beaucoup plus agile que ma tête, grand Gabriel. Qui est-ce qui raconte de si belles histoires ?

– Les gens de la tribu des Samburu. Ils mangent beaucoup de viande, mais jamais d'éléphant.

– Moi non plus, soupira Paul, je n'ai mangé que du vieux mouton à Isiolo et j'ai attrapé mal au ventre.

Alors que la voiture était arrivée si près de l'éléphante que même un homme n'ayant plus qu'un œil aurait pu compter les oiseaux cachés dans les plis de sa peau, un troupeau de jeunes mâles traversa la route. Ils tenaient aplaties contre la tête leurs lourdes oreilles effilées vers le bas ; leurs puissantes défenses pointaient vers le haut. Gabriel mit le moteur en marche en faisant le moins de bruit possible, accéléra rapidement et fit reculer la voiture de quelques mètres.

La bouche tout contre l'oreille de son papa qui avait la même odeur qu'un jeune chien peureux, mais qui ne geignait pas, il chuchota ce qu'un homme en safari devait savoir s'il voulait comprendre la sagesse des éléphants. Les mères et leurs petits, raconta Gabriel d'une voix aussi douce que celle d'une femme donnant pour la première fois le sein à son enfant, formaient un groupe à part, se protégeant mutuellement et prenant aussi en charge les petits étrangers. Les mâles n'ayant pas encore atteint la maturité sexuelle se séparaient des femelles et des mâles plus âgés.

– Les *mzee*, dit-il, sont les plus intelligents de tous. Ils partent tout seuls dans la forêt quand ils vont mourir.

– Je voudrais être un éléphant moi aussi, répondit Paul dans un murmure.

– Tu parles des jeunes ou des vieux ?

– Des deux, Gabriel, de tous. Mais tu m'as raconté trop tard l'histoire des jeunes mâles.

Au bout d'un moment – espace de temps qu'il n'était pas possible de mesurer avec une montre ou d'apprécier en fonction de la rapidité avec laquelle les nuages incandescents changeaient de couleur, mais seulement en se fiant aux vives palpitations du sang dans les tempes ou aux battements accélérés du cœur – ils reprirent la route, et Paul eut le sentiment qu'il venait enfin de recevoir le message qu'il avait attendu en vain durant toutes ces années perdues.

Il se promit, dès que son estomac aurait accordé à son cerveau la tranquillité nécessaire pour déchiffrer les hiéroglyphes de l'Afrique, de réfléchir à fond sur la signification d'un présage qui se camouflait sous l'apparence d'une simple leçon de zoologie. Il fouilla en souriant dans la poche de son pantalon. De manière aussi cérémonieuse que possible, pour ne pas gâcher le plus beau moment de la journée de celui qui l'initiait avec tant de brio aux mystères des éléphants savants, il en sortit un billet de dix dollars qu'il glissa dans la poche de la chemise de Gabriel.

– Merci, dit-il.

– Pour la grande maman ?

– Oui. Et davantage encore pour l'histoire des vieux éléphants.

– Est-ce que je dois m'arrêter ? Veux-tu aller mourir ? se moqua Gabriel.

– Non, mais il est toujours bon qu'un homme sache ce qu'il a à faire quand arriveront les jours qui ne sont pas encore là.

Derrière eux, sur l'horizon gris, la mère éléphant se transforma en un monument gris. Des ombres se glissaient dans la clarté éblouissante ; une brume de chaleur s'élevait de l'atmosphère surchauffée vers le ciel, donnant corps au vieux rêve de journées aussi longues que l'éternité où s'offrait l'accomplissement parfait. Des calaos au long bec recourbé, d'un rouge flamboyant et d'un jaune de miel, trônaient sur de grosses branches. Ils avaient les ailes si puissantes qu'au moindre mouvement elles faisaient vibrer le corps entier et, quand ils criaient, on aurait cru entendre un âne braire. Un bucéros noir aux rémiges blanches faisait la cour à sa partenaire avec une voix de lion. Les plumes de sa gorge avaient le bleu de la lumière. De petits pics à pois jaunes se posaient en voletant sur des buissons d'où ils faisaient s'envoler d'indolents papillons.

Les yeux de Paul s'enivraient de beauté. Mais à peine avait-il abaissé le rideau de ses paupières devant eux, cherchant à les reposer de tant de plénitude, qu'ils se mettaient à exhumer des images jaunies venues des années enfouies. Dans ce paradis de couleurs, de parfums et de bruits, elles lui paraissaient si absurdes qu'il donna à plusieurs reprises des coups de tête irrités contre le vent de la course. Adam promit solennellement au très, très vieux dieu Mungu de ne pas cueillir cette fois la pomme à l'arbre de la science du bien et du mal. Il n'en était pas encore là. Dans cet exercice de funambule marchant sur les cimes du bonheur, Paul oublia de se protéger de sa mémoire. Il se rappela que le vieux Smith, lors de leurs deux rencontres, avait voulu savoir s'il était marié. Il se creusa la tête, se demandant si les questions de Smith n'avaient pas été un de ces avertissements du destin si courants en Afrique. Il n'arrivait pas à se débarrasser de l'idée qu'il lui fallait sur-le-champ sauver son âme, au risque, sinon, de rôtir éternellement en enfer. Il n'arrêtait pas de s'adresser à voix haute et sur un ton de colère à l'homme qu'il avait été, à voix basse et avec indulgence à celui qu'il était devenu.

Alors, épuisé par ces monologues dont il avait honte, Paul en arriva à parler d'Anne et de Cornelia à Gabriel, lui révélant que l'une et l'autre s'étaient obstinées à lui voler sa tranquillité dans les moments où il éprouvait un grand contentement. Il ressentit un sentiment de gêne à constater avec quel naturel il évoquait des affaires personnelles dont il était certain que Gabriel ne les comprendrait pas. Mais il ne parvint pas à retenir sa langue à temps, et encore moins à réprimer son besoin de se libérer de tourments dont il n'avait encore jamais parlé à quiconque. Il se méprisait de ne pouvoir se taire, tout en constatant avec étonnement que chaque parole exprimée lui enlevait un poids, lui procurait force et bonheur.

– Tu as de la chance d'avoir Wanjiru, conclut-il. Elle ne te rend pas la tête lourde. Elle ne veut même pas partir en safari avec toi.

– Les femmes noires ne sont pas différentes des blanches, le contredit Gabriel. Elles aussi volent la tranquillité de leur mari.

Wanjiru veut me rejoindre à Nairobi quand l'enfant sera né. C'est ce qu'elle dit chaque fois qu'elle me voit.

– Et tu ne veux pas vivre avec elle ?

– Nairobi est une mauvaise ville. Les enfants y souffrent de la faim. Ils n'y apprennent qu'à mendier et à voler, les femmes deviennent des putains. Je veux que ma femme et mes enfants vivent comme dans les temps qui sont morts depuis longtemps.

– Nous voulons tous vivre dans des jours semblables, Gabriel. Tu sais ce que nous allons faire ? Nous allons oublier les femmes. Il n'y a plus que toi et moi, mon fils. Ou bien le temps ne nous appartient-il plus ?

– Il nous appartient. Tu le sais bien, papa. Nous l'avons arrêté et nous ne l'avons plus lâché.

Comme ils avaient mis beaucoup de poids dans leurs paroles, que leurs têtes étaient parties pour un trop long voyage pour se heurter contre des murs de pierre, ils manquèrent tous les deux le passage de la solitude sauvage de l'Éden au monde des hommes. Au pied d'une colline où paissaient des zébus blancs, des moutons et des chèvres, se dessinaient les rondeurs de toits couverts d'herbe. Des huttes entourées d'une grille d'ombre et de lumière se dissimulaient derrière de jeunes acacias épineux. Un chien aboyait au loin. Au bord de la route, cinq hommes de la tribu des Samburu étaient plantés devant une petite pyramide de silex étincelants.

Ils avaient la stature et le maintien de guerriers pour qui seul compte de faire ses preuves au combat, mais leurs visages avaient l'harmonie et la beauté de statues antiques et ils rayonnaient de la paix dévolue aux êtres qui ne font qu'un avec la nature et la tradition et qui ne sont jamais partis à l'aventure pour se frotter à la vie. Leur peau d'un ocre rouge, enduite de graisse animale, luisait comme de la glaise humide, leur poitrine nue comme un bouclier qu'on aurait poli. Les jeunes guerriers flegmatiques portaient autour de leur cou mince et de leurs puissants avant-bras des chaînettes artistiquement enroulées, des bracelets garnis de perles multicolores et de bijoux en cuivre qui accompagnaient chaque souffle de vent d'un concert doux et harmonieux.

De petits bâtons ronds, en ivoire, étaient fichés dans les lobes de leurs oreilles. Une peau d'animal blanchie par le soleil, garnies de rivets métalliques, décorée, comme les bracelets et les chaînettes, de perles de verre reflétant la lumière, leur recouvrait le front jusqu'à la racine des cheveux. Au-dessus, se dressait une plume grise dont la pointe était d'un jaune brun. Leurs cheveux teints, d'un bel ocre, étaient rassemblés en longues et fines tresses qui leur tombaient jusque dans le dos.

Les javelots que brandissaient les fiers géants étaient assortis à leur haute taille, et pourtant, dès qu'ils se déplaçaient d'un pas, ces hommes semblaient planer dans les airs. Seuls leurs pieds les avaient précédés dans les temps qui les rattraperaient eux aussi : leurs sandales avaient été découpées dans de vieux pneus de voiture, et un des membres du groupe portait même des chaussures de tennis sur lesquelles, entre des autocollants représentant des mickeys et des Mercedes, il avait collé des lanières en peau de bête.

Une dent de lion se balançait sur le torse du jeune homme le plus grand et le plus mince. Il s'humecta les lèvres et se raidit en une posture défensive quand les étrangers se rapprochèrent de lui. Il ne se détacha du groupe, d'une démarche souple, que lorsqu'il fut assez près pour distinguer chacun de leurs cils battant sous l'effet de la peur. Sans hâte, retenant son souffle, il pointa son javelot. Perdant son sang-froid devant cette menace inattendue, Gabriel freina plus violemment que sa fierté et son expérience auraient dû le lui dicter. Il baissa trop la tête. Satisfait, le vainqueur jeta son arme sur les pierres, inspecta la voiture en en faisant le tour et se pencha vers l'homme qui lui était encore plus étranger que le chien à visage plat de la tribu méprisée des Kikuyu.

– Photo ? demanda-t-il dans un swahili impeccable, prenant la pose et tendant la main. En dollars seulement, intima-t-il. Chaque photo coûte un dollar. Pour cinq dollars tu peux faire six photos de nous. Pour toi, nous lèverons nos javelots dans le soleil. As-tu assez de pellicule ?

– Je n'ai pas d'appareil, expliqua Paul en posant ses deux mains sur son front. Je ne suis parti en safari qu'avec mes yeux.

Tous deux se dévisageaient : l'Adonis noir, à qui ses compagnons et les sages anciens insufflaient chaque jour un surplus de force et d'assurance et qui vivait dans un monde auquel personne n'avait encore osé toucher, et le vagabond à la peau blanche à qui un sort avait été jeté et qui n'avait d'autre désir que de greffer pour toujours dans son cœur ce monde sublime. Puis ils rirent tous les deux, le souverain noir avec indulgence, le sujet aux yeux bleus avec l'assurance que le monarque l'avait compris. Paul tendit un billet par la portière, expliquant que c'était pour les photos qu'il conserverait dans sa tête jusqu'au jour où il ne verrait plus la lumière.

– Il faut qu'il y ait autant d'images qu'il y a d'étoiles au ciel, marchanda-t-il.

Le guerrier regarda en direction du soleil et déclara d'un ton menaçant qu'il ne pouvait pas compter les étoiles en plein jour. Il ouvrit son nez au vent, souffla bruyamment comme un rhinocéros dérangé dans son sommeil et frappa du pied par terre comme le premier taureau du troupeau, mais, quand il en vint à découvrir ses dents, son rire retentit encore plus fort que précédemment.

Gabriel sortit la tête de la voiture, si loin que le vent put lui dévorer sa colère à loisir. Il ne se mit à parler que lorsque l'écho du rire qu'il détestait se fut endormi dans les montagnes et qu'on n'aperçut plus que la pointe des javelots des guerriers Samburu.

– Pourquoi, aboya-t-il, toujours enfiévré de fureur, pourquoi tu lui as donné autant d'argent ? Il ne t'a pas porté sur ses épaules quand tu avais trop bu. Est-ce moi que tu as appelé ton ami ou bien cet homme qui se couvre le corps de glaise ? C'est avec moi que tu as dansé quand Singh est mort. Pas avec lui. Qui t'a montré la grande maman, lui ou moi ? Qui est-ce qui t'aidera quand tu voudras mourir, lui ou moi ?

– Il était tellement beau, dit Paul à voix basse.

– Tu voulais lui acheter sa beauté ?

– Non. Je voulais lui offrir mon cœur, mais je ne savais pas comment sortir un cœur du corps sans tuer les yeux.

– Il n'y a que tes yeux pour trouver qu'un Samburu est beau, ergota Gabriel. Tu es un *mzee* qui, en safari, est aussi bête qu'un enfant qui cherche à attraper la lune. Il vaut mieux pour nous deux que tu donnes ton argent au lion que je te montrerai demain. Je le conserverai pour lui jusqu'à ce qu'il le veuille. Les lions ont besoin de beaucoup d'argent.

– Allons-y, partons à la recherche de ton lion, Gabriel, et arrête de te ronger les sangs. Toi aussi, tu es beau. Tu es pour moi plus beau que tous les Samburu, mais ta tête est vide. Elle a oublié que nous voulions arriver au lodge avant la nuit. Tu as dit que Sirène m'attendrait. Tu ne te rappelles plus ?

– Je ne suis pas quelqu'un qui oublie le soir ce qu'il a dit le matin.

Jusqu'au dernier kilomètre de cette immensité brûlée de soleil, ils roulèrent au milieu de buissons armés d'épines. Entre des arbres dont les racines s'unissaient au-dessus de la terre, formant de gros nœuds, se dressaient des baobabs sans feuille. Ces grotesques géants des forêts africaines, aux troncs épais comme des pattes d'éléphant et aux fruits en forme de concombres, évoquaient des temps préhistoriques. Au-dessous et au-dessus d'eux s'étendait le monde qu'il restait à créer. La vie s'étiolait dans une obscurité et un silence qui, semblables à des efflorescences blanches, tombaient du ciel en une couche épaisse. Les scarabées ne couraient pas, les papillons restaient collés aux branches, les fils d'araignée n'avaient pas d'éclat. La Belle au bois dormant s'était piquée avec son fuseau, mais il ne viendrait pas de prince pour la réveiller d'un baiser. Seule une troupe silencieuse de grivets, singes verts à la barbe blanche et au diadème clair, occupés à cueillir des baies à l'aide de leurs grands bras, témoignait que la terre était encore habitée.

Mais la lumière finit par arriver. Derrière un énorme rocher que d'agiles damans vert olive escaladaient à grand bruit pour y passer la nuit, le lodge surgit au bord de la rivière – apparition aussi inattendue et attirante que celle d'une oasis et de ses palmiers dans le désert. Elle tira Paul de sa torpeur, qui dès les premières secondes d'un réveil ahuri, fut incapable de savoir combien de temps il avait dormi et si son sommeil avait été profond. Il était certain qu'il lui suffirait de fermer les yeux une seule fois pour se retrouver chassé de la Terre promise avant même d'en avoir atteint l'entrée. Il se protégea le front de ses deux mains. Il s'entendit respirer, puis Gabriel siffler, et il sollicita de sa mémoire des informations sur la nature et les effets des mirages, mais, contrairement à ce que sa méfiance lui avait fait croire, aucune illusion optique ne fit disparaître le paradis, un paradis clair, vert et presque à portée de main. Le lodge n'était apparemment ni plus vaste ni plus luxueux que d'autres dans le pays, mais il représentait la sortie d'une périlleuse irréalité, le retour à la sécurité, une citadelle, une forteresse d'hospitalité. Voir ce somptueux château, s'imaginer qu'on pouvait y entrer, y manger, boire et dormir, se figurer qu'il serait possible de sentir l'odeur de la rivière aux eaux dormantes et marron, pressentir qu'on y rencontrerait la vie et d'autres êtres, tout cela était, à soi seul, apaisement, délivrance et accomplissement, satisfaction et offrande. Paul écarta les bras. Avec avidité, il se remplit la bouche, le nez et la poitrine d'un air qui n'accueille et ne grise le fils prodigue que si celui-ci a abandonné l'espoir de revoir un jour l'horizon familier. Il avait l'impression que les petits pavillons destinés à la clientèle se précipitaient à sa rencontre. Il aurait voulu presser chacun d'eux contre son cœur, ne plus les lâcher, les posséder, les protéger et les soigner. Il se rendit compte avec allégresse que des apprentis sorciers avaient balayé toutes les pièces spartiates de ses châteaux forts imaginaires et que des bonnes fées les avaient équipées – de lits, d'armoires, de baignoires, de chaises rembourrées et de tables où étaient posés des verres propres à côté de carafes en cristal remplies d'une eau potable et claire.

Les huttes réservées aux hôtes, massives et vert foncé, étaient de petite taille et de forme compacte ; elles paraissaient pourtant imposantes et claires dans le soleil, réapparu dans le ciel comme s'il ne devait jamais se coucher. Devant chaque pavillon, il y avait un jardin entouré de petites haies vertes. Des œillets de poète d'un lilas tendre et des rosiers aux fleurs trop lourdes poussaient au beau milieu de lis d'un rouge flamboyant. Devant les portes ouvertes étaient disposées des tables avec des bougeoirs et des chaises garnies de coussins aux rayures blanches et rouges. Le gazon tondu très ras qui entourait la piscine était un véritable tapis.

Une jeune fille en maillot de bain à pois bleus et blancs lançait en l'air une balle bleue ; un merle métallique aux reflets bleus buvait au bord de la piscine à l'eau bleue elle aussi. L'air du *Beau Danube bleu* s'imposa à Paul, et il le siffla par la vitre de la voiture jusqu'au moment où il se retrouva soudain assis dans une salle de concert dont il ne put se souvenir dans quelle partie du monde elle était située, et à côté d'une femme dont il n'arrivait pas à se rappeler à qui la bouche aux lèvres minces appartenait.

- Est-ce que Mungu t'a changé en abeille ? demanda Gabriel à l'instant où le chef d'orchestre s'inclinait.

– Oui, répondit Paul, abandonnant sans regret la femme inconnue.

On accédait à la réception – un bâtiment en bois clair, couvert de fleurs de bougainvillées roses, et surmonté d'un drapeau flottant au vent – par une large porte surmontée d'une tête de lion sculptée que flanquaient deux girafes en bois. Un chien noir, bien vivant lui, aussi gros qu'un léopard, les yeux pareils à ceux d'un faon, surveillait l'entrée. Sur le seuil, une jeune femme samburu souriait, une croix garnie de perles dans ses cheveux soigneusement parés. En guise de col, elle portait des chaînettes multicolores qui lui retombaient sur les épaules. Elle prononça son discours de bienvenue à l'ancienne mode dans un anglais sans accent, puis indiqua une table où trônaient des verres de jus de fruit et des glaçons.

Cette timide impala était flanquée de trois hommes vêtus d'un pantalon vert pomme et d'une chemise ornée de badges à la bordure dorée. Ils entourèrent la voiture dès qu'elle s'arrêta; leurs gorges rauques gargouillaient du bonheur de vivre, ils claquaient des mains en criant gaiement «*Jambo*». Le trio fonça sur la voiture et le plus rapide ouvrit la portière du passager. Tous se saisirent en même temps des bagages de Paul et le prirent par le bras. Leur chœur bruyant prétendit qu'il était attendu. Conférant un rythme vibrant à leurs propos, ils conservaient chaque mot longtemps dans leur bouche. Ils avaient la peau couleur de nuit, le visage rond comme la lune et une amabilité d'une exubérance naturelle.

– *Jambo*, répondit Paul en riant, je vous attendais aussi. Je voulais compter les heures, mais je n'avais plus assez de doigts. Les autres, je les ai offerts à un lion affamé.

Les hommes à l'avantageux pantalon vert contemplèrent ses mains et comptèrent ses doigts à haute voix. Ils n'arrivaient pas à comprendre qu'un homme semblable à tous les autres touristes, avec de petits yeux rougis et une chemise trempée, le cou brûlé de soleil et le front plein de sueur, puisse, en descendant de voiture, parler swahili et faire des plaisanteries dont n'avaient normalement aucune idée les gens qui avaient la même couleur de peau que des cochons et qui, lorsqu'ils riaient, couinaient comme des porcelets.

Stupéfaits, ils laissèrent tomber par terre le sac de voyage de Paul, son chapeau et sa veste, pouffèrent de curiosité dans son dos, mirent les mains sur leurs oreilles et s'ébrouèrent comme des chiens dégoulinants d'eau. De leurs mains larges comme des éventails, ils tapèrent sur l'épaule de Paul et firent tomber le sable de sa chemise. Ils le secouaient comme un arbre refusant obstinément de donner ses fruits, tirant si fort sur sa ceinture qu'il faillit trébucher et qu'ils furent obligés de le retenir.

De bonne humeur, les autochtones essayaient sans arrêt de voir si l'homme venu du monde lointain pouvait répondre à leurs questions et s'il comprenait leurs plaisanteries : chaque fois, sa capacité à ne pas les décevoir leur procurait un vif plaisir et les mettait en joie. Au terme d'une petite dispute qui souleva bien des étincelles mais sans donner naissance à autre chose qu'à un feu froid, le trio se mit d'accord pour accompagner tous ensemble le *mzee* rieur chez le chef réceptionniste, même s'il n'ait pas assez de bagages pour mettre un seul d'entre eux en sueur et rendre envisageable la perspective d'un bon pourboire.

– Tu es très malin, tu as deux langues, le flatta l'homme qui avait réussi à accrocher à son épaule la courroie du sac de voyage.

– Il est très malin, confirma Gabriel d'un ton menaçant, levant la main comme s'il voulait chasser un essaim de mouches. Il sait que je parle pour lui quand nous arrivons dans un lodge. Je vais vous dire où vous devez porter son sac. Il aura la meilleure chambre de ce lodge.

Pendant que Gabriel négociait avec le chef réceptionniste dont, comme à leur arrivée à Nakuru, il ne se lassait pas – tant sa mauvaise humeur était grande – de repousser de l'autre côté du comptoir toutes les clés que l'employé bon enfant et empressé lui tendait, Paul s'enfonça dans un canapé de cuir blanc et se mit à boire à la paille, dans un melon évidé, du jus d'ananas mélangé à du rhum – en quantité suffisante pour endormir n'importe qui. Son corps était brûlant et desséché. La soif et le désir défièrent l'expérience et ses mises en garde contre le rhum qu'il ne supportait pas. Il se sentait la tête tour à tour lourde et perméable ; la paille se transforma en un toboggan qui le mena dans une caverne qu'il connaissait depuis l'enfance. Dans ce refuge, il suffisait de se laisser conduire par l'imagination et le saugrenu pour se sortir avec les honneurs de l'aventure de la vie. Paul entendit sa première amante l'appeler, la seule femme qu'il n'ait jamais déçue et dont il était sûr qu'elle lui était fidèle.

Alice aux pays des merveilles avait perdu elle aussi toute orientation au cours de son safari. Se fiant à un lapin blanc stressé portant gilet noir et montre de gousset, elle était tombée dans un trou sans fond et avait été privée de son identité. Elle n'avait même pas retrouvé ses pieds. Le nomade égaré dans le labyrinthe africain échappa à ce désastre au moment crucial et il réussit à voir ses quatre pieds. Ils étaient enflés, chaussés de socquettes de la même couleur que la peau des guerriers samburu.

Paul demanda de l'eau, vida d'un trait le verre de la réalité et se retrouva capable de s'adresser la parole à lui-même. Il prit la ferme décision de ne plus s'abandonner à son épuisement avant de reposer dans un lit avec matelas, oreiller et draps. Alors seulement il dormirait, rêverait, se réveillerait détendu, penserait à Antje en toute sérénité, se souviendrait de son nom de famille et, surtout, réfléchirait à ce qu'il devrait lui dire pour justifier son départ. Il ne croyait pas qu'elle était effectivement arrivée jusqu'à Samburu. En s'apercevant, au moment précis où il songeait à elle, qu'il ne souhaitait rien tant que la revoir, il se prit à douter avec plus de force encore de lui-même, de son esprit logique et de sa raison, et ses scrupules de conscience furent tels que, épouvanté, il se jura de ne pas quitter Samburu sans avoir écrit à Cornelia.

Gabriel, à cet instant, fit un signe au pénitent, le délivrant du devoir de mémoire. L'ange salvateur lui annonça son triomphe avec un large sourire. Il avait fini par s'entendre avec le chef réceptionniste sur la chambre à attribuer à Paul, et, agitant un éléphant en bois à la queue duquel une clé était fixée, il reprit le sac des mains de celui qui était sorti vainqueur de la guerre des bagages. D'un ton autoritaire, il donna congé aux trois hommes et, sans mot dire, suivant un chemin pavé de minuscules pierres blanches, il conduisit Paul à une hutte deux fois plus spacieuse que les autres et donnant directement sur la piscine. Il prononça ses premiers mots en ouvrant la porte, informant Paul qu'il viendrait le chercher le lendemain matin, avant le lever du jour. À Samburu, il valait mieux se mettre à la recherche des animaux au lever du soleil.

Déçu et embarrassé, Paul laissa retomber la main qu'il tendait à Gabriel ; il eut de la peine à ne pas montrer que le ton inopinément abrupt de son compagnon l'avait blessé. Désemparé, il éprouva un fort besoin de retrouver la camaraderie et la proximité des derniers jours, les plaisanteries familières, les rêves, les illusions absurdes et la sollicitude dont il avait pris l'habitude. Mais Gabriel lui ayant dit d'une voix à nouveau aussi douce que le vent du soir à Naro Moru : « Dors, *mzee*, un homme fatigué ne peut pas bien chasser », Paul se sentit réconforté et rassuré de savoir que plus personne ne lui demandait de se justifier. Sans un regard pour la pièce où il se trouvait, il se jeta sur le lit tout habillé et s'endormit immédiatement.

Quand il se réveilla, il crut que la lumière grise était celle de l'aurore, mais son sommeil avait été de courte durée et la nuit n'était pas encore tombée. Sa dernière chemise propre était posée sur une petite table ronde, en compagnie d'une paire de chaussettes, propres elles aussi, et d'un mouchoir soigneusement plié ; sur la pile de linge, il trouva son passeport, accompagné d'un mot rédigé sur le papier à lettres de l'hôtel : « *Hakuna Matata. Tomorrow Simba. Yours sincerely Gabriel*[1]. »

Les caractères d'imprimerie penchés, le mélange d'anglais et de swahili et surtout le cérémonieux de la formule finale, formule que Gabriel avait certainement apprise à l'école, attendrirent Paul et le mirent d'humeur sentimentale, puis, son vrai fils lui étant venu à l'esprit, le rendirent tout aussi furieux. À quinze ans, alors qu'il passait ses grandes vacances chez un ami en Suède, Jens n'avait même pas envoyé de carte postale à son père. Réagissant comme une *prima donna* offensée, Paul lui avait adressé des reproches blessants, mais il avait aussitôt eu honte de son attitude et s'en était excusé. Jens ne la lui avait pas pardonnée. Ç'avait été le premier coup de pioche, creusant entre eux un fossé qui n'avait par la suite cessé de s'approfondir. Entreprendre de combler ce fossé lui coûtait. Il s'imagina avec émotion combien Gabriel avait dû se donner de mal pour écrire ces quelques mots. Il s'aperçut qu'il avait les larmes aux yeux, mais il demeura très longtemps sans arriver à décider si elles étaient destinées à son fils perdu ou à son fils noir.

Il lui fut désagréable de penser qu'il devrait avouer le lendemain matin qu'il n'était pas allé dîner et que Gabriel puisse soupçonner qu'il avait peur d'une éventuelle rencontre avec Antje. Les fils qui se préoccupent de leurs pères ont des antennes très sensibles à la vérité. Pendant qu'il se douchait, il se fit l'effet d'un enfant obéissant qui n'ose pas se rebeller contre l'autorité paternelle, mais à peine eut-il commencé à s'habiller, qu'il constata qu'il avait faim et – à son grand étonnement – qu'il était également plein de curiosité et d'attente.

Il retourna dans la petite salle de bains, se redressa pour faire face à la glace qui avait été accrochée très haut et aperçut son visage pour la première fois depuis plusieurs jours. Il crut être en présence du visage d'un étranger, mais d'un étranger qu'il aurait bien connu dans le temps.

1. « *Hakuna Matata.* Demain Simba. Ton dévoué Gabriel » *(N.d.T.)*.

Paul adressa un sourire à cet homme jeune qui ne respirait pas la peur et dont rien n'avait marqué le front. Celui-ci lui conseilla de s'asseoir un petit moment devant la hutte, juste pour profiter de la vie, et de ne pas chercher à savoir si son safari avait un sens et un but.

Quand il ouvrit la porte, son cœur trébucha. Il vit un ciel de velours noir, des étoiles à la couronne dentelée incrustée de diamants, un croissant de lune d'un blanc laiteux, une guirlande de lampes multicolores qui se balançaient, accrochées à un arbre aux branches entrelacées, et des engoulevents qui volaient dans une lumière jaune. Deux éléphants se tenaient immobiles entre les arbres du bord de la paisible rivière. Des grivets et des babouins traversaient le jardin à grands bonds. Un singe en train de manger une orange, assis au bord de la piscine, avait des yeux d'un jaune incandescent.

On avait dressé des tables sous un vaste hall, ouvert sur ses quatre côtés et coiffé d'un toit de bois brun en dessous duquel tournoyaient des ventilateurs blancs. Des bougies y brûlaient ; à leur lueur vacillante on distinguait des orchidées dans des coupes en verre. Quelques clients étaient déjà occupés à dîner ; c'étaient des hommes corpulents qui débordaient de leurs tee-shirts et n'avaient pas assez de place pour leur ventre. Ils attendaient les plats devant des verres remplis à ras bord d'une bière qui ne moussait pas ; ils parlaient d'une voix exagérément forte qui résonnait au loin et, quand il s'approcha d'eux, Paul vit qu'ils avaient de grosses têtes et le visage moite de sueur.

Parvenu devant une longue table chargée de plats de salade et de gros rôtis disposés sur des plateaux d'argent, il resta là un petit moment sans rien faire, indécis, souhaitant très fort que Gabriel vienne le soustraire aux regards indiscrets des hommes qui avaient levé la tête avec ensemble en apercevant le nouveau client. Un serveur aux proportions baroques, vêtu d'une chemise d'un blanc éblouissant, s'approcha d'un pas pesant. Il frappa Paul sur l'épaule et lui serra si fort la main que son alliance lui entra douloureusement dans la peau. Effrayé, celui-ci fit un signe de tête en direction d'un coin sombre et il entreprit de s'y rendre. C'est un Goliath très amical qui prit à bras-le-corps un David chancelant et qui, en riant, le poussa d'un doigt massif dans un brouillard qu'on aurait cru badigeonné de rose ; il voulait juste savoir si mister Paul désirait se servir au buffet ou s'il devait lui apporter son repas à sa table.

Paul avait encore réussi à rendre son rire au serveur zélé qui l'avait poussé d'une poigne ferme jusqu'à une pile d'assiettes avant de le libérer inopinément, mais quand il voulut lui répondre, il se retrouva soudain incapable de s'exprimer. Tout le brûlait en même temps : sa gorge, sa nuque, la peau de son front. Le feu n'avait même pas épargné ses yeux. Il les ouvrit si grands que son visage se figea.

Ce qui ne l'empêcha pas de bien voir la gazelle qui avait déclenché cet incendie. Vêtue d'une longue jupe de soie étincelante, elle arrivait au galop dans sa direction, sa crinière blonde flottant au vent. Il recula, mais il se rappela que Gabriel lui avait recommandé de ne pas partir fatigué à la chasse, et, dans une ultime illumination, il comprit qu'il lui fallait couper la retraite à sa proie et l'arrêter s'il voulait éteindre le feu qui le brûlait. Il calcula son élan avec précision. Courageusement, il propulsa son corps vers l'avant. Il n'avait pas fait un pas qu'il s'était déjà cogné la tête contre une poutre.

– Arrête de bouger, ou bien aurais-tu déjà perdu une nouvelle banane ? chuchota Antje en sautant sur place.

Pendant un instant, un instant trop long qui rendit l'image trop distincte, il se dit que son teckel faisait lui aussi des bonds de cette hauteur pour l'accueillir à son retour de voyage. Cornelia riait sous cape, parce que le chien ne se doutait pas de la mauvaise humeur qu'il suscitait chez son maître, préoccupé d'abord par l'état de sa cravate. Paul eut un sifflement agacé pour signifier qu'il n'avait pas emporté la moindre cravate à Samburu. Puis il sentit le bras d'Antje lui entourer la nuque, il sentit aussi les pointes de ses seins contre lui et des mèches de cheveux soyeux sur ses lèvres. Il capta son parfum, se délecta à le reconnaître et se retrouva prisonnier impuissant d'une joie qui le changea en un homme à deux âmes, assez naïf pour tenir une femme dans ses bras et croire qu'il pouvait rendre l'instant éternel. Antje était si légère, si jeune et si séduisante. Elle était l'enfant qui ne sait rien et comprend tout, la fille qu'il avait toujours désiré avoir, l'amante qui l'avait sauvé. Était-elle aussi Pénélope, la femme qui ne pose pas de question ?

– Ma sirène, balbutia-t-il, et il se trouva si niais, si vieux jeu et si vieilli qu'il eut peur de se mettre à bégayer. Mais dis donc, tu m'attendais ?

– Non, je passais là par hasard, pour faire des courses. J'ai dû aller chercher du lait concentré pour mon patron. Il n'aime pas le café noir.

– Moi non plus, répondit Paul avec un sourire. Un jour, je te raconterai ce que ça signifie pour moi que tu te sois mise à parler de café dès que tu m'as aperçu.

– N'oublie pas que j'ai aussi pensé à la banane.

– Je n'oublierai plus jamais rien, promit Paul, et il pressentit que tel serait bien le cas.

Il attendit d'être assis avec elle à une table qui, effectivement, était disposée dans un coin bien protégé, où ils ne voyaient rien ni personne, pour lui demander si elle lui pardonnait son départ. Il était très gêné de poser la vieille question que posent toujours les hommes qui ne se sont pas cru engagés par leur parole, mais il avait oublié que, depuis la nuit des temps, les femmes intelligentes connaissent la bonne réponse. Antje lui posa deux doigts sur les lèvres, et il s'autorisa le grand bonheur du mensonge.

Quand la bougie se fut largement consumée et que tous deux se retrouvèrent éblouis par des armes où elle voyait les flèches de l'Amour et lui les javelots d'une mystification africaine, Antje déclara qu'elle allait l'épouser. Elle proposa que la cérémonie ait lieu au bord de la rivière et elle émit le souhait que Paul lui offre une robe de mariée en lis rouges, un collier de perles de rosée et assez d'argent pour qu'elle puisse s'acheter à Utrecht un véritable tapis persan.

– Avec des lions et des léopards bondissants, s'enthousiasma-t-elle. Je n'en ai pas encore vu ici.

– Il faut réparer ça. Gabriel m'a promis un lion pour demain.

– À toi, contesta-t-elle, pas à moi. Il m'a dit qu'il partait seul avec toi.

– Tiens, tiens, voyez un peu ce filou de fils ! Quand as-tu donc rencontré Gabriel ? Et où ?

– C'est lui qui est venu me voir dans ma hutte et c'est là qu'il me l'a dit. Grands dieux, il aurait fallu que tu le voies ! Ton cher Gabriel s'est conduit comme un amant jaloux.

– Jaloux, nous le sommes tous, dit Paul tout heureux. Sauf toi.

– Qui t'a raconté une chose pareille ?

– Tu ne m'as même pas encore demandé si j'étais marié.

– Bien entendu que tu es marié ! Les hommes de ton âge sont soit homosexuels, soit mariés. Bon, vas-y, raconte-moi que ton mariage est un mariage raté et qu'il n'existe plus que sur le papier. Ça fait partie du rituel

– Il n'est pas raté. Il est simplement normal.

– Ça, ça ne m'était encore jamais arrivé. Mais ça ne me fait rien de voler son mari à une femme que je ne connais pas. En Afrique, on en a le droit.

– On en a le droit, Sirène, confirma Paul. Eh bien, allons-y ! Mais ce n'est pas seulement le cœur que tu dois me voler, c'est aussi ma mémoire.

12

Il y avait trop longtemps que Paul était allongé sans dormir pour ne pas être troublé par ce qu'il avait vécu durant la nuit. Il éprouvait un grand besoin de douceur et de chaleur et il brûlait surtout du désir de récrire le plus récent chapitre de son autobiographie, et cette fois avec un orgasme satisfaisant au sens plein du terme. Il entendit le premier oiseau de la journée et étendit le bras vers Antje.

– C'est un rossignol et pas une alouette, dit-il, tentateur.

Plongé dans un agréable et rafraîchissant état de veille, animé d'un optimisme qui, dans des circonstances habituelles, aurait dû le rendre méfiant après la nuit qu'il avait vécue, Paul n'eut pas de peine à refouler la déception d'avoir plongé trop rapidement dans le sommeil quelques heures plus tôt, sans transition et sans prononcer une seule parole. Comme il le constatait avec stupéfaction, cela lui procurait même une joie stimulante de se montrer indulgent envers l'homme qu'il ne voulait plus être et qu'il n'était certainement plus.

Il était assez détendu pour se rendre compte que ce n'était ni la bonne heure, ni le bon endroit pour se creuser la tête et chercher à savoir si d'anciennes épreuves empêchant le corps et la psyché de cheminer de concert pouvaient se répéter – Samburu n'était pas Francfort, et il n'était plus le pessimiste qui faisait avec masochisme la somme de ses défaites au lieu de se réjouir de se sentir pousser des racines nouvelles.

– Viens, chuchota-t-il avec tendresse, nous avons tout le temps du monde.

Il fut certes un peu étonné que sa main ne rencontre qu'un oreiller froid, que le lit soit beaucoup plus large qu'il ne l'avait cru à minuit et de ne pas entendre Antje respirer. Mais ses sensations étaient encore trop fugitives et ses pensées et éventuelles conclusions trop peu logiques pour lui ôter sa certitude que l'être indécis de cette nuit n'avait ce matin qu'à faire ce qu'il fallait pour saisir le bonheur dont chaque homme avait besoin, s'il ne voulait pas que les avanies de l'âge le brisent avant l'heure. Paul trouva du réconfort à se dire qu'il n'était plus assez jeune pour répéter chacune de ses erreurs. Plus jamais il n'hésiterait avant d'accéder aux désirs d'Antje au point de lui faire perdre l'envie de poursuivre son jeu avant qu'il ait même compris à quoi elle aspirait.

– Crois-moi, insista-t-il affectueusement, il fait nuit noire. Cette espèce d'oiseau africain stupide n'a aucune idée des choses. Je t'apporterai réponse.

Cette dernière phrase lui parut à vrai dire exagérément littéraire et déplacée. Troublé de s'être laissé entraîner à cette citation, il se rappela aussitôt que, s'il se plaisait habituellement à la faire, c'était justement parce qu'il n'avait jamais trouvé lui-même les réponses voulues. Il se souvint aussi – ce qui le mit d'humeur plus mélancolique encore – qu'il avait déjà parlé de Roméo et Juliette à Antje et qu'elle avait manifesté un désintérêt décourageant. Avec un soupçon d'ironie qui lui fit tant de bien qu'il s'accusa sur-le-champ d'escroquerie intellectuelle, il se rendit compte qu'il vaudrait certainement mieux taire à Antje la mort des deux amants et donner à la tragédie, compte tenu des circonstances particulières de Samburu, une fin heureuse. Habilement, il transforma le soupir qu'il n'allait pas pouvoir réprimer en un de ces sons qu'il avait appris de Gabriel – un son indéfinissable, qui lui sembla pourtant plein de promesse. En dépit de leur intimité et d'une imagination que la nuit étoilée des tropiques enflammait, le soupçon de Paul que sa sirène n'était après tout qu'une Antje hollandaise s'était changé en certitude à l'instant précis où leurs regards avaient au même moment atteint le ciel.

Elle préférerait panser un cheval de labour qu'enfourcher avec lui Pégase, le cheval ailé. Il ne faisait pas de doute que les tulipes du printemps la ravissaient davantage que la fleur bleue des romantiques. Elle n'était en effet rien d'autre qu'une enfant au naturel spontané, dont la culture n'avait pas encore altéré les sensations premières. Comme cette chère Cornelia. Il constata qu'il était absurde de se plaindre sans arrêt que même les choses les plus banales de son existence viennent régulièrement se heurter au répertoire d'idées lassantes de son épouse. Il eut un sourire nostalgique pour cette prise de conscience tardive ; il ressentit comme une ironie du sort par trop cruelle d'avoir dû entreprendre un aussi long voyage pour parvenir à une conclusion qui lui paraissait à présent d'une banale évidence. L'idée que cette Hollandaise si typique avait besoin d'une portion supplémentaire de saindoux quand un homme lui parlait d'amour l'émut au-delà de ce qu'il considérait comme légitime.

L'oiseau lui aussi n'avait fait que de la simulation en se faisant passer pour un rossignol. C'était effectivement une alouette qui chantait. De plus, elle faisait du bruit en battant des ailes. Paul l'entendit grincer et claquer du bec comme une fenêtre aux gonds rouillés qu'on ouvrirait trop énergiquement. Aussi silencieusement et délicatement qu'il le pouvait pour ne pas déranger Antje qui avait dû se rendormir, il tira à l'aveuglette sur la moustiquaire, se tortilla, suant et soufflant, pour en sortir et chercha longtemps des allumettes pour allumer la bougie de la table de chevet. Il parvint à faire la lumière à sa troisième tentative, sans avoir eu toutefois le loisir de regarder sa montre. C'est à cet instant qu'il remarqua une mince bande de jour dans l'entrebâillement de la porte.

– Est-ce que tu es de nouveau en train de parler à tes oreilles, *mzee* ? cria Gabriel.

Ayant seulement ouvert le battant supérieur de la porte, il avait introduit dans la pièce sa tête dégoulinante d'eau, battant l'air de sa main gauche. De la droite, il tenait un plateau en équilibre.

– Non, je parle à Sirène. Ne hurle pas comme ça ! Tu vas la réveiller. Mais où sont passées tes jambes ?

– Les voilà, dit Gabriel en ouvrant si violemment le battant inférieur que celui du dessus se mit à osciller.

Il se précipita à l'intérieur comme un zèbre au galop, renversa une chaise à grand fracas, la releva tout aussi bruyamment, se frappa sur l'épaule en riant et empoigna la moustiquaire.

– Sirène est allée dans sa hutte cette nuit, annonça-t-il avec volupté sans regarder Paul, tout en nouant la moustiquaire pour la relever. Je l'ai vue. Elle a dit qu'elle nous attendrait au coucher du soleil. Prépare-toi. Et bois ton thé en te rasant. Comme ça, notre temps ne sera pas dévoré. Nous devons partir tout de suite.

– Tu as une nouvelle fois pensé à tout, constata Paul avec satisfaction tout en s'habillant. Ma tête est seulement là pour que mon chapeau sache où il doit se poser.

Quand la voiture démarra, il demanda néanmoins, plus curieux que ce que son ton désapprobateur pouvait laisser supposer :

– Pourquoi me faut-il toujours faire ce que tu veux ? Pourquoi Sirène ne peut-elle pas nous accompagner ? Qu'est-ce que je lui dirai quand nous serons de retour ?

– Est-ce que tu veux parler avec le lion, papa *mzee*, ou bien avec une femme qui rentre la nuit dans sa hutte pendant que tu dors ?

– Avec le lion, trancha Paul après avoir observé un temps de silence, faisant mine de bien peser sa réponse. Avec ton lion, mon ami. Et ne me demande pas maintenant si j'ai emporté de l'argent pour lui. Le mieux est que tu fermes ta maudite bouche. Sinon, ma tête va recommencer à travailler.

Chaussé de lunettes de soleil aux reflets bleus qu'il n'avait encore jamais portées et d'une casquette en laine, de type norvégien, qui ne lui recouvrait qu'une oreille et qui, à la stupéfaction de Paul, ressemblait comme deux gouttes d'eau à celle qu'il avait laissée dans sa valise au Norfolk, Gabriel était manifestement d'excellente humeur – rossignol, alouette et perroquet tout à la fois. L'oiseau merveilleux chantait si fort sa joie en direction de la forêt que ses congénères emplumés s'envolaient des arbres avant même d'entendre le bruit du moteur. Tout à coup, il entonna à pleine gorge, de sa voix de basse, le chant de la hyène qui s'est fait voler sa proie, chant qu'il n'arrivait jamais à finir sans que son rire soit venu lui frapper les côtes.

Paul le regardait, riait avec lui, et sa main gauche dut user de violence envers la droite pour l'empêcher de céder au désir de presser le chanteur contre lui. Il trouvait que Gabriel ressemblait à un petit garçon aimable et charmant faisant l'école buissonnière. À la différence près qu'il avait le charme de ceux qui ont assez de chance pour rentrer chez eux en vainqueurs à l'heure où sonne le tocsin. Quelqu'un se risquant à faire des reproches à Gabriel aurait perdu la partie avant même d'avoir eu le temps de froncer les sourcils.

Jens séchait les cours avec toute l'obstination dont il ferait preuve dans son existence ultérieure. Paul le voyait se faufiler dans la cuisine à midi, puant l'alcool et le tabac, masquant son visage derrière son cartable. Affecté de constater que la guerre déclenchée par sa trahison se déroulait toujours selon le même plan de bataille, comme s'il était interdit de négliger le moindre lieu commun, Paul sollicita du destin une dispense, et il jura, à son intention et à celle de tous les dieux de la vengeance, de ne pas faire payer plus longtemps à son vrai fils l'amour qu'il avait pour le fils de son cœur.

Gabriel tenait le volant d'une seule main et c'est à peine s'il regardait au loin devant lui. Il connaissait Samburu mieux encore que Nakuru et il était aux anges d'entendre papa *mzee* louer si souvent son adresse. Il lui fallut moins d'un quart d'heure pour se sortir de la foule des voitures tout-terrain noires et vertes qui, avec leurs touristes emmitouflés dans d'épaisses vestes, étaient toutes parties du lodge en même temps qu'eux.

Peu après, il engagea le véhicule dans un sentier étroit, puis fendit l'herbe haute à vive allure, passa entre des arbres et sauta des racines qui lui barraient la route ; il jetait des regards dans toutes les directions. Il revint enfin au premier chemin. La nature sur le point de s'éveiller absorbait la pâle lumière rouge d'un soleil revivifiant et asséchait les perles brillantes laissées par la rosée du matin. Le dernier vent nocturne jouait parmi les baies noires d'acacias siffleurs qui répondaient à cette caresse par de légers chuintements.

– Les arbres chantent pour toi, affirma Gabriel.

– J'entends ce qu'ils disent.

– Pourquoi tu ne dis pas merci, alors ? J'aime tellement entendre ce mot. Chaque fois que tu dis merci, tu penses aux dollars qui sont dans ton sac.

– Plus tard, Gabriel, plus tard. Pour le moment, je pense à Singh. Tu ne m'as jamais dit pourquoi tu le détestais tant et pourquoi j'ai dansé avec toi quand tu as appris qu'il n'était plus au Norfolk.

– Plus tard, papa, plus tard. Il faut arrêter de parler si nous voulons trouver le lion. J'ai déjà aperçu sa trace.

Les girafes réticulées caractéristiques de Samburu, avec des filets blancs sur leur robe châtain, se tenaient par groupes de deux ou trois. Les paisibles animaux aux pattes interminables, aux yeux immenses et aux cils aussi fins que de la tulle mangeaient des feuilles, des fruits et des branches sans bouger la tête, ce qui ne les empêchait pas de scruter l'intérieur de la voiture. Des hardes de phacochères se précipitèrent sur des tubercules. Comme un petit n'arrivait pas à suivre le groupe, sa mère fit demi-tour et le poussa devant elle.

Les impalas silencieux échappaient avec grâce à la protection des fourrés et des buissons. Dès que le soleil leur caressait le corps, leur longue échine avait des reflets luisants d'un brun rouge, leurs flancs des reflets plus légers, d'un jaune d'or. C'étaient leurs yeux que Paul n'avait pas réussi à oublier une vie durant, et rien n'avait changé, même quand il fermait les siens pour ne pas voir ce que l'avenir brûlant réservait à son âme et à sa conscience.

Sur le bord du chemin, pointant très loin le museau, des babouins mangeaient des fruits qu'ils détachaient avec habileté de rameaux arrachés aux arbustes. Ils se léchaient les doigts et s'essuyaient la bouche d'un revers de bras. Quatre jeunes bêtes vigoureuses dressèrent un bref instant la tête au-dessus de l'herbe épaisse pour communiquer en émettant des sons gutturaux, puis ils se levèrent tous ensemble et se mirent à se pourchasser en couinant. Sans attendre que le combat ait atteint son dénouement, ils escaladèrent soudain des troncs d'arbres, puis ils se mirent à se balancer, accrochés aux branches les plus hautes. Une mère pressait contre sa fourrure son petit duveteux. Paul vit de minces et petits bras s'agiter, puis le bébé se calmer, téter, s'endormir, se réveiller et renaître à la vie. Il pensa longtemps à Kinanjui, le fils de Gabriel qui s'appelait à présent Socrate, et, à nouveau, il se retrouva père d'un enfant qui n'était pas le sien. Cette fois, il ne se défendit pas et n'eut pas non plus honte de ses larmes. Comme les babouins, il se passa le bras sur le visage.

– Tu ne comptes pas t'arrêter chez les singes, Gabriel ? Tu as oublié qu'ils sont nos frères ?

– Nos frères devront attendre, *mzee*, si le lion t'appelle. Tu vois, il était ici. Il est passé près de cette grosse pierre.

– Je ne vois rien.

– Il faut que tu jettes tes yeux à terre. Tu tiens la tête toujours trop haut.

- Tu es beaucoup plus intelligent que moi, mon ami, mais tu ignores tout de ma tête. Je la tiens toujours trop bas.

Pendant un certain temps, Gabriel se contenta d'avancer au pas. À intervalles de plus en plus courts, il scrutait les deux côtés du chemin, examinait avec attention le terrain, droit devant lui, puis regardait en arrière ; il sortit même de la boîte à gants une paire de jumelles dont il ne s'était encore jamais servi et, d'une main tranquille, les régla, passant de l'infini au microcosme où se croisent les pas du chasseur et du pourchassé. Obstiné mais ayant visiblement perdu un peu de son assurance, il expliqua en chuchotant à Paul pourquoi un safari sans lion était un déshonneur pour un bon chauffeur et qu'il ne pourrait jamais surmonter sa honte si cet échec devait affecter justement l'homme qui était devenu un autre homme grâce à la magie des rhinocéros.

Gabriel poursuivait inlassablement ses recherches ; il évitait tout geste précipité, la sueur perlait sur son front, et elle coulait aussi sous les yeux, réduits à une mince fente. Il s'arrêta brutalement, coupa le contact, secoua la tête jusqu'à ce que ses lunettes de soleil lui soient retombées sur le nez et posa deux doigts sur ses lèvres. Paul lut l'excitation et le désir dans ses yeux, qui avaient retrouvé leur grandeur normale et leur éclat ; il l'entendit pousser un très faible soupir de délivrance et sentit sur son menton des mains brûlantes et humides ; il s'aperçut également que Gabriel lui bouchait les oreilles, puis l'obligeait doucement à tourner la tête de côté. Il vit alors, lui aussi, qu'ils venaient tous les deux de toucher au but.

Une lionne couleur sable montait la garde au milieu de buissons clairsemés. Elle aurait pu, d'un seul bond, atteindre le sentier où était arrêtée la voiture. Quand sa tranquillité fut troublée, elle ne remua qu'une seule fois sa tête puissante aux petites oreilles. Sa Majesté montra ses longues dents pointues sans manifester la moindre envie de chasser. Ses vigoureuses pattes avant, allongées et serrées l'une contre l'autre, formaient un coussin de velours clair. Quand elle tira dans l'herbe haute sa queue plus foncée d'un ton que le pelage ras, toutes les tiges frémirent tour à tour. Elle tendit l'oreille un long moment, puis rappela ses petits d'un bref cri rauque ; elle lécha le premier, posa tendrement une patte sur la tête du second et attendit sans impatience que le troisième se montre enfin.

Les trois lionceaux, espiègles et hauts sur pattes – des chatons encore, mais assez grands pour en imposer –, avaient sur les flancs les taches de l'enfance ; leurs dents étaient déjà adaptées à leur future vie de tueurs. Ces êtres gracieux, dont l'aspect émeut tout particulièrement les gens incapables de résister à l'innocence des enfants, se donnaient des coups de tête, se caressaient réciproquement de leurs grosses pattes avec des feulements, offraient tour à tour leur ventre aux deux autres, puis repartaient soudain ventre à terre – mais jamais ils ne sortaient du champ de vision de leur mère.

Libres encore de tout devoir – à l'exception du devoir instinctif d'apprendre en jouant, en prévision de la vie future –, ils se pourchassèrent avec autant de rapidité et d'agilité qu'ils en mettraient plus tard à bondir sur leurs proies à bout de forces. Puis, du même mouvement, ils s'abandonnèrent à la fatigue engendrée par leur joie de vivre, aussi inopinément que si leur ballet sauvage, réglé sur une chorégraphie du créateur, avait fait l'objet de répétitions précises. Comme des guerriers exténués qui, à la fin du combat, n'ont pas besoin de davantage de nourriture, mais seulement du repos auquel peut prétendre le vainqueur, ils s'affalèrent. Pendant leur sommeil, encore incapables de se défendre et presque invisibles, ils se transformèrent en petites boules répandues sur une herbe de la même couleur que leur corps.

Quand le soleil commença à dispenser l'énergie du plein jour, la mère les réveilla. Du bout du mufle, elle ramena les dormeurs dans le monde des vivants, puis elle étira une nouvelle fois ses propres membres, tendit sa longue échine et se redressa. Dans ses yeux, parcourus d'éclairs verts, brillait une lueur de fierté et de sollicitude, tandis qu'elle attendait que le trio se soit aligné derrière elle, les solistes maintenant dociles gardant leurs distances avec soin. Elle traversa alors lentement le chemin devant la voiture, se dirigea avec les siens vers des rochers derrière lesquels aucun œil humain ne viendrait les déranger.

– Tes quatre lions, dit Paul à voix basse quand il osa enfin parler, font de moi un homme pauvre. Je n'ai pas dans ma poche autant de dollars que je vais devoir te donner. Ma langue n'est pas non plus assez longue pour de dire le merci que tu désires entendre.

– Ta langue, *mzee*, dit Gabriel en réfléchissant et en se léchant les lèvres avec délices, ta langue est aussi longue que la queue de la lionne. Je ne voudrai pas d'argent de toi avant de t'avoir montré un lion avec une crinière. Tu ne l'oublieras jamais.

– Je n'ai pas besoin de voir tant de mâles. Je préfère les enfants.

– Je sais, papa, approuva Gabriel. Je t'ai vu parler avec mon fils quand nous étions auprès des singes. Tu parles souvent avec lui.

– Trop souvent, Gabriel, trop souvent.

C'est une fraîcheur miséricordieuse qui les accompagna dans leur traversée de la forêt, où des têtes de girafe surgissaient parmi les ramures ondoyantes, mais c'est sous une chaleur impitoyable qu'ils parcoururent l'infinie savane brûlée. Le soleil était blanc, son ombre gris acier. Les fleurs enivrées de couleur, que ni la sécheresse ni le déluge ne réussiraient jamais à priver de leur sève vitale, avaient des feuilles fortement armées, mais leurs têtes étaient la tendresse même. C'était à présent un safari sans but, et pourtant, d'arbre en arbre, de buisson en buisson, de colline en colline et de mare en mare d'où l'eau s'évaporait, il conduisait au point où il devenait impossible d'imaginer que puisse exister davantage encore de calme et de beauté, de tristesse et de douceur.

Cependant, aux yeux de Paul, l'attente passionnée devenue image ne cessait de gagner en calme, en beauté, en tristesse et en douceur. C'est seulement à leur arrivée dans Samburu qu'il prit conscience d'avoir rêvé de l'Afrique pendant de longues années, mais de ne pas avoir vraiment connu ce pays, de ne l'avoir pas suffisamment aimé. Les fils que son cœur avait tissés durant les jours où il en avait assez de tout et durant les nuits où il désespérait s'étaient changés en une chaîne d'acier.

Que même Gabriel, pour qui de tels voyages appartenaient à la routine du travail, puisse encore soupirer, s'étonner et se réjouir bruyamment l'émouvait beaucoup. Ses yeux s'abreuvaient à cette nature exubérante, comme s'ils n'avaient encore jamais vu les merveilles de l'Afrique, ses contrastes, mais aussi les défis lancés à l'homme et à l'animal, derrière une apparence d'harmonie. À un moment donné, Paul essaya d'exprimer ses pensées, mais ses connaissances en swahili n'étaient pas de taille à donner forme aux émotions d'un romantique venu d'Allemagne. Son vocabulaire ne lui permettait pas de dire ce qu'il ressentait et ne lui permettait surtout pas d'avouer à Gabriel ce qu'il n'osait pas s'avouer à lui-même.

Ils parlèrent des rhinocéros, des singes, des éléphants et des lions qu'ils avaient vus et qui leur appartenaient désormais – tout comme leur appartenait le temps volé. Bien que Paul se fît l'effet d'une vieille baderne sentimentale ne voyant pas plus loin que le bout de son nez, et malgré ses efforts pour au moins protéger sa raison, ils tissaient à partir de ces images le matériau d'un passé commun. Une troupe de zèbres passa devant eux au galop, à la poursuite d'un but qu'elle était seule à connaître, soulevant derrière elle des nuages de terre rouge. Jamais encore le ciel n'avait été si bleu, l'idylle si infinie, l'oubli si facile. Gabriel montra la rivière brune et paisible, expliquant qu'y habitaient des amis à lui, des amis à la peau en cuir et aux dents en acier blanc.

– Mes amis, répondit Paul, qui s'aperçut au même instant qu'il ne connaissait pas non plus les expressions signifiant rêve et illusion dans la langue de Gabriel, une langue merveilleusement proche du réel, mes amis à moi sont de simples nuages.

Gabriel s'engagea en chantant sur un large chemin, et c'est en sifflant qu'il ouvrit ensuite les portes d'un nouvel éden, un jardin paradisiaque gorgé d'eau et de soleil offrant jour et nuit aux animaux un abri hospitalier et aux humains un spectacle de paix venu du fond des âges, du temps où n'avait pas été commis le premier fratricide.

Les deux rives étaient bordées de palmiers aux longues feuilles, de buissons d'un noir chatoyant, de collines rocheuses étincelantes, comme recouvertes d'éclats de diamants. Dans la lumière aveuglante, deux éléphants se dirigeaient vers la rivière d'un pas pesant. Ils levèrent leur trompe, la plongèrent dans l'eau et s'aspergèrent le dos de jets d'eau brune qui, en retombant, prenaient des reflets violets ; parvenus ensuite au milieu de la rivière, ils s'y enfoncèrent, colosses enveloppés d'écume et respirant la volupté.

Des aigles pêcheurs criant d'allégresse décrivaient des cercles au-dessus de l'eau où ils piquaient subitement, avant de remonter aussitôt droit dans le ciel. Des canards au chef sombre et au bec rose tanguaient et roulaient en direction de petites îles, sous l'œil vigilant de serpentaires montés sur échasses et de deux marabouts. Le plus grand des deux rappela à Paul un client dont il n'avait jamais réussi à retenir le nom et qu'il ne reconnaissait qu'à son goitre. Une cigogne était plantée sur une patte. Il envia l'oiseau au bec puissant, fugitif originaire d'Europe comme lui, pour la faveur que lui accordait sa destinée : pouvoir, durant toute son existence, voler vers où il était attiré.

– Restons là, chuchota-t-il.

– Je vais garer la voiture sous l'arbre, dit Gabriel. Nous pouvons nous arrêter ici. Ils sont tous venus te dire *jambo*.

– Qui ça ?

– Mes amis. Les crocodiles. Je parle avec eux quand je brûle de fureur. Suis-moi. Nous allons nous asseoir sur un tronc d'arbre. C'est là que je passe mon temps chaque fois que je viens à Samburu.

Les confidents de Gabriel bougeaient si peu dans l'herbe ou parmi les pierres de la rive où ils reposaient qu'il fallut longtemps à Paul pour reconnaître une créature vivante dans l'un de ces géants préhistoriques. Quand il fut enfin parvenu à distinguer la tête de la queue et à comprendre quelle sorte de monstres faisaient provision de chaleur et de volupté à quelques pas de lui, un peu comme les lézards graciles à ses pieds, Gabriel le heurta du coude en lui montrant de la tête une pierre moussue. Un des chasseurs camouflés, ayant décidé de se rafraîchir, s'était remis sur ses pattes et se dirigeait vers la rivière où, géant cuirassé à la gueule grande ouverte, il s'enfonça dans l'eau jusqu'à mi-corps. La plus longue et la plus solide de ses dents étincela en un trait de lumière blanche surgissant de la peau écaillée, tandis que des taches noires se détachaient sur le fond clair de sa gueule.

– Mes crocodiles, dit Gabriel en riant, savent tout. Tu leur plais. Ils ne mangent que les hommes mauvais.

– Comme Singh ? demanda Paul, l'œil aussitôt aux aguets.

Gabriel ne laissa que brièvement paraître que ses plaisanteries l'avaient entraîné sur un chemin qu'il n'avait pas eu l'intention d'emprunter. Il eut un geste de contrariété, comme s'il avait voulu écraser un moustique trop longtemps nourri de son sang, mais, quand il parla, sa voix était sans colère : son ton n'était pas défensif, il ne marquait que de l'étonnement.

– Tu es un chasseur très habile, dit-il avec admiration. Tu ne perds jamais la trace. Seulement voilà, tu ne chasses pas la bonne proie en ce moment.

– Ce n'est pas toi que je chasse, Gabriel. C'est moi que chassent les grosses fourmis rouges de ma tête. Ça ne date pas d'hier. Elles veulent savoir pourquoi nous avons dansé quand ce chien est mort. Raconte-moi tout au sujet de Singh. L'heure est venue.

– *Kessu, mzee, kessu.*

– Aujourd'hui, mon ami, aujourd'hui. Est-ce que tu as peur de me dire ce que mon nez a flairé dès le premier jour ? Est-ce que tu as peur de me raconter ce que Singh attendait de toi ?

– Non, je n'ai pas peur. Je n'ai plus peur. Mais tu ne comprendras pas ma *schauri*.

– Je n'aurais donc pas d'oreilles ? Est-ce que je suis trop bête pour tes *schauri* ?

– Trop bon, trancha Gabriel après un long silence, tu es trop bon pour de mauvaises *schauri*.

– J'ai entendu bien des mauvaises *schauri* dans ma vie. Tu peux me croire. À présent raconte-moi la tienne. Je ne peux plus attendre.

Gabriel se mit à secouer la tête comme un enfant qui a tout entendu mais rien compris. Toutefois, il sentait bien que le moment où il allait devoir parler était venu. Une chose l'étonnait pourtant beaucoup, c'était qu'en fin de compte il avait envie de le faire. En temps ordinaire, il n'avait jamais été un de ces hommes qui crachent des mots comme ils cracheraient de la glaire, uniquement parce que quelqu'un d'autre le désire. Pendant un petit moment, il regarda fixement le soleil ; quand il s'aperçut que ce dernier n'aveuglait que ses yeux, il n'eut plus aucun doute. Il porta la main à sa gorge avec détermination pour enfin la libérer du poids des pierres aiguës qui lui avaient aussi écorché la poitrine – exactement depuis le jour où il avait compris pour toujours que le safari avec son papa *mzee* ne serait pas comme les autres.

Sa gorge n'était qu'un long morceau de bois brûlant, ses paupières étaient collées contre ses yeux pleins de sel, ses mains, dans les poches de son pantalon, se contractaient. Ses ongles s'enfoncèrent dans une chair douloureuse, chacun de ses membres fut gagné par la raideur, et pourtant il lui suffit d'ouvrir une seule fois la bouche sans avoir encore libéré le moindre son : un éclair accompagné d'une massue hérissée de pointes s'abattit sur Gabriel avec une soudaineté et une véhémence sans pareille. Un coup de tonnerre d'une violence inouïe le rendit sourd. Ensuite, les paroles jaillirent de lui avec autant de force que des masses d'eau dévalant la montagne abrupte après la grande pluie. Gabriel sut alors que c'était Mungu qui lui actionnait la langue.

– Singh, dit-il en crachant sur un brin d'herbe noir comme la nuit et en constatant avec satisfaction qu'il devenait aussi clair que le jour, Singh, ce fils de chien, voulait que je te conduise dans un piège. Est-ce que tu veux en savoir davantage ? La vérité a un méchant visage.

– Continue, Gabriel. Tu n'as pas à avoir peur. À quoi ressemble un piège vers lequel roule un homme avec des yeux comme les tiens ?

– Ferme tes yeux, papa. Je n'arrive à parler que si je suis sûr que tu ne me vois pas.

Le chemin par lequel Gabriel s'en retourna dans le passé était moins pentu, moins caillouteux et aussi moins long que dans son souvenir; il ne présentait plus de danger pour un homme capable de sauter quotidiennement par-dessus des fossés et de traverser des fourrés épineux sans que sa peau sente la peur et que sa tête menace d'exploser. En toute hâte, comme s'il craignait que les paroles s'évanouissent comme les nuages du matin s'il ne les forçait pas à se dépêcher, Gabriel raconta les nombreux guets-apens tendus aux véhicules des touristes. On les attendait dans les forêts où les appels au secours restaient sans écho et sur des routes et des chemins qui ne figuraient sur aucune carte. Gabriel rapporta comment on dépouillait les candides étrangers de leurs caméras, de leurs jumelles, de leurs valises et de leur argent. Il lui expliqua avec précision les arrangements conclus entre les malfaiteurs et les chauffeurs, qui faisaient semblant de se défendre. Avec de la colère dans la voix, il évoqua les personnes influentes de Nairobi qui ordonnaient et organisaient ces crimes, ajoutant que tout le monde était au courant, y compris la police que des gens comme Singh payaient pour qu'elle arrive trop tard sur les lieux.

– Les chauffeurs, dit Gabriel en conclusion, hurlent comme des animaux blessés quand l'auto est attaquée. Ils se défendent aussi contre les bandits, mais sans grande vigueur. Leurs mains n'attrapent que le vide. Les voleurs, en revanche, nous donnent des coups dans le ventre et nous frappent sur la tête. Après, ils s'emparent du butin. Ce sont toujours les voleurs qui gagnent. Il faut qu'il en soit ainsi. Quand la police arrive, nous n'avons rien vu et nous ne sommes au courant de rien. Nous montrons que nous avons du sang sur le visage, nous nous tenons la tête et nous glapissons comme des chiens qui ont perdu une oreille en se battant. La police note tout et puis s'en va.

– Et les passagers ? Qu'est-ce qu'il leur arrive ?

– Généralement, ils ne se défendent pas. Ils ont bien trop peur pour ça. Ça vaut mieux, et c'est plus intelligent de leur part. Certains se retrouvent tout nus après l'agression et ils se lamentent plus au sujet de leur pantalon que de leur caméra. Mais il est déjà arrivé que des participants à des safaris soient tués.

– Combien de fois as-tu fait ce genre de choses ? demanda Paul à voix basse.

Il prit la main de Gabriel et il sentit qu'elle tremblait, mais c'était en réalité le corps entier qu'il sentait se déchirer.

– Combien de fois, répéta-t-il, t'es-tu laissé frapper sur la tête ?

– Je ne me rappelle plus. Pourquoi faut-il toujours que tu poses des questions, *mzee* ? Je n'ai pas compté. Tu sais, nous sommes obligés de le faire. Sinon, nous ne touchons pas d'argent après le safari. Nous devons continuellement indiquer où nous sommes. Pour que les voleurs puissent nous retrouver.

– Roger, Roger, dit Paul. C'était bien ça, n'est-ce pas ?

Gabriel n'eut d'abord que l'intention de dire oui de la tête, comme le fait un homme qui veut montrer qu'il reconnaît les paroles et les images qui émergent des jours qui ne sont plus. Mais le geste à faire était si pesant que la tête de l'homme dont Mungu avait poussé la langue à dire la vérité retomba sur l'épaule d'un *mzee* qui savait parler aux rhinocéros – et aussi aux hommes. Ensuite, tous deux se turent, les yeux obstinément fixés sur les taches de lumière dansant entre les arbres, leurs cœurs battant à l'unisson sous l'effet de l'émoi et de l'étonnement. Aucun des deux n'arrivait à comprendre : l'un pourquoi il n'avait pu garder le silence plus longtemps, l'autre comment, étant au courant des agressions contre les touristes dès son départ pour le Kenya, il avait pu être si totalement indifférent à ce qui risquait de lui arriver.

C'est seulement quand ils purent enfin se regarder sans que leurs yeux aient peur les uns des autres et sans que leur haleine assèche leurs lèvres que Paul demanda :

– Pourquoi as-tu fait ça, Gabriel ? Pourquoi, cette fois, n'as-tu pas voulu nous conduire dans le piège ? Je n'ai pas une caméra sur moi, pas de veste coûteuse. Rien.

– Je t'ai tout raconté. Maintenant, tu ne dois plus poser de question.

– Qu'est-ce qui nous serait arrivé ? Je ne me serais pas battu contre les voleurs. Tu le sais bien. Et tu aurais touché ton argent à la fin du safari. Comme les autres fois.

– Je ne voulais pas, dit Gabriel, déglutissant avec peine, qu'il t'arrive quelque chose. La peur n'est pas une bonne chose pour toi. Si un homme me frappe à la tête, c'est toi qui meurs. Je le sais. Le premier jour de notre safari, je ne savais pas encore que tu me rendrais faible. Tu n'étais alors pour moi qu'un homme blanc riche comme tous les autres. Ces gens-là veulent seulement voir des lions et des éléphants. Ils ne regardent jamais les chauffeurs. Tu es différent, papa. Tu parles avec moi en swahili et tu ris. Tu poses ta main sur mon corps et tu m'appelles ton ami.

– Tu es mon ami, Gabriel. Tu m'as ensorcelé.

– Les rhinocéros aussi.

– Tu le crois vraiment ?

– Oui. Tes yeux sont devenus différents pendant notre safari et tu es redevenu un homme. Tu ne parles plus de mourir. Mais ton corps devient trop vite faible, papa. J'ai souvent été obligé de te tenir. Tu n'es pas solide sur tes pieds. Je t'ai porté sur mon dos et j'ai senti l'odeur de ta peau. Tu n'as pas accepté que mon fils meure. Cela m'a rendu faible.

– Pas faible, Gabriel, fort. Tu as le courage d'un lion. Sais-tu, demanda Paul en gardant les yeux baissés sur le sol, sais-tu que tu m'as raconté une très belle *schauri* ? Je ne pensais pas qu'il me serait encore donné, dans cette vie, d'entendre des paroles comme celles-là. Et si tu me demandes maintenant pourquoi, la colère me brûlera une nouvelle fois et je te pousserai dans la rivière pour que tu rejoignes tes stupides crocodiles. Mais qu'est-ce qu'il t'arrive ? Ne t'en va pas !

Ils se poursuivirent avec la joie spontanée d'enfants qui font semblant de se battre alors qu'ils ont simplement envie de mesurer leurs forces. Gabriel courut se cacher derrière un arbre, mit ses mains devant sa figure et cria d'un ton aigu aux crocodiles qu'ils devaient empêcher un *mzee* devenu fou de le brûler. Il bondit par-dessus un fourré épineux et lança de petits cailloux contre un rocher jusqu'à ce que les sons de sa joie débordante se soient changés en chanson.

Paul avala de travers tant sa soif d'allégresse était grande, puis il trébucha et s'arrêta finalement, hors d'haleine. Ce fut à cet instant qu'il cessa d'être un enfant, que la honte le rattrapa et, le démasquant, dénonça en lui le bouffon qui avait cru à ses propres mensonges. Exténué, il se laissa tomber dans l'herbe et il rendit les armes. Durant tout le temps qu'il passa à contempler la rivière, les palmiers dans le vent léger, les canards roulant sur l'eau et un marabout au bec largement ouvert, une seule question ne cessait de tuer en lui la joie de vivre, l'illusion de l'éternel oubli.

– Qu'adviendra-t-il de Cornelia, lança-t-il avec désespoir dans le silence, si je meurs en Afrique ?

Il s'efforça de répéter la question sans émotion ni panique, à voix basse et suffisamment posée pour avoir le temps de trouver une réponse qui ne l'anéantisse pas, mais sa conscience se mit à le fouetter. Chacun de ses coups portait. Son repentir, mêlé de pitié pour la femme qu'il avait outragée et d'un mépris paralysant pour lui-même, était aussi impitoyable que son imagination.

Chacune des images, chacun des mots, chacune des pensées que sa raison évoquait transformait l'idylle offerte à ses yeux en un cauchemar qui le vouait à la malédiction. Paul tentait sans arrêt de s'arracher à des bras qui le tiraient en arrière vers un monde qu'il croyait avoir abandonné, oublié, supprimé ; après chaque fuite ratée, sa conscience l'étouffait avec la force d'un collier de fer. Elle le ramenait dans une réalité semblable à un gouffre béant.

Les images de son retour au foyer conjugal étaient effroyables. Le dos voûté et les bras ballants, le bouffon, debout à l'entrée de son salon, allumait le lampadaire, mettant ainsi en pleine lumière chacune des nuances de l'horreur, et n'osait même pas fermer les yeux. Il entendait le téléphone sonner et voyait Cornelia décrocher l'écouteur ; il voyait son visage s'altérer à l'annonce de la nouvelle ; Paul compta le nombre de fois où elle secoua la tête, tandis qu'il l'entendait formuler des objections. Tout en caressant le teckel, Cornelia expliquait que son mari ne pouvait absolument pas avoir péri au Kenya, puisqu'il était en cure au bord du Titisee. Elle en était certaine, car elle avait en personne préparé ses bagages ; il devait revenir incessamment.

– Pourquoi tu cries si fort, *mzee* ? Est-ce que tu es de nouveau en train de dormir ou bien est-ce que tu joues toujours avec moi ? Les crocodiles sont retournés dans l'eau. Nous devons rentrer à présent.

– Où ça, Gabriel, où ça ?

– Au lodge. Est-ce que tu as oublié que Sirène nous attend ? Je lui ai dit que je te ramènerais avant le coucher du soleil.

Gabriel, son jeune guide dans l'existence, était à nouveau au volant d'une voiture de feu, roulant doit en direction du soleil. L'air de la course apaisait la fièvre des sages et des fous, des innocents et des maudits. Le lodge surgit derrière les rochers. Comme la veille, il était encore un refuge contre la détresse, une citadelle, un château qui donnait vie à des histoires africaines enchantées, destinées à des êtres nourrissant leur âme des fruits de l'oubli.

Caressant un grand chien, un petit sac à dos piqué d'un fanion hollandais à côté d'elle, Antje, toute jeune et emplie d'espoir, était assise sur un banc, ses cheveux de soie et le rouge de sa bouche tranchant sur le blanc du siège.

– Je me disais déjà que le lion vous avait dévorés, pouffa-t-elle en tirant Paul de la voiture. Je m'apprêtais à aller me chercher un autre homme.

– La lionne, répondit-il en riant, était une maman avec trois enfants, tous aussi mignons et innocents que toi.

En l'embrassant, il s'aperçut que ce n'était pas seulement la nuit qu'elle ressemblait à Cornelia.

13

Un encrier en verre d'un bleu de cobalt était posé sur un pupitre démodé datant de l'époque coloniale. Un crayon à bille muni d'une longue plume d'autruche y était fiché. Devant le pupitre, une chaise en rotin avec deux coussins aux rayures vertes et blanches; sur ces derniers, éclairé par la pleine lune, trônait un ours en peluche avec un bonnet de laine noire sur la seule oreille qui lui restait et un large ruban de velours jaune citron autour de son cou épais. Coincée sous son bras, une orchidée violette pleinement épanouie. L'animal, de couleur bleu clair et au corps replet, tenait sa patte droite, ornée d'un cœur de satin rouge, dressée à la verticale.

La silhouette de l'ours paraissait brouillée. Paul n'apercevait l'animal qu'au travers du voile très tendu de la moustiquaire; en revanche, un grand trou dans le tissu lui ménageait une vue sans entrave sur l'orchidée, entourée de minuscules insectes. Au début, ce fut seulement la dissemblance de ses impressions optiques qui le mit mal à l'aise, ensuite ce fut l'ours lui-même. Il crut un petit moment que ce dernier faisait partie de la troupe d'acteurs envahissants qui ne se retiraient de ses rêves confus qu'à l'instant où il se rasseyait dans le lit. Contrairement aux autres interprètes principaux de cette nuit horrible, tous acteurs d'une pièce où il était question d'agressions contre des touristes, l'ours lui apparaissait comme un être absolument charmant, à la douceur rassurante. Comme Paul retrouvait le personnage muet et grave chaque fois qu'il se réveillait, il lui semblait être le compagnon idéal pour les gens souffrant d'insomnie. Il émanait des deux yeux en verre une étrange fascination. Ils étaient de taille différente, l'un vert, l'autre châtain, et donnaient l'impression d'avoir un important message à transmettre.

À 3 heures du matin, Antje se leva quelques minutes. Elle caressa Paul tendrement en passant à côté de lui, lui mordilla l'oreille et lui murmura qu'elle n'avait encore jamais été aussi heureuse et qu'elle était amoureuse d'une manière tout à fait inhabituelle ; du même ton, elle constata qu'il avait toujours les pieds froids et qu'elle souffrait de nouveau de la gorge. Elle s'éloigna d'une démarche aérienne de noctambule, serrée dans un tee-shirt qui lui descendait jusqu'à la naissance des hanches et sur lequel étaient cousus les mêmes cœurs rouges que sur les pattes de son animal favori, puis elle gagna la salle de bains. Elle se gargarisa sur un air que Paul, à sa grande stupéfaction, identifia comme un tube des années cinquante.

En revenant se coucher, Antje déposa un léger baiser sur le museau de son ours, lui chuchotant à l'oreille des mots doux en hollandais. Paul trouva qu'elle ressemblait à de la mâche et il fut tout ému de voir, exactement comme dans un poème de James Joyce, la lune éclairer ses cheveux blonds. Quand la fée lunaire se glissa dans le lit, elle sentait le miel ; elle pressa alors la tête de Paul contre ses seins fermes en disant à voix si haute qu'il tressaillit :

– Nous sommes tous les deux si heureux à l'idée de la journée qui vient.

– Tu es adorable, vraiment adorable, chuchota Paul en retour. Dors maintenant.

Mais, tout en parlant, il s'avisa qu'il avait autant sous-estimé sa propre passion pour le romantisme que pour les ours en peluche. L'accoutrement de ces derniers n'était que mascarade. Ils étaient capables d'inspirer des pensées dénuées de tout romantisme. Le Hollandais itinérant au ruban de velours lui faisait en effet savoir de fort prosaïque manière qu'il partageait son lit avec une enfant, lui qui, du temps où il vivait avec des femmes, ressentait la maturité, l'esprit et l'intellect comme des stimulants érotiques.

Avec une autodérision qui, à peine eut-il eu le temps de s'en réjouir, le rendit d'humeur pessimiste, Paul commença à se creuser la tête, se demandant s'il résultait ou non d'une ironie du sort machiavélique qu'un homme de son âge, en quête d'une nouvelle stabilité dans sa vie, espère la trouver auprès d'une femme qui était justement à la recherche d'un père. De surcroît, on pouvait présumer qu'Antje, cette créature espiègle et spontanée, aussi coquette que charmante et naïve, serait une fille tout à fait difficile à vivre. Elle trouvait convenable de caresser les cheveux grisonnants de son amant tout en lui exposant – avec beaucoup de suite dans les idées, trouvait-il – combien sa situation financière était précaire.

Antje n'avait emporté en voyage ni assez d'argent ni assez de linge, mais elle n'avait en revanche pas oublié un ours en peluche d'Amsterdam qui, voilà des années déjà, avait failli se noyer sur les rives de l'île Texel. Après le pudding au caramel, légèrement ivre et accablé de fatigue, Paul avait dû promcttrc solennellement au chanceux voyageur au long cours, lui tapant dans sa grosse patte, de passer la journée suivante au lodge et de ne pas quitter d'une semelle la petite Antje qui, de son côté, comme elle le disait avec conviction, ne se séparait jamais de son « nounours ».

Je ne ris pas, assura Paul aux petits diables qu'il entendait ricaner derrière son front. Ce n'est qu'à grand-peine qu'il parvint à réprimer son désir de faire la lumière pour chercher ses médicaments. Bien que presque résolu à sacrifier son sentiment de béatitude contre un demi-comprimé de somnifère, il eut finalement plus peur des questions que ne manquerait pas de lui poser Antje s'il se mettait à fouiller son sac de voyage que des longues heures d'insomnie.

Paul occupa la première partie de la nuit qui l'attendait à chercher en vain à se rappeler quand il avait lu le roman *Lolita*, de Nabokov, et pourquoi il lui avait déplu à une époque où le problème cardinal des rapports entre un homme vieillissant et une femme-enfant n'avait pour lui encore aucune importance. Le temps qu'il aurait pu ensuite tranquillement consacrer à des escapades philosophiques et littéraires, Paul le gaspilla à s'adresser des reproches tournant toujours autour du même point, à savoir qu'il n'arrivait jamais à exprimer à temps un « non » convaincant. Contrarié, il tenta à plusieurs reprises de se persuader que ses fréquentes sorties de chasse l'avaient vraiment surmené, aussi bien physiquement que psychiquement, et qu'un jour de repos lui ferait effectivement du bien.

Le constat que, même dans la liberté de l'Afrique, il ne pouvait s'abandonner à ses impulsions, ses désirs et ses besoins sans blesser quelqu'un le plongea dans la mélancolie. Il se reprocha certes encore une ou deux fois de ne plus être l'homme qui se laissait manipuler sans résistance, mais il savait parfaitement que ce n'était pas vrai. Il n'avait pas appris à temps à se comporter sans égards envers autrui et à se libérer ainsi de toute entrave. Il ne réussirait pas à décevoir une nouvelle fois Antje après l'avoir laissée seule la veille et avoir prétendu par-dessus le marché, dans un accès de repentir, que sa proposition de « décompresser un peu » lui convenait tout à fait.

L'expression, qu'il jugeait typique d'une génération qui n'arrêtait pas de débiter des clichés sans avoir la moindre idée de ce qu'ils pouvaient signifier, suffisait à le rendre nerveux. Et ce qui le chagrinait bien davantage encore, c'était la perspective de devoir expliquer à Gabriel pourquoi il avait l'intention de gaspiller le temps chapardé en commun à s'allonger au bord d'une piscine brûlante en compagnie d'une femme étrangère et – abondamment enduits d'huile solaire – à se promettre à voix basse le bonheur éternel pour, en fin de compte, ne récolter rien d'autre qu'une bonne migraine. Il décida avec cynisme que mieux valait s'exposer le plus tôt possible aux railleries de Gabriel. Paul eut un petit gémissement en se levant, puis un deuxième un peu plus fort, en prenant conscience qu'il ne savait plus trouver des justifications satisfaisantes à des décisions qui l'étaient moins.

Dans l'obscurité, il ne trouva ni sa chemise ni sa veste, et ne mit la main que sur sa chaussure gauche. Torse nu, il poussa le battant supérieur de la porte, puis découvrit la targette inférieure si rapidement que, dans un mouvement réflexe, il ouvrit la porte entière et sortit. Debout devant la hutte, vêtu de son seul pantalon, pieds nus, frissonnant de froid et se doutant qu'il avait l'air au moins aussi débile que le nounours d'Antje, il se fit l'effet d'être le parfait guignol d'une comédie de Shakespeare jouée par une troupe de troisième ordre. Durant un instant, il ne réussit pas à décider s'il devait rire de lui ou rechercher des associations d'idées fécondes. Il finit par conclure que le plus raisonnable serait de rentrer dans la hutte, de se recoucher auprès d'Antje et de faire semblant de s'être trompé de chemin en se rendant à la salle de bains.

Il sembla cependant à Paul qu'il serait aussi intéressant et, d'une façon ou d'une autre, en accord avec le décor fourni par une journée africaine naissante, de tout simplement partir tel qu'il était, de ne s'encombrer ni de compagnie ni de soucis, de couper à la nécessité de parler ou de réfléchir et de prendre plaisir à s'imaginer que – indépendamment des situations et des atmosphères qu'il rencontrait – il était un homme sans obligations ni devoirs, qui n'avait pas besoin de l'approbation d'autrui. Mais ce fut un hasard – un de ceux dont Paul, au fil de son safari, se persuadait de plus en plus qu'ils jouaient un rôle capital – qui se chargea de la mise en scène ultérieure. Sur une des deux chaises devant la hutte, il vit une vieille couverture grise ; comme en transe, il se l'entortilla autour du cou et des épaules, puis, d'un pas assuré malgré son accoutrement, il se mit en route.

Les hommes âgés du marché d'Isiolo lui revinrent en mémoire. Ils étaient vêtus exactement comme lui en cet instant, et même quand ils mangeaient et somnolaient, ils avaient toujours l'air de gens en fuite. La couverture glissa de ses épaules. Quand il se pencha pour la relever, il vit, collée entre ses orteils, une terre noire et humide : ainsi même ses pieds étaient déjà ceux d'un fugitif incapable, à aucune étape de son existence, de s'empêcher de disparaître sans un mot.

C'est ainsi que, bien avant le délai qu'il s'était fixé, Paul, qui voulait ne pas penser, ne plus se souvenir et ne plus rendre de comptes, se rappela soudain qu'il lui fallait écrire à Cornelia. Il s'arrêta, aussi immobile qu'un arbre foudroyé qui n'arrive pourtant pas à mourir, mais il ne s'abandonna à la surprise que jusqu'au moment où cette idée cessa de le contrarier et de l'angoisser, c'est-à-dire à l'instant où il se rendit compte qu'il venait de trouver exactement l'excuse dont il avait besoin pour apaiser Gabriel. Puis il s'enivra à entendre résonner l'écho de son rire tonitruant.

En Afrique, les lettres n'étaient pas que des signes sur du papier. Elles étaient aussi des messages en provenance de mondes inconnus, elles possédaient un pouvoir magique. Gabriel comprendrait certainement qu'une lettre, pour un homme en safari, avait autant d'importance qu'un lion. À chaque pas, l'humeur de Paul s'améliorait. Il savourait la fraîcheur de l'air sur son corps, la froideur de la glaise sous la plante de ses pieds, le sentiment extraordinaire de se trouver à la charnière du grotesque et d'une réalité aux arêtes vives.

Pareil à un enfant qui lambine à la sortie de l'école, peu désireux d'atteindre le bout du chemin, là où s'écroulera son rêve d'une liberté éternelle, il flânait à travers le jardin ; arrivé au bord d'une plantation de lilas rouges, il ôta la couverture de ses épaules, quitta son pantalon et, tout nu, leva les bras en direction du ciel. Il avait enfin une planète à lui. Depuis son enfance à Samburu, Paul ne s'était plus promené nu et sans chaussures. Pouvoir à nouveau se le permettre lui sembla être un présage, mais il fut incapable de l'interpréter. Pensif, il s'enveloppa à nouveau dans la couverture et attacha son pantalon autour de sa taille.

Humide de rosée, le gazon était moelleux et s'était déjà réchauffé; le vent des tropiques était assez léger pour faire naître des chants délicats qui s'arrêtaient dès la première note. Une abeille se posa sur une rose jaune. Elle but le nectar et devint immortelle. Dans des buissons opulents d'où montait un lourd parfum de pourriture, un singe bâilla avant d'étirer un bras. Paul l'appela son frère et le frère lui répondit. L'alouette de la veille battit à nouveau des ailes. Un petit chat gris descendit d'un acacia épineux.

Il marchait plus vite à présent. Quand il se retrouva face à la lumière diffuse du soleil levant, il fut envahi par un sentiment stimulant de jeunesse, de vitalité et d'insouciance, mais, comme il soupçonnait que seul un mirage d'Afrique pouvait le rendre si euphorique, il pria humblement Mungu, le dieu de Gabriel, de faire preuve de compréhension envers un rêveur un peu fou et venu de si loin. Il fut heureux de savoir aussi précisément où étaient les logements du personnel, bien qu'il ne les ait vus de près qu'une seule fois; il était toutefois dans l'incapacité de dire où, parmi la foule des huttes minuscules, toutes semblables et peintes de la même couleur, il pourrait dénicher celle où dormait Gabriel.

Alors que, hésitant et soudain dégrisé, il s'était arrêté auprès des grues royales dont les têtes commençaient à émerger de leur plumage, Paul aperçut de loin Gabriel sous un arbre. Il était déjà tout habillé. Il portait une chemise blanche, des chaussures noires et il mâchouillait un bout de racine mince et claire. Quand, à son tour, il aperçut Paul, afin de pouvoir rire à son aise, il la recracha au-dessus de lui, en un bel arc de cercle.

– Tu ressembles à un voleur. Qu'est-ce que tu as volé cette nuit? Ou est-ce que c'est un singe qui t'a volé ta chemise, idiot de *mzee*? Je t'avais pourtant bien dit de ne pas parler avec les singes.

– Arrête de rire, bougonna Paul, furieux que, brillant écuyer de l'aurore, il ait si vite et sans transition repris l'aspect d'un balourd à moitié nu. Je suis seulement venu te dire sans attendre que je n'ai pas l'intention de partir en voiture aujourd'hui.

– Pourquoi ? Est-ce que le singe a aussi volé ton derrière ?

– Oui. Mes os ont besoin de repos. Et ma tête aussi. Il faut d'abord que je la nettoie avec un grand balai. Alors, elle m'appartiendra à nouveau.

– Tu ne sais pas bien mentir, papa. Je le vois. Tu as trop de mots dans la bouche. Ta langue est aussi fourchue que tes yeux sont bleus. Pourquoi parles-tu de tes os et de ta tête trop pleine ? Qu'est-ce que tu vas me dire quand tu auras fini de mentir ?

– Pas grand-chose, Gabriel. Il faut que j'écrive aujourd'hui une lettre à ma femme.

– Il te faut une journée entière pour écrire une lettre ? Jusqu'au coucher du soleil tu vas écrire une seule lettre ? Tu veux que je t'aide ? Je suis allé à l'école. Je sais écrire sans avoir besoin de me nettoyer la tête.

– Ce sera une très longue lettre, dit Paul en se mordant la lèvre inférieure jusqu'à ce qu'elle lui fasse mal pour ne pas rire en retour. J'ai besoin pour l'écrire de plus de temps que nous ne pourrons en voler aujourd'hui. Et ne viens pas maintenant me parler d'un lion qui a besoin de dollars pour nourrir sa famille. Ton léopard attendra lui aussi. Je vois les paroles dans ta bouche avant que tu les dises.

– Pourquoi, demanda Gabriel dont à présent seuls les yeux riaient, mais plus la gorge ni la bouche, pourquoi dois-tu écrire une lettre à Sirène ? Elle a passé toute la nuit chez toi. Je l'ai vue dans ton lit. Tu l'as envoyée chez les singes ?

– Sirène n'est pas ma femme. Tu le sais bien.

– Combien tu as de femmes, *mzee* ?

– Trop, mon fils. Mais c'est à une seule que je dois écrire. Elle s'appelle Cornelia. Je t'ai parlé d'elle quand nous étions auprès des éléphants. Elle ne sait pas où je suis.

– Est-ce que c'est bien pour toi, papa, ou est-ce que c'est mauvais ?

– Je ne le sais pas encore, concéda Paul, mais, quand il regarda Gabriel, il comprit qu'un homme d'Afrique savait plus de choses sur les fugitifs et leurs exaltations silencieuses que le voyageur sans but croyant qu'il suffirait, pour apaiser sa conscience, de tuer les souvenirs et le sens des responsabilités.

Ils étaient assis sans rien dire sous un vieil arbre aux feuilles rouges, comme s'ils avaient attendu d'entendre leur propre voix. En réalité, ils se livraient seulement à l'antique jeu africain de l'impuissance des paroles et de la force du savoir, jeu toujours nouveau, car le silence parlait chaque fois une langue différente. Paul regarda le soleil en face jusqu'à en être aveuglé, puis il rejeta à nouveau la couverture de ses épaules lassées de ce fardeau. Gabriel ôta sa chemise ; il prit une poignée de terre, la porta à hauteur de sa tête et la fit ruisseler sur son ventre jusqu'à ce que surgisse sur son nombril une montagne que, par quelques violentes aspirations, il transforma en un volcan bouillonnant.

– Si Mungu fait à présent de nous deux un seul homme, nous serons un zèbre, dit Gabriel.

– Il faut qu'il se mette au travail. Tout de suite.

– Pas aujourd'hui. Aujourd'hui, tu dois écrire ta lettre.

– *Kessu*, soupira Paul. *Kessu* nous serons un zèbre. Et, ce soir, tu viendras manger avec moi.

– Ça n'est pas possible.

– C'est interdit ?

– Interdit, non, mais, ici, les chauffeurs ne mangent pas avec les clients. Les serveurs ne le veulent pas.

– Tu n'es pas mon chauffeur, Gabriel. Tu es mon ami. C'est ce que je dirai au gros petit serveur. Je n'ai pas faim quand je dois manger seul.

– Voilà que tu as déjà de nouveau oublié Sirène, papa.

– Je suis habitué à toi, dit Paul en souriant, pas à Sirène. Une femme entière ne vaut pas un demi-zèbre. Je t'attendrai. C'est – se souvint Paul soudain – la vieille histoire du renard et du petit prince.

– Tu ne me l'as pas encore racontée.

– *Kessu*. C'est une *schauri* pour laquelle il me faut beaucoup de temps. Et beaucoup de courage.

Au bord de la piscine, la chaleur torride ayant enlevé à Paul tout désir, hormis l'envie de se fondre dans le temps et de noyer dans un puits sans fond les images en train de s'éteindre, il demanda à Sirène si elle voulait qu'il aille dans la forêt pour lui ramener un zèbre. Elle souhaita que ce soit un poulain rose avec une tresse, qui puisse trotter jusqu'à un arc-en-ciel d'argent et d'or. Docilement, Paul endossa la cape magique changeant les hommes ridés et chargés d'expérience en jeunes héros qui ne blêmissent pas quand ils regardent en arrière. Le héros était fort et courageux, mais il s'appelait Don Quichotte et sa jument Rossinante. Sancho Pancha avait la peau noire et ne pensait aucun bien des moulins à vent. Le chevalier, quand il reprit le chemin le ramenant chez lui, avait retrouvé son nom de Paul et il posa la tête contre l'épaule d'Antje.

– Tu as l'air si doux quand tu dors, dit-elle. Si ça n'avait tenu qu'à moi, tu aurais dormi pour tout jamais.

– Merci beaucoup !

Et, la corrigeant automatiquement, tout en se souvenant qu'une scolarité entière n'avait pas permis à Jens d'entendre quoi que ce soit à la grammaire, il ajouta :

– On dit au choix : « à tout jamais », « à jamais » ou « pour toujours ». Mais jamais « pour tout jamais », et toujours « à tout jamais ».

– Tu parles comme un prof, se moqua Antje, mais un vrai prof en peluche. Comme mon Nounours.

Il émanait de son corps une légère odeur d'huile solaire parfumée, mais une odeur d'Afrique si pénétrante que Paul sentit la tête lui tourner. Quand ses mains touchaient sa peau douce, elles brûlaient. Des perles de lumière brillaient dans ses cheveux mouillés. Elle avait des dents minuscules et ses lèvres étaient tentatrices. En cet instant où l'insomnie nocturne n'était plus là pour lui ouvrir les yeux et lui signifier qu'il n'était qu'un vieil homme, il désirait moins son corps – si jeune qu'il lui faisait oublier la lourdeur du sien – qu'il ne désirait se laisser étourdir par l'innocence enfantine de la jeune femme.

Chaque fois qu'une nouvelle bouffée de l'étouffante chaleur de mi-journée consumait en lui le souvenir de ses doutes et de son indifférence envers le vieux monde et ses veaux d'or qu'il avait refusé d'adorer plus longtemps, Paul s'imaginait un avenir avec Antje, un conte de fées doré, où il n'y aurait désormais plus de place pour les problèmes, les discussions, les disputes, les injures, les mensonges et l'adultère. Antje n'était pas Anne. Jamais elle ne tromperait l'homme qu'elle avait aimé et épousé ; jamais, à l'heure des règlements de comptes, elle ne le traiterait de bel esprit pitoyable, d'infirme de la passion, sénile et littéraire, qui ne trouvait de satisfaction sexuelle qu'auprès des femmes des poètes défunts.

Antje ne lui reprocherait jamais d'avoir trop tôt vieilli, d'avoir trop volontiers renoncé. Elle ne connaissait même pas le terme hypocondriaque et elle confondait mélancolie et maturité. Elle passerait sa vie à rire avec lui – mais pas de lui. Les écouteurs de son baladeur étaient fichés dans ses mignonnes oreilles, et elle était sourde aux chuchotements tentateurs du serpent qui avait chassé les amants du paradis.

Dans un paradis africain, avec ses arbres, ses fleurs et ses innombrables créatures, il n'y avait pas de place pour un ange menaçant de son épée flamboyante les utopistes et les rêveurs. Quand Paul et Antje cessaient de sommeiller et qu'ils s'envolaient vers des mondes où il était impossible de pénétrer l'un à la suite de l'autre, Paul et Antje se tenaient par la main comme des enfants. Ils foulaient un gazon de feutre vert et des dallages blancs et lisses, sautaient dans le bassin du haut du plongeoir et nageaient sous l'eau. Elle était alors une ondine et lui l'homme pour qui la petite sirène allait bientôt se séparer de ses nageoires, même si elle ignorait encore où la conduirait ce renoncement par amour.

Quand ils sortirent de l'eau bleue du bassin, grimpant sur le rebord où se tenaient des merles métalliques, et qu'ils revinrent vers leurs chaises longues, un serveur vêtu d'un costume vert, souriant, leur apporta de grands melons vidés de leur pulpe sur un plat de verre étincelant. À l'aide de pailles roses, ils sirotèrent un punch – mélange de fruits de la passion cueillis dans un jardin enchanté de Samburu et de l'eau du Léthé qui avait gardé son pouvoir magique et où s'abreuvent les âmes mortes afin d'oublier leur existence terrestre. Antje venait tout juste d'avoir dix ans et Paul était plus âgé qu'elle de plusieurs siècles.

À 14 heures, ils étaient les derniers clients au bord de la piscine. Les singes, de vieux sages très dignes au visage grave et de jeunes effrontés extraordinairement habiles et téméraires, arrachaient les serviettes de bain des chaises longues, en recouvraient leurs minces têtes et – un bref instant seulement – se déguisaient en humains. Ils chassaient les oiseaux sans chercher à les attraper, pêchaient des feuilles qui flottaient sur l'eau, fouillaient dans les corbeilles à papier et se disputaient des restes de nourriture. Écarquillant les yeux, ils mordaient dans des écorces d'orange, raclaient des peaux de banane et déchiraient des récipients en carton dans l'espoir de lécher les dernières gouttes d'une limonade sucrée et poisseuse.

Fasciné, Paul les regardait, apprenant à les distinguer les uns des autres, à comprendre leurs mimiques, et il se promit de ne pas penser de toute la journée à ce qu'il n'aurait pas directement sous les yeux. Mais à peine venait-il d'arrêter cette décision et de constater qu'elle offrait l'unique moyen d'accéder à un bonheur durable qu'il manqua à sa parole. Sa conversation du matin avec Gabriel, où il l'avait invité à dîner, s'imposa tout à coup à son cerveau jamais en repos. Comment allait-il lui expliquer qu'une journée entière n'avait pas suffi pour écrire une lettre ?

Il se traita aussitôt de dilettante indigne de jouir de la liberté s'il suffisait d'une seule et fugitive pensée pour le catapulter hors de l'orbite du bonheur. Durant quelques minutes encore, plein d'espoir, Paul tenta de trouver un antidote efficace au poison qu'il s'était lui-même instillé, mais il n'eut qu'à s'imaginer le visage moqueur de Gabriel, ses questions simulant la candeur, la manière provocatrice dont il étirerait le bref mot *mzee*, pour comprendre que le temps venait à nouveau de le rattraper. Il se vit assis avec Gabriel au bord de la rivière, parmi les crocodiles, écoutant chaque syllabe de leur conversation. Ils parlaient de Singh et des attaques contre les touristes, et Paul vit Gabriel baisser la tête et ses beaux yeux perdre tout leur éclat.

Paul réussit immédiatement à l'apaiser. Comprenant la détresse d'un homme qui ne pouvait s'offrir le luxe d'avoir une conscience, il lui prit la main et, se mettant à rire, il courut avec lui à travers l'herbe, sautant par-dessus les pierres. Mais à sa conscience, chaque éclat de rire libérateur n'était qu'un grain de sable dans le désert. Paul, alors, se rendit définitivement à l'évidence : il lui fallait affronter le problème et écrire à Cornelia, au risque, sinon, de se renier.

La candide Antje, ondine aux cheveux blonds piqués d'une fleur bleue, était allongée sur le dos, les yeux fermés, en train de fredonner les airs que lui jouait son baladeur. Paul la vit faire un mouvement et ouvrir la bouche quand il se leva, mais elle ne dit rien. Il raidit son genou douloureux et fit un premier pas. Il regagna sa hutte aussi lentement que possible et poussa la porte du pied. Il sentait que sa peau le brûlait autant que sa tête lui pesait, et pourtant, en cet instant où il croyait ne ressentir que le poids du devoir, il savourait le soulagement d'être seul, de ne plus être obligé de rentrer le ventre en marchant, de ne pas se racler la gorge avec embarras quand il soupirait subitement et, surtout, de pouvoir accepter de paraître son âge. La hutte était plongée dans une profonde obscurité, très fraîche et très accueillante.

En souriant, Paul enleva l'ours en peluche de la chaise et lui expliqua d'une voix chantante, mais avec beaucoup de sérieux, que sa veinarde de mère dormait encore et qu'elle n'arriverait que plus tard.

Il posa sur un coussin au-dessous du nœud de la moustiquaire l'animal qui souriait d'un air moqueur et remit méticuleusement en place le ruban de velours qui avait glissé et lui coinça sous le bras l'orchidée qui était tombée par terre. Pendant un petit moment, Paul resta entre le lit et le bureau, comme s'il lui fallait soigneusement réfléchir au premier pas qu'il allait faire et ne pas commettre d'impair. Inquiet, il sentit que son cœur s'emballait et que des images blanches, émaillées d'étoiles de toutes les couleurs, se mettaient à papilloter devant ses yeux.

Quand son pouls eut enfin retrouvé un rythme plus régulier et que la fraîcheur régnant à l'intérieur de la hutte eut commencé à lui faire du bien, Paul, avec un luxe de détails qui l'amusa en dépit des circonstances, imagina ce qu'il pourrait bien raconter à Cornelia si elle le surprenait en cet état : en maillot de bain encore fumant, la bedaine à l'air, lui, le *loser* au coup de soleil rouge comme une écrevisse, clignant des yeux comme le myope qu'il était, faisant la conversation avec un ours en peluche et obligé de lutter contre l'envie de s'enfuir sur-le-champ ou de faire le mort.

Paul finit tout de même par prendre place au bureau. Il sortit du papier à lettres d'une serviette et examina attentivement la tête de lion qui exhibait sa crinière et ses dents dans l'angle droit de la feuille. Le grotesque de sa situation l'amusa une nouvelle fois si fort qu'il éclata de rire, avant de constater qu'il n'était même pas capable d'écrire la date, car, depuis son arrivée en Afrique, il n'avait pas vu l'ombre d'un calendrier ni eu un journal en main. Il se fit l'effet d'un fantôme qui se serait réveillé trop tôt pour se voir mourir, mais il se décida finalement à écrire « Chère Cornelia » – d'une écriture qui lui parut trembloter de manière vindicative et perfide – sur un papier à la blancheur provocante. Il se demanda un long moment s'il allait faire suivre la formule d'une traditionnelle virgule ou d'un point d'exclamation et s'il serait utile, voire sincère, de faire précéder l'indication du lieu d'envoi de la mention « actuellement ».

Perplexe, il regardait fixement par la fenêtre, mâchouillant son crayon à bille, quand il se souvint avec une netteté désagréable d'un compagnon de classe qui n'arrivait jamais à trouver une introduction à ses rédactions et qui, le jour du bac, avait fait une crise de nerfs. Il se mit à regretter très fort l'incompréhension dont il avait fait preuve à l'époque, son arrogance de jeune garçon qui avait très tôt trouvé consolation et satisfaction dans l'usage de la langue. Ce premier mot se cramponnait à l'esprit de Paul comme, devant ses yeux, de petits coléoptères s'agrippaient au cadre de la fenêtre. Il se rendit compte que, hormis l'envoi de quelques insignifiantes cartes postales, à l'occasion de déplacements professionnels, et à l'exception des nombreux mots d'excuses qu'il griffonnait à la hâte pour se réconcilier après des disputes sans importance, il n'avait encore jamais écrit à sa femme.

Ensuite, il n'arriva absolument pas à choisir par quel chapitre de sa pitoyable autobiographie commencer : par sa décision de s'enfuir, qu'il n'arriverait jamais à rendre compréhensible aux yeux de sa femme, ou par l'aboutissement provisoire de son périple ? Revenir en arrière lui semblait plus simple et plus logique, mais le procédé lui parut cruel et impudent, et, en tout cas, ne pas convenir à Cornelia qui, quand elle regardait un film policier à la télévision, n'arrivait déjà pas à accepter que l'assassin soit démasqué avant la toute dernière minute.

Au bout d'un certain temps durant lequel il n'osa pas une seule fois regarder l'heure, il constata que la seule manière d'écrire une lettre aussi blessante que le serait de toute façon la sienne serait de s'efforcer d'expliquer son comportement et sa fugue de manière véridique, sans faux-fuyants. Il ne voulait pas non plus importuner Cornelia par des préliminaires alambiqués, de vaines protestations d'amour ou des astuces stylistiques. « Je sais, commença-t-il, que cette lettre va te faire beaucoup souffrir et c'est pourquoi j'ai si longtemps hésité à l'écrire. Je n'attends pas que tu me comprennes ou que tu me pardonnes. Moi-même, je n'y parviens pas. »

Ces trois premières phrases, même si elles lui paraissaient banales, reflétaient pourtant bien sa détresse : aussi eut-il moins de peine qu'il ne l'avait cru à ouvrir son cœur. À cette femme avec laquelle il n'avait jamais partagé sa vie, à qui il n'avait jamais laissé la moindre chance de souffrir avec lui, il se laissait à présent aller à parler de vide, de perte de l'envie, de dépressions, de longs combats pour garder l'estime de soi, de peur de vivre et de panique à l'idée d'être aussi malade sur le plan psychique que sur le plan physique. Il utilisa l'image des points noirs et des démons qui, écrivit-il, l'avaient rendu incapable d'aimer, il tenta de résumer à l'intention de Cornelia, en termes compréhensibles, ce que représentait pour lui l'Afrique : un rêve, une patrie, l'accomplissement, un berceau d'où il ne pouvait s'échapper, une magie qui le laissait impuissant face aux convenances et aux devoirs.

« Tu ne peux t'imaginer, poursuivit-il, les sons dont ce pays retentit et, surtout, les gens qui y habitent et auxquels je me sens lié d'une manière qu'il m'est impossible d'expliquer à quelqu'un qui n'a pas suivi le chemin qui fut le mien. Ici, je sais enfin que je suis encore en vie. Je vais au lit sans angoisse et je me réveille sans angoisse aussi. Peut-être penses-tu à présent que j'ai fait la connaissance d'autres femmes, que je t'ai oubliée, trompée, mais ce n'est pas vrai. Je n'ai jamais autant pensé à toi qu'ici, dans la solitude, dans l'harmonie d'un monde qui ne m'a à aucun moment accordé la liberté. »

Quand il prit conscience qu'il était en train d'embellir la bassesse de son comportement et qu'il se faisait toujours un devoir de pratiquer le mensonge miséricordieux, sa honte fut telle qu'il en eut la nausée. La confession, acte dont il espérait une délivrance définitive, n'était pas faite pour des lâches comme lui, qui s'enfuyaient sans se soucier des souffrances qu'ils infligeaient à autrui. Il ne pouvait pas faire savoir à Cornelia que, grâce à ce qui s'était passé ces derniers jours, il la regardait avec plus de compréhension, et que, dans un contexte différent, cela aurait pu signifier pour tous les deux un nouveau départ. Il aurait en effet fallu, dans ce cas, lui parler d'Antje. Or il en était incapable. Il n'avait pas le droit de détruire cette femme, pour qui chacun des mots qu'il écrivait était en soi une blessure. Il avait toujours eu la volonté d'épargner Cornelia et de lui permettre de croire qu'il l'aimait. Rien n'avait changé.

« Si tu décides de divorcer, je le comprendrai, écrivit Paul, et je n'arrive pas à imaginer, après tout ce que je t'ai fait subir, qu'il te reste d'autre issue. Je ne voulais pas que les choses en arrivent là. Il faut que tu me croies. Quelle qu'elle soit, je respecterai ta décision. Ne te fais pas de soucis sur le plan financier. Je suis quelqu'un de fortuné, même si je ne te l'ai jamais dit. »

Paul relut le dernier paragraphe dans l'unique intention de vérifier s'il s'était exprimé de manière compréhensible et s'il avait fait preuve de la compassion qu'appelait la situation, mais le simple mot de divorce avait suffi pour le remettre dans la peau du juriste, plus préoccupé de l'avenir que du passé, des procédures que des émotions. Il se vit négocier pension alimentaire et fortune et signer chez le notaire les « clauses de l'acte de divorce » ; il lui parut alors inconcevable de n'avoir pas déjà oublié la formule consacrée et qu'elle s'agrippe à lui à ce point, le faisant apparaître pour ce qu'il était, un raté qui n'était même pas capable d'oublier ce qu'aucun de ceux qui ont rompu les amarres n'a besoin de se rappeler. Il s'entendit dire à Cornelia que c'était à elle de fixer le montant de sa pension alimentaire, qu'elle pourrait conserver l'appartement, tous les meubles et le teckel, et qu'elle pourrait continuer à lui demander conseil à l'avenir. Qu'il serait toujours là pour elle. Ce furent la fausseté de ces propos et la logique de la scène imaginaire qui le poussèrent dans ses derniers retranchements. Un voile épais s'abattit devant ses yeux, une douleur violente le saisit, bientôt suivie de larmes.

Il ne parvint pas à savoir pourquoi il pleurait : pleurait-il sur le sort de la femme qui l'avait aimé ou bien sur lui-même, pour lui avoir fait payer, à elle, l'affront qu'Anne lui avait infligé ? Cornelia se défendit. C'était la première fois. Son visage, aussi agréablement naïf et jeune que celui d'Antje, lui apparut au travers du brouillard gris qui voilait son regard. Avec la douceur qui lui était coutumière, elle enleva le stylo à bille de la main de Paul. Il devint alors aveugle, muet et sourd.

Son corps réagit plus rapidement que sa tête. Il se précipita dans la salle de bains, vomit, chancela, s'assit sur la lunette des W.-C., crut qu'il allait s'évanouir, se noyer dans sa culpabilité, puis il se releva et s'accrocha au lavabo. Plein de repentir, il implora le pardon à voix basse et, dans sa détresse, appela Gabriel à voix haute à la rescousse ; il ne vint pas, mais il fit savoir à son « papa » ce qu'un homme devait faire s'il ne voulait pas s'enfoncer dans la boue de la première tourmente venue. Paul se rinça la bouche avec du whisky, quitta son maillot de bain mouillé, fit couler de l'eau sur ses poignets et se regarda dans la glace. Il ne chercha pas à fuir son visage et revint enfin dans la pièce, où il retrouva le lit, la moustiquaire et l'ours. Il se sentait les yeux aussi lourds que des rocs s'écroulant d'une falaise, et pourtant, il se rassit et reprit en main son stylo à bille. Il ne relut pas un seul mot de ce qu'il avait écrit, de ses demi-vérités et de ses embellissements. « Je redonnerai de mes nouvelles », promit-il, et il croyait dire vrai, « dès que je saurai comment les choses se passent en ce qui me concerne, en ce qui nous concerne tous les deux. Il faut que tu me laisses du temps. Si ce n'est pas trop te demander, je serais heureux que tu fasses savoir à Jens ce qui est passé par la tête de son irresponsable ballot de père. Et toi, Cornelia, ne va pas te trouver la moindre responsabilité. »

Écrire l'adresse lui réserva encore quelques difficultés : il avait oublié le code postal et il lui répugnait d'ajouter le nom de Merkel. Cela faisait déjà si longtemps qu'il ne l'avait plus entendu qu'il l'avait refoulé, abandonné.

«Pour toujours ?» demanda-t-il à l'ours en écartant l'enveloppe, puis il cacha sa tête dans le creux de ses bras posés sur le bureau. Il n'entendit pas la porte grincer, ne perçut pas le moindre souffle d'air et ne vit pas Antje entrer; il ne sursauta qu'en sentant ses mains sur sa nuque. Gêné, il s'essuya les yeux de la main et tenta de vivre à nouveau, de renouer avec le grand oubli. Il y parvint. Mungu n'était pas un dieu de vengeance. Il pardonnait aux menteurs, respectait les fous et venait en aide aux pécheurs.

– Mais tu as pleuré, mon petit ours, dit Antje. C'était donc une lettre si triste que ça ?

– Une lettre très triste, mon chou. Les lettres qu'écrivent de vieux messieurs à de jeunes femmes sont toujours tristes.

– Ça me plaît. Tu es un parfait romantique. Tu files en douce pour m'écrire une lettre.

– Non, c'est à ma femme que j'ai écrit, et j'ai pleuré parce que je languissais beaucoup de toi. Demande à ton ours en peluche.

Il aimait cette sirène muette pour la curiosité qu'il lisait dans ses yeux alors qu'elle ne posait pas de question. Elle s'assit sur ses genoux, enfouit le nez dans les poils de sa poitrine et ferma les yeux. Il garda les siens ouverts pour goûter à un bonheur qui ne lui était que prêté. Un singe secoua le treillis métallique de la fenêtre. Paul alla vers lui, ouvrit et lui donna une banane.

Quand il revint vers Antje, il lui dit qu'il avait invité Gabriel à dîner. Elle laissa filtrer un soupçon de mécontentement, puis elle réussit comme par magie à transformer son dépit en un sourire.

– Pour ton Gabriel, dit-elle, je vais me faire particulièrement belle. Je vais tout de suite à ma hutte me changer. Si tu veux, j'emporte ta lettre à la réception. Comme ça, tu ne seras plus triste.

– C'est exactement ce que je voulais, reconnut Paul.

14

La longue jupe de soie rouge et le tee-shirt noir au profond décolleté bordé de demi-lunes en paillettes d'or accompagnaient Antje à chacun de ses déplacements. Le tee-shirt était son talisman depuis trois ans. Il lui avait valu des compliments très flatteurs, deux demandes en mariage presque sérieuses, une invitation à un dîner avec du homard qu'elle avait en vérité eu du mal à digérer et, dès le lendemain, de gagner à la loterie juste ce qu'il lui fallait pour s'offrir la coûteuse jupe.

D'excellente humeur, Antje contemplait les demi-lunes que le soleil faisait étinceler sur sa peau bronzée. Elle était devant sa hutte, tenant à la main la lettre de Paul à Cornelia, pensant vaguement à la petite fille à tresses qu'elle avait été et se rappelant comment le professeur, que toutes ses camarades d'école adoraient, lui avait confié, à elle et à personne d'autre, une mission importante. Comme ce jour-là, elle effectua une petite pirouette. La jupe virevolta autour de ses jambes et elle sentit un vent chaud souffler sur ses cheveux. Un bref instant, elle crut effectivement qu'elle pouvait retrouver l'insouciance des débuts de son voyage et que ses préoccupations présentes s'évanouiraient comme des bulles de savon si elle arrivait à se concentrer suffisamment sur tout ce qu'elle avait décidé de faire durant les quelques heures à venir.

Elle voulait d'abord remettre la lettre au chef réceptionniste, puis faire une surprise à Paul qui ne l'attendait pas si tôt, s'asseoir sur ses genoux, se montrer attentive et tendre envers lui, peut-être même un peu aguicheuse, et, en tout cas, fort rêveuse quand elle lui parlerait de sa bonne fée qui avait l'habitude de régler ses affaires. Cette histoire lui paraissait constituer une transition heureuse pour lui avouer ensuite sans aucune gêne avoir constaté que, les bonnes fées n'étant pas vraiment chez elles en Afrique, elle avait besoin de l'aide d'un homme avisé. Ce qui était tout à fait conforme à la vérité. Antje avait en effet découvert avec grand émoi, et pas mal d'inquiétude par conséquent, combien ses rêves et ses désirs étaient soumis aux changements de lieu et d'époque. Dans son Utrecht natal, ils étaient empreints de beaucoup de romantisme et de démesure ; désormais parvenue au terme de son errance nostalgique, elle n'entretenait plus que des désirs chaque jour plus prosaïques et plus modestes. L'Afrique avait transformé la jeune femme optimiste et pleine de gaieté : devenue plus réfléchie dans un premier temps, elle avait ensuite été gagnée par la mélancolie quand elle avait constaté combien d'égratignures avait dû subir sa certitude si confortable que seul le présent comptait. Antje regrettait chaque jour davantage la Hollande, même si elle n'arrivait pas à s'imaginer comment elle pourrait un jour reposer le pied sur le sol de son pays.

Antje avait perdu son billet de retour en avion quelque part entre Nakuru et Samburu, peut-être au bord du chemin, sous un jacaranda au doux parfum, mais plus probablement dans une auto aux sièges bien rembourrés, au cours de la lutte qui l'avait opposée à un jeune Suédois par trop entreprenant qui l'avait si aimablement prise à son bord et qui, lors de l'assaut brutal mais spontané qui avait suivi, avait sans doute d'autres visées que de s'emparer de son sac à dos. L'incident s'était produit au moment précis où son rêve de toute une vie, l'illusion de trouver un jour le bonheur en Afrique, commençait à se fêler. Elle s'était jusque-là très peu préoccupée des tours que peut vous jouer l'ironie du sort, et des détours que la vie peut emprunter pour vous marquer de son cynisme.

Non qu'Antje fût insatisfaite ou même malheureuse ! Elle était au contraire pleine de gratitude pour tout ce qu'elle avait appris à connaître au cours des derniers mois et pour la diversité fascinante de ce pays de la liberté où ne régnaient ni les normes ni les contraintes qui, chez elle, lui avaient paru d'une étroitesse petite-bourgeoise oppressante. Sa propre liberté, maintenant qu'elle aurait pu en profiter tout son saoul, avait pour elle beaucoup moins d'importance que durant les longues années où elle n'avait rêvé d'autre chose que de l'Afrique. L'immensité des paysages, qui avait empli son cœur d'allégresse durant les premières semaines, avait perdu peu à peu de son attrait. Les contrastes lui semblaient à présent trop brutaux, la beauté trop austère, tandis que le silence et la solitude la paralysaient. Antje était épuisée : devoir sans cesse conquérir un monde inconnu, qui, au fil des jours, la désorientait plus qu'il ne la rendait heureuse, n'était plus un plaisir, trop souvent un pur et simple fardeau.

Bien que cela lui fût désagréable, elle éprouvait l'ardent désir de revoir Utrecht et sa finitude, de retrouver le rythme, les bruits et les distractions de la ville. Les vagues connaissances qu'elle y avait lui manquaient, et elle regrettait ses bons amis, dont le nombre, curieusement, grandissait de jour en jour dans son souvenir. Il lui arrivait même de temps en temps de souhaiter revenir dans sa banque, de pouvoir bavarder librement avec des collègues et de savourer à nouveau le plaisir d'être félicitée d'une caresse sur l'épaule par son jeune chef qui présentait si bien. Elle trouvait surtout extraordinairement alléchante l'idée d'avoir assez d'argent sur elle pour pouvoir s'offrir un Coca à tout moment, sans autre forme de procès.

Dans la monotonie de l'Afrique, les petits riens de l'existence quotidienne, auxquels elle n'avait jamais prêté attention dans son pays, devenaient de véritables rêves éveillés qui ne lui laissaient pas le moindre répit. Elle se rappelait avec mélancolie le café qu'elle buvait dans le petit bistrot sympathique en face de chez elle, le gouda bien affiné du supermarché ; elle s'imaginait en train de renifler les premiers *Matjesheringe*[1] de la saison et elle rêvait d'un champ de tulipes bien précis, à Volendam, théâtre de son premier baiser. Quand son corps la brûlait au point de lui faire penser qu'elle avait de la fièvre, elle se revoyait au bord d'un canal gelé, la tête fouettée par un vent cinglant. Mais son besoin le plus impérieux était de pouvoir enfin parler hollandais avec quelqu'un d'autre que son ours en peluche.

La crainte de perdre sa langue maternelle l'amenait presque toujours à penser au père dont elle avait été privée durant toute son existence et qu'elle avait voulu retrouver en Afrique. Sur ce point aussi, elle tirait de ses expériences des leçons aux perspectives totalement nouvelles. Même si, avec ses tempes grises, son regard bienveillant, sa réconfortante carte de crédit et une certaine componction qui l'émouvait encore beaucoup quand elle était d'humeur câline, Paul correspondait tout à

1. Jeunes harengs marinés dans du sel *(N.d.T.)*.

fait à son ancien rêve d'homme idéal, un homme éprouvant un grand besoin d'harmonie et doté d'un fort instinct protecteur, il ne lui échappait pas qu'un ami de type paternel comme lui aspirait davantage à retrouver sa jeunesse envolée qu'à se doter d'une fille en quête de protection paternelle.

Certes, au début, la rencontre avec Paul l'avait vraiment charmée, de même que ses manières réservées l'avaient vivement impressionnée, mais à présent, avec sa nouvelle lucidité, Antje se demandait fréquemment si, en l'occurrence, elle n'avait pas été de nouveau et tardivement victime de ses anciennes illusions. Avec le temps, elle trouvait en effet qu'il était fatigant de fréquenter un homme vieillissant, au caractère accusé et aux habitudes bien ancrées, et que, durant les heures dénuées de toute perspective érotique, ce genre d'homme se révélait d'un commerce beaucoup plus difficile que les hommes jeunes et insouciants avec lesquels elle passait ses loisirs quand elle était chez elle.

Ceux dont elle se souvenait n'étaient en tout cas pas enclins à de soudains accès de mélancolie et ne la soumettaient pas à des exigences intellectuelles dépassant ses capacités. Ses jeunes collègues et ses joyeux copains du club sportif riaient des mêmes plaisanteries et des mêmes choses qu'elle, ne se livraient jamais à des comparaisons abstraites, ne parlaient pas de musées, de tableaux, de peintres et encore moins de héros grecs morts depuis des éternités. Et, c'était plus que certain, ils ne récitaient pas des poèmes qu'Antje, même dans sa propre langue, n'aurait pas compris.

S'efforçant de se montrer la plus objective et la plus juste possible, elle se dit avec force que Paul était en définitive exactement le genre d'homme vieux jeu dont elle avait rêvé dans les périodes les plus solitaires de son existence. Même dans l'état de légère irritation où elle se trouvait présentement, comme cela lui arrivait de plus en plus souvent depuis quelque temps, elle pouvait sans peine énumérer les mérites de Paul. Ce cher vieux type – comme elle avait l'habitude de l'appeler un peu irrespectueusement au cours des conversations qu'elle avait avec son ours pour s'épancher – était d'une exquise courtoisie et l'entourait de prévenances comme aucun de ses partenaires ne l'avait encore jamais fait; délicieusement paternel, il la gratifiait de ces petites joies dont n'avaient aucune idée les jeunes conquérants qu'elle avait connus au cours d'une existence qui, de ce point de vue, avait été richement pourvue.

Seulement, Antje n'avait jamais imaginé qu'il lui serait aussi difficile de parler à cœur ouvert avec ce père et de lui confesser les petites bêtises que commettent des filles au tempérament impétueux. Elle ne trouvait pas le courage d'avouer à cet aimable et vieux monsieur, qui l'adorait visiblement et était à l'évidence persuadé qu'il en allait de même pour elle, combien sa naïve petite nymphe était dans une mauvaise passe. Elle avait épuisé jusqu'au dernier sou son budget voyages pour le rejoindre à Samburu, et elle n'avait pas la moindre idée de la manière dont, sans son aide, elle pourrait payer sa note du lodge, sans même parler de la manière dont elle pourrait quitter les lieux.

Chaque fois qu'elle se disposait à s'ouvrir à lui, il lui paraissait si lointain, si plongé dans ses pensées et si occupé à édifier un paradis sous le ciel d'Afrique qu'elle renonçait à l'importuner avec ses ennuis terrestres. Elle avait néanmoins toujours à l'esprit qu'il ne lui restait plus beaucoup de temps pour clarifier une situation on ne peut plus précaire avant que celui qu'elle s'était choisi comme sauveur ne reparte pour un de ses voyages à la soudaineté si désagréable. Quand elle faisait preuve d'esprit critique envers elle-même, Antje se faisait l'effet d'être retombée du vingtième siècle dans les temps anciens où la destinée des femmes dépendait entièrement de la générosité et des humeurs de leurs époux.

À la piscine, encouragée par la gaieté et l'entrain ambiants, elle s'était promis d'évoquer au plus tard au dessert le billet d'avion perdu, mais depuis, elle avait appris deux nouvelles inattendues. Premièrement, Paul était manifestement en bien meilleurs termes avec sa femme qu'elle ne l'avait présumé et, deuxièmement, il avait invité Gabriel à dîner avec eux. Le fait d'avoir un amant qui lui chuchotait à l'oreille les compliments les plus doux avant d'écrire, une heure plus tard, une lettre de plusieurs pages à sa femme et de se mettre à pleurer n'était pas de nature à gâter la bonne humeur d'Antje. Paul n'était pas dans sa vie le premier homme marié qui, au lit, désirait le corps de sa maîtresse, mais, dès qu'il renfilait son pantalon, n'arrivait pas à se concentrer sur le présent.

Depuis l'échec étonnamment rapide de son propre mariage, les scrupules moraux ou les idées vieillottes sur le mariage et la fidélité ne la tenaillaient guère, en tout cas pas au-delà des limites du supportable. Jeune femme moderne sachant ce qu'elle voulait, elle se plaisait à dire qu'elle était, bien qu'incapable de le devenir jamais, «super cool». Elle était totalement imperméable à la jalousie, a fortiori pour une relation dont le caractère temporaire la rassurait agréablement et dont elle était certaine de la ranger un jour parmi ses aventures typiquement africaines.

Pour tout dire, la perspective de dîner en compagnie de Gabriel lui déplaisait beaucoup plus. Parfaitement consciente qu'elle ne pourrait pas parler librement en sa présence, elle n'en avait pas non plus envie. Ce Gabriel toujours obligeant, avec sa langue bien pendue, son doux regard et sa poignée de main vigoureuse et virile, était un rival qu'Antje se gardait de sous-estimer. Dotée d'un flair infaillible pour les relations entre hommes, si irritantes pour les femmes, elle éprouvait de la contrariété à voir les yeux de Paul s'illuminer d'une manière étonnamment puérile dès qu'il évoquait le nom de Gabriel ou à l'entendre parler de lui comme d'un ami et d'un fils.

Antje n'aimait pas les gens qui voyaient tout, en savaient toujours plus que les autres et ne laissaient jamais passer l'occasion de bien marquer leur territoire. Avec elle, Gabriel n'avait pas perdu une seconde avant d'avancer ses pions. Dès leur première rencontre, il n'avait laissé planer aucun doute sur le fait que, au cours de ses trajets de découverte, la présence de femmes dans sa voiture l'indisposait autant que celle de singes sur le radiateur de son auto. Antje se rappelait très exactement les mots qu'il avait employés et même qu'il avait déclaré être au volant le «*big boss*». Elle avait ri, mais pas lui.

Elle arracha machinalement une feuille à une épaisse haie aux minuscules fleurs blanches.

– À moi, on ne la fait pas, dit-elle tout haut. Big boss verra à qui il a affaire.

Elle fut confuse d'entendre que sa voix, dans le silence du jour qui jetait ses derniers feux, avait une tonalité agressive, mais cette révolte, si étrangère à son indulgence naturelle, lui fit du bien. Moins pourtant qu'à ses oreilles qui, déshabituées d'entendre sa langue natale, captèrent avec ravissement les sonorités du hollandais, si stimulantes pour elles. Indécise, elle n'avait toujours pas quitté le jardinet devant la hutte, ne voulant pas s'en aller avant que son irritation se soit calmée. Soudain, jetant un œil à sa montre, elle s'aperçut qu'il était beaucoup plus tard qu'elle ne le croyait. Elle partit alors en toute hâte en direction du bâtiment de la réception.

Dès les premiers pas, cette marche énergique lui procura un sentiment de libération et de bonheur ; sentant les doutes et l'exaspération l'abandonner, elle pressa encore l'allure et s'arrêta, le souffle court, à côté d'une haie d'hibiscus pour vérifier si elle était de nouveau en état de sourire. Elle estima le test satisfaisant. Ne prenant qu'une seule et profonde respiration, savourant la tiédeur de l'air et la vie renaissante, elle chercha à s'ouvrir à la sérénité et au soudain relâchement de la tension autour d'elle. Son émerveillement devant la beauté des tendres fleurs fut tel qu'elle n'eut pas envie de se remettre immédiatement en route.

Ayant aperçu dans la lumière blanche, posés sur les buissons, des papillons jaunes aux ailes tachetées, Antje ne réussit pas à se détacher à temps de cet éblouissement de couleurs qui allait réveiller au plus profond d'elle-même le souvenir des joies de son enfance. Petite fille, elle était incapable de passer à côté de fleurs sans en cueillir au moins une et se la piquer derrière l'oreille. En un clin d'œil, la diplomate, à l'instant encore occupée à des calculs savants et prête à user des armes féminines les plus anciennes, était redevenue la gracieuse princesse de six ans au nez retroussé, attendant le fils du roi qui, armé d'une épée d'argent, arrivait à cheval, après avoir traversé une forêt obscure, à seule fin de la délivrer de la pauvreté et de la misère. Ayant hissé la belle sur sa monture blanche qui s'ébrouait après sa course folle, il partait au trot vers son château de verre où il la déposait sur un divan de roses.

Un chien de Samburu, ayant reçu un coup de pied, poussa un glapissement accompagné des vociférations d'une voix humaine avant même que n'ait commencé, dans le château de verre, la merveilleuse nuit de bal. Ce fut alors, pour Antje, un jeu d'enfant de se moquer d'elle-même et d'échapper à un spectacle de contes de fées qu'elle avait vu à Utrecht il y avait fort longtemps de cela. Mais les fleurs tropicales ne supportent pas que des yeux ivres de beauté se détournent d'elles avant qu'elles aient eu le temps d'étaler tous leurs charmes magiques. Saisie d'un désir impérieux, Antje tendit la main dans leur direction et son nez s'abandonna à leur parfum ensorcelant.

Occupée à caresser les feuilles et à frôler les fleurs de la main et du nez, elle fit tomber la lettre dans l'herbe par inadvertance, et son pied se posa dessus sans qu'elle le remarque. Avec précaution, elle détacha de sa tige qui résistait de toutes ses forces une fleur flamboyante et la fixa sur son décolleté à l'aide d'une épingle de sûreté. Sur les demi-lunes dorées de son tee-shirt, des étoiles étincelaient de mille feux.

D'un seul coup, sous l'effet d'un geste trop brusque, la longue jupe devint si lourde que l'enfant aux fleurs vacilla et, pour ne pas tomber, elle dut précipitamment rassembler la masse de tissu et la soulever du sol. C'est alors qu'Antje aperçut le singe. Accroupi à ses pieds, il suçotait un bout de jupe tout en jouant avec le lacet orange de son tennis droit.

– Bel animal, ne te relève pas, chuchota-t-elle. Je sais très bien que tu es un prince victime d'un charme et que tu attends de moi que je te donne un baiser.

Sous l'effet de l'émoi et du bonheur de pouvoir contempler de si près une créature aussi peu farouche, elle n'osa ni retirer son pied ni bouger les mains. Le singe avait un pelage vert olive et ses yeux étincelants, aussi ronds que des assiettes, fixaient Antje avec cette innocence touchante qui n'appartient qu'aux jeunes animaux. Mais, tout minuscule qu'il était, il avait des mains prestes et vigoureuses. L'une d'elles, jaillissant du creux de l'aisselle, tira sur la chaussure d'un coup si énergique qu'Antje, cette fois, trébucha pour de bon et tomba. Elle poussa un petit cri aigu, trop déconcertant pour un singe sans expérience, et, tout effrayé, il prit la fuite. Toutefois, profitant de ce que, pouffant de rire, Antje était encore allongée par terre en train de gigoter, il fit un brusque demi-tour et s'assit dans l'herbe. Les bras croisés autour du corps, sa petite tête inclinée sur le côté, il paraissait encore plus petit qu'avant, et son air timide et craintif était attendrissant. Soudain, d'un seul geste, le champion de la simulation s'empara de l'enveloppe et renifla le papier en examinant attentivement l'écriture très soignée de Paul.

Antje riait encore quand elle se releva d'un bond. Tout en caressant de la main gauche le pelage duveteux, elle essaya aussitôt – très lentement, très prudemment – de reprendre la lettre de l'autre main, mais il montra les dents en levant les deux bras au-dessus de la tête. Un instant encore, tel un enfant taquin qui essaie en ricanant de faire tourner en bourrique celui à qui il vient de dérober quelque chose, le provocateur poilu brandit le trophée à bout de bras au-dessus de sa tête. Et une seconde plus tard, la lettre entre les dents, le facétieux larron bondissait à travers l'herbe haute. Traversant des fourrés, sautant des pierres et des racines, grimpant sur des branches basses, puis s'en laissant aussitôt retomber, il s'enfuit à toutes jambes comme s'il luttait pour son existence.

Déjà essoufflée, Antje le poursuivait pourtant. Elle l'implora à voix basse, le suppliant de faire preuve de compréhension, puis elle le menaça de tous les maux en criant; elle trébucha sur une forte branche que le fuyard avait lancée dans sa direction, accrocha sa jupe à des épines pointues, la dégagea, les mains tremblantes, vit qu'elle était d'ores et déjà distancée, mais ne renonça pas pour autant. À deux ou trois reprises, sûr de lui, le fugitif laissa sa poursuivante désespérée l'approcher de si près que, reprenant courage, elle eut la présomption de croire qu'il lui suffirait de tendre la main de quelques centimètres pour lui arracher l'enveloppe. À chaque fois pourtant, l'artiste malicieux lui signifiait que ce sont toujours les enfants qui gagnent aux jeux très anciens où la ruse et le culot comptent davantage que le bon droit du chasseur floué.

– Je t'en prie, se lamentait la victime, la lettre ne m'appartient pas.

Mais le vainqueur se contentait de secouer sa petite tête.

Une fois même, il se laissa attraper, mais reconquit aussitôt sa liberté en égratignant Antje de ses ongles longs, puis, bondissant sur une éminence rocheuse pointue, il entreprit de s'épucer.

Le souverain aux yeux de velours sauta ensuite de son trône. C'est debout qu'il disputa le dernier round de ce duel inégal. Il regarda autour de lui d'un air supérieur, appréciant la situation. Sans hâte, il grimpa sur un arbre à l'épaisse écorce marron, passa de branche en branche, laissant une dernière fois apercevoir sa poitrine claire contre laquelle il serrait l'enveloppe, puis le bout de sa longue queue, puis plus rien.

Antje, debout sous l'arbre, tambourina contre le tronc jusqu'à s'en faire mal aux mains. Elle aperçut le petit singe pour la toute dernière fois au moment où il sautait du sommet d'un arbre à un autre. Elle ne savait pas si elle devait crier, pleurer ou rire; elle ne ressentait que la pression des larmes, une douleur à son genou égratigné par les épines d'une haie et un sentiment d'impuissance qui, au lieu de se transformer en fureur, céda finalement la place à un rire hystérique dont elle ne reconnut pas sur-le-champ qu'il était le sien.

Fatiguée, la malheureuse Diane abandonna la partie, fit trois pas en arrière, regardant par terre avec embarras, pressentant le spectacle qu'elle offrait, puis, reprenant de l'assurance, elle ne put faire autrement qu'éclater de rire. Sa jupe était déchirée, l'ourlet décousu et des brins d'herbe gluants et de minuscules insectes noirs ainsi qu'un gros scarabée rhinocéros à la carapace luisante étaient collés sur ses tennis blancs. Elle avait les deux mains griffées, du sang gouttait d'un de ses coudes et ses cheveux trempés de sueur s'étalaient sur sa nuque comme un chiffon mouillé. Seule la fleur d'hibiscus était toujours solidement accrochée à son décolleté. Antje la caressa du menton, offrit au vent la paume de ses mains, s'éventa le visage pour se rafraîchir et ferma les yeux.

Elle avait l'impression d'être un enfant niais et désobéissant qui, au sortir de l'école, au lieu de rentrer chez sa mère qui l'attend pour le repas, s'en va dans la forêt, y perd par-dessus le marché son cartable et sa coûteuse barrette et, là-dessus, décide de ne plus revenir à la maison et de ne plus vivre désormais que de baies des bois. Épuisée, elle se laissa tomber sur l'herbe. Allongée sur le dos, les bras sur la tête, les jambes bien à plat contre le sol, elle regarda le ciel. Encore sous l'emprise de sa disposition d'esprit puérile, elle se figurait que personne ne s'apercevrait de ce qui s'était passé, à condition d'attendre, tranquillement allongée, que le monde retrouve son aplomb.

Ayant enfin repris haleine, l'enfant se consola en se racontant une merveilleuse histoire. Le singe mangeait une banane, déchirait ensuite l'enveloppe à l'aide de ses ongles longs et aiguisés, lisait à haute voix à ses frères et sœurs dévorés de curiosité ce que, en voyage, des messieurs d'un certain âge écrivent à leurs épouses trompées. Pourtant, comme les enfants ne s'intéressent que modérément aux lettres arrosées de larmes par des adultes mélancoliques, Antje n'eut finalement d'autre choix que de sortir du cocon de sa jolie histoire. Elle se creusa un petit moment la tête pour savoir s'il ne serait pas plus malin de parler tout de suite à Paul de la lettre volée et ensuite seulement de son billet d'avion égaré, ou s'il valait mieux faire ses aveux en sens inverse, mais, à la longue, elle trouva qu'aucune des deux éventualités n'était satisfaisante.

Un peu plus tard, dans la salle de bains de sa hutte, douchée, remise de ses émotions, ayant soigné ses blessures et retrouvé, en dépit de l'échec de sa poursuite, la bonne humeur de ceux qui ont l'immense chance de pouvoir rire d'eux-mêmes, elle constata dans son miroir que son visage reflétait autant d'innocence que les yeux d'un tout petit singe. Elle promit à ce dernier de taire jusqu'à la fin des temps leur commun secret. Cette idée suffit à lui rendre son esprit de décision. Elle résolut donc de recoudre sur-le-champ l'ourlet de sa jupe, de ne pas se formaliser, durant toute la soirée, de la présence de Gabriel et d'attendre le lendemain pour pouvoir décrire sa situation à Paul, en toute tranquillité et en détail.

Un serveur était en train d'allumer les bougies sur les tables et de disposer des orchidées roses dans les vases quand Paul arriva pour le dîner. De loin, celui-ci aperçut Gabriel debout à l'entrée de la salle préparée comme pour une fête et il remarqua sa gêne quand le gros maître d'hôtel fonça sur lui, les bras largement écartés, en déversant sur lui un flot de paroles manifestement furibondes. Gabriel déploya ses larges épaules, mais baissa la tête en même temps. Il était maintenant impossible d'ignorer que le maître d'hôtel l'invectivait. Visiblement, Gabriel n'avait pas le courage de réagir autrement à l'outrage qu'en serrant les poings. Une fois ou deux, il ouvrit la bouche, mais ne dit rien.

Paul se rappela la conversation du matin et la remarque de Gabriel à propos des chauffeurs dont la direction du lodge ne voulait pas dans les locaux destinés à la clientèle ; il pensa avec inquiétude à l'apartheid en Afrique du Sud. Même si, sur ce point, il n'avait eu au cours de son voyage que des impressions fugitives, il pouvait fort bien imaginer que les gens détenant un pouvoir au Kenya imposaient une humiliation analogue à leurs propres concitoyens. Consterné d'avoir lui-même placé Gabriel en situation humiliante en faisant preuve de l'insouciance irréfléchie propre aux possédants, Paul hâta le pas en direction de la salle à manger. Il essaya de franchir les tout derniers mètres en courant, arriva rouge de colère sur le lieu de l'algarade et, hors d'haleine, s'interposa entre les deux hommes. Il adressa un simple signe de tête amical au maître d'hôtel sorti de ses gonds, mais lança son «*Jambo*» d'une voix si forte qu'il sonna comme une menace.

Paul donna à Gabriel une tape dans le dos avec la rude familiarité d'hommes se connaissant depuis longtemps et prêts, à l'avenir aussi, à franchir de concert tous les obstacles se présentant à eux. Il demanda à avoir la table bénéficiant de la meilleure vue sur le fleuve, d'un ton catégorique et impératif dont il eut honte et qui, lorsque ses oreilles le perçurent, lui parut tout à fait typique d'un riche touriste, un ton arrogant et autoritaire, un ton très allemand.

– Nous devons aujourd'hui parler aux crocodiles, expliqua-t-il à l'employé un tout petit peu moins fort, mais avec des yeux réduits à la dimension d'une fente, comme ceux de Gabriel. Mon bon ami que voici m'a promis de me raconter tout ce qu'ils voudraient bien me dire. Mais peut-être est-il interdit, dans ce lodge, de parler avec des crocodiles pendant le repas ? Mon ami m'a dit que je ne pouvais pas parler avec qui je voulais pendant le repas, mais je sais qu'il ment.

– Il a menti, dit le maître d'hôtel en riant jaune. Quelqu'un comme vous, qui parle aussi bien notre langue, peut converser avec tout un chacun. Même avec des crocodiles. Le Kenya est un pays libre.

Puis il hocha légèrement la tête, d'un air un peu absent, comme s'il cherchait seulement à chasser un moustique de son crâne luisant. Son visage reprit ensuite son expression bon enfant et, une serviette blanche sur le bras, il les précéda jusqu'à une table ronde placée contre la large balustrade ; bien qu'Antje ne fût pas encore arrivée, il ajouta une troisième chaise.

– Tu ne voulais pas du tout parler des crocodiles, constata un peu plus tard Gabriel, toujours gêné, toujours à la recherche de la fierté qui avait trop rapidement fui son corps et sa tête, remuant un verre de jus de tomate à l'aide d'une pique à cocktail en forme de défense d'éléphant. J'ai vu que tes yeux brûlaient. Tu voulais simplement dire à cet âne stupide, à ce braillard, que je suis ton ami.

– Voilà qu'une nouvelle fois je ne peux rien te cacher, Gabriel. Qui est-ce qui t'a rendu si intelligent ?

– C'est toi, papa *mzee*. C'est uniquement toi. L'intelligence, c'est comme une maladie. Elle saute d'un homme à l'autre. Tu es le seul à toujours avoir dans la bouche des paroles plus belles que les miennes. Où est-ce que tu les trouves ?

– Je n'ai appris qu'une chose dans ma vie : dire de belles paroles.

Ensemble, ils virent la première étoile percer à travers les nuages, des essaims de moustiques se ruer dans la lumière du lampadaire de la piscine ; ils entendirent le dernier appel amoureux d'un oiseau avant qu'il ne disparaisse à tire d'aile dans l'obscurité, sans se soucier de l'avenir de son espèce. Quand leurs regards se rencontraient, aucun des deux ne posait de questions à propos des jours qui n'étaient pas encore venus ; ils profitaient ensemble de leur intimité, renonçant à échanger des paroles, et se laissaient pleinement envahir d'un sentiment qui ne doit pas sortir de la gorge s'il veut demeurer dans la tête. Ce fut un long silence qui fit prendre conscience à Paul et Gabriel que les liens enserrant leurs deux cœurs étaient devenus trop solides. Et qu'ils ne pourraient être défaits sans laisser à jamais des cicatrices.

Tenant un verre contre la lumière vacillante, Gabriel dégusta le vin les yeux clos, à la manière des connaisseurs qui n'ont d'autre préoccupation que de satisfaire leur langue, mais, en buvant, il ravala autant de soupirs qu'un homme obligé de partir pour un safari auquel il ne veut pas participer. Le clair vin rosé était déjà amer dans la bouchc. Il songea au doux *tembo* de Naro Moru et à son fils que le *mzee* n'avait pas voulu laisser mourir.

– Est-ce que tu as écrit ta lettre aujourd'hui ? demanda-t-il pour contraindre sa tête à revenir avant qu'il n'éprouve trop fort le désir de revoir les sentiers menant à sa propre hutte. Et où est passée Sirène ?

– Est-ce que personne ne t'a dit qu'un homme ne devait jamais faire sortir deux questions à la fois de sa bouche ? Tu ne peux pas attendre qu'il soit l'heure ? Ma lettre est déjà partie en safari et Sirène ne va pas tarder. Il y a encore une chose que je voulais te dire, Gabriel. Je veux l'emmener demain en safari.

– Pourquoi ?

– Est-ce que tu dois toujours tout savoir ? Chez nous, les femmes sont aussi là pour la journée, pas seulement pour la nuit. Sirène ne peut pas passer tout son temps à attendre que je revienne de safari. Elle n'a encore jamais vu de lion. Demain, il faut qu'elle soit des nôtres quand nous partirons.

– Demain, il faut qu'elle soit des nôtres, répéta Gabriel, serrant fortement les lèvres pour ne pas faire comme les gens stupides et transformer trop vite en paroles les images qui se pressaient dans sa tête, puis il déplia la serviette de table et la disposa soigneusement sur ses genoux.

Pendant un bon moment, il garda les yeux fixés sur ses genoux ainsi recouverts tout en fouillant dans les poches de son pantalon. Quand il libéra enfin ses mains, il avait retrouvé le sourire ; mais, sentant que Paul n'avait cessé de l'observer, il envoya directement ses propres yeux vers la lune blanche qui lui fit savoir que le malin *mzee* n'était parfois pas assez malin. Il parlait trop tôt et sans réfléchir aux choses qu'il voulait faire.

Gabriel bondit de sa chaise alors qu'Antje – comme il le vit immédiatement – s'approchait de la table avec une lenteur manifeste, puis il resta debout jusqu'à ce qu'elle ait embrassé Paul et qu'il ait lui-même serré la main qu'elle lui tendait. Il ne la relâcha pas aussitôt, faisant bien plutôt glisser un doigt inquisiteur sur la longue égratignure rouge qui rayait sa belle et tendre peau. Il voulut, comme dans un film américain, cligner de l'œil droit à la manière des guerriers au pistolet qu'il n'admirait que pour cette mimique. Mais il ne s'y connaissait pas vraiment dans l'art des hommes blancs de se transmettre des messages entendus. S'embrouillant, Gabriel écarquilla les deux yeux à la fois et ne sut plus alors comment l'homme, au cinéma, avait fait pour rapetisser l'œil en question. Avec courtoisie, les deux pieds joints, la main gauche dans le dos, comme il l'avait vu faire au maître d'hôtel du Norfolk de Nairobi, un homme unanimement admiré, Gabriel avança une chaise pour Antje. Il la salua à l'aide de quelques mots anglais difficiles à prononcer qu'il se rappelait depuis l'école, s'étonnant qu'ils s'échappent de sa bouche d'un trot aussi aérien que celui d'une gazelle quittant l'ombre pour gagner les taches claires dessinées par le soleil levant.

Paul parlait allemand avec Antje, elle anglais avec Gabriel, et ce dernier swahili avec Paul. Avant même qu'elle ne s'en aperçoive, Gabriel comprit qu'elle laissait trop souvent s'échapper la proie des mots. Cette même mésaventure irréparable ne lui arriva, pour sa part, qu'à deux reprises. Chaque fois que la malheureuse chasseresse se disposait à engager avec Paul une conversation d'une certaine durée en prenant une voix aussi douce que celle d'un oiseau à qui il ne reste que peu de temps pour bâtir son nid, le joyeux *mzee* se mettait à parler de crocodiles, de lions et d'éléphants et à regarder Gabriel avec des yeux qui signifiaient qu'ils partageaient les mêmes connaissances et les mêmes secrets, et chacun des mots qu'il prononçait en swahili, aussi bref fût-il, était une musique qui résonnait ensuite longuement.

Les oreilles d'Antje étant peu à peu privées d'aliment, sa langue devint vite aussi lourde que les rochers des montagnes où même l'herbe n'arrive pas à prendre racine. Gabriel, en contemplant la jeune femme silencieuse, fut obligé de noyer avec prudence un rire dans sa gorge ; sa rivale ne parvenait pas à chasser de son visage les ombres grises avant qu'elles ne se changent en taches de mécontentement. Paul fut le dernier à remarquer qu'Antje se taisait, qu'elle avait un air malheureux et que, en dépit de la lumière flatteuse, elle semblait plus âgée que dans l'atmosphère détendue du bord de la piscine. Se sentant soudain coupable, il attira contre lui la nymphe libérée de son ensorcellement et enfin devenue adulte, se frotta le visage contre ses cheveux et choqua son verre contre le sien.

– Je suis navré, s'excusa-t-il, tout penaud. J'ai été toute ma vie un balourd grossier et sans égards. Mais, quand je suis avec Gabriel, je n'arrive jamais à me figurer qu'il puisse exister en Afrique quelqu'un qui ne parle pas le swahili.

Lorsqu'il avait commencé à parler, ce n'avait été qu'un pressentiment, très vague encore ; à présent, avant la fin de la dernière phrase, c'était une certitude : voici longtemps de cela, il avait vécu une situation analogue, mais plus pénible, et avec une femme qui n'avait pas la patience d'Antje. Il n'arriva tout d'abord pas à se rappeler avec qui il s'était retrouvé à table, en compagnie d'un camarade de classe qu'il avait accueilli avec beaucoup de joie. Il n'eut cependant pas à attendre longtemps que lui reviennent les détails dérangeants. L'hôte, l'humeur joyeuse, le verbe haut, était procureur dans une petite ville, et, s'échauffant mutuellement, les deux hommes, exactement comme s'ils n'avaient pas vieilli d'un seul jour, avaient fait revivre le passé dans la langue secrète, grossière et équivoque qu'affectionnent les lycéens pubertaires. Et c'est Anne qui les avait sommés de se taire. La soirée s'était terminée par un éclat.

D'une voix ironique et glaciale, elle avait traité Paul d'égocentrique le plus exceptionnel qu'elle ait jamais rencontré. C'est ce jour-là qu'il avait entendu pour la première fois le mot «phallo», prononcé à son intention et complété par Anne, d'un ton méprisant :

– Et pour couronner cette magnifique journée, tu te conduis en minable macho, en simple escroc intellectuel.

Le coup de massue était encore douloureux, et c'est pourtant une nouvelle fois le visage de Cornelia qu'il vit, l'air aussi embarrassé, confus et perdu que celui d'Antje en cet instant. Cornelia n'avait, elle non plus, jamais su se défendre et il avait peu à peu cessé de faire preuve de sensibilité et d'égards envers elle.

Le poids de ce vieux souvenir priva d'un seul coup Paul de la légèreté de la nuit africaine, le contraignant à un exercice d'autocritique. Il n'avait jamais fait d'efforts pour faire participer Cornelia à son monde. Pour cela – il en avait pris conscience, au cours de son safari, chaque fois que des émotions s'étaient entrechoquées en lui –, il lui aurait peut-être suffi de quelques mots aimables et compréhensifs pour l'inciter à s'y risquer, mais, trop occupé de lui-même et de ses humeurs, il ne l'avait pas fait une seule fois. C'est avec beaucoup de lenteur et d'hésitations que la conscience et le repentir de Paul parcoururent le chemin menant du passé au présent.

– Demain, pendant notre safari, finit-il par promettre, il en ira autrement, ma pauvre petite Sirène. Nous ne parlerons qu'anglais. J'oublie toujours que Gabriel parle un anglais excellent.

– Qui ça, nous ?

– Nous trois, bien sûr. Tu vas bien nous accompagner dans notre équipée ? Gabriel veut enfin te faire voir un lion.

– Naturellement que je vous accompagne ! répondit Antje, surprise. Il y a longtemps que j'en avais envie.

Elle se demanda avec humeur si Paul avait tenté d'éblouir toutes les femmes de sa vie par de belles promesses et si ce n'était pas la raison de sa profonde mélancolie, les jeunes femmes s'avérant, à l'instant crucial, ne pas être les enfants qu'un homme d'un certain âge voulait voir en elles, mais le regard qu'elle jeta à Paul fut trop fugitif pour qu'elle puisse creuser cette idée plus avant. Obéissant à une impulsion qu'elle ne put s'expliquer, elle se pencha en avant, en direction de Gabriel.

Elle eut d'un seul coup l'impression de voir son visage à travers une loupe. Avec l'agrandissement, il semblait repoussant et menaçant, mais Antje ne comprit pas le signal que lui envoyaient les yeux de ce visage déconcertant. À peine avait-il entendu son *mzee* prononcer son nom et le mot safari que, malin, il s'était mis en route pour dresser son premier piège. Il passa une main par-dessus la balustrade pour prendre le vent et il constata qu'il pouvait se fier à la fraîcheur de la nuit.

– Je vais te chercher ta veste, proposa-t-il quand il vit que son *mzee* avait non seulement besoin d'un peu de chaleur, mais aussi d'aller aux toilettes.

– Non, je vais aller moi-même à ma hutte. Voilà qu'une nouvelle fois tu sais tout avant moi. Je serai bientôt de retour.

Bien qu'impatient, Gabriel attendit que l'obscurité ait englouti son papa, dont il ne partagerait jamais la sage magie des mots avec quiconque, encore moins avec une femme. L'heure arriva. Il prit la salière alors que son assiette était vide, heurta un verre de la main gauche, le rattrapa avant qu'il tombe d'un geste de sa main droite si agile, bondit avec effroi de sa chaise, puis se rassit avec calme, murmurant quelques mots à voix basse. Il dit alors très fort :

– *Sorry !*

Tout en s'excusant, il serra la main d'Antje, exactement comme son *mzee* l'avait fait. Quand il la libéra et la posa sur la table, il eut un sourirc.

– Tu parles anglais ou bien allemand avec les singes ? chuchota-t-il.

– Qu'est-ce que tu me veux, Gabriel ? Tu as passé toute la soirée à me dévisager ou à me tripoter. Qu'est-ce que signifie à présent cette ânerie avec les singes ?

– Regarde un peu tes mains. Il n'y a qu'un singe pour griffer comme ça.

Le chasseur vit sa proie rentrer dans sa peau, écarquiller les yeux, sa langue partant en vain à la recherche d'un mensonge, et, entortillée dans les mailles d'un filet, être envahie d'une rage impuissante. Dans cet état, elle ne songeait même pas à fuir. Gabriel n'eut pas la patience d'attendre qu'Antje desserre les dents. Regardant dans la direction de la hutte de Paul, il fut soulagé de voir que son *mzee* ne se montrait pas encore.

– Tu n'as pas besoin de trembler, la consola le souple guerrier, j'ai remarqué que ton singe était très petit. Il ne sait pas encore parler.

– Si tu as tout vu, pourquoi ne m'as-tu pas aidée ? Tu aurais pu reprendre la lettre à ce maudit singe.

– Tu ne m'as pas appelé, répliqua Gabriel d'un ton aimable. Je ne viens que quand on m'appelle. Je ne suis que le chauffeur de mister Paul.

Dans un silence pesant, il ramena en arrière sa tête, parvenue entretemps tout contre celle d'Antje, lissa la fossette qu'il avait sur le front, déploya son grand corps et fixa le ciel du regard. Quand il vit luire les plus petites des étoiles, Gabriel plongea dans la poche de son pantalon la main de l'action et en sortit un petit sachet contenant une poudre blanche qui n'avait ni goût ni odeur, mais qui offrait aux voleurs d'amour la douceur d'un long sommeil. La jeune femme qui n'allait pas tarder à l'avaler ne s'aperçut pourtant de rien et elle ne saurait jamais pourquoi, à son réveil, elle serait accueillie non par l'aurore, mais par le soleil couchant.

– Voilà mister Paul qui revient, dit Gabriel en mettant dans sa gorge un prudent soupçon d'inquiétude. Il sera très mécontent s'il apprend que sa lettre n'a pas voyagé au-delà des arbres. Je ne le lui dirai pas. Pourquoi mettre mister Paul en colère contre ton singe ?

Antje voulut faire un signe de tête d'approbation à l'intention de Gabriel, lui faire savoir d'un air de souveraine nonchalance qu'elle partageait son point de vue sur les désagréments qu'on pouvait éviter à une certaine personne, mais elle avait la tête brûlante et elle n'arriva pas à la remuer. La main qui saisit le pied de son verre était brûlante elle aussi. Un besoin impérieux de ravaler sa peur, sa colère et son humiliation l'envahit, lui desséchant la peau. Elle s'apprêtait à boire quand Gabriel lui prit le verre des mains pour le reposer sur la table avec une douceur infinie.

– Non, lui rappela-t-il, tu as oublié que tu dois à présent boire dans mon verre. Et moi, je vais boire dans le tien.

Antje voulut éclater d'un rire méprisant et faire enfin disparaître des yeux autoritaires et impertinents qui l'hypnotisaient le regard à l'affût qui s'y dissimulait. Gabriel pouvait bien mener sa guerre aussi longtemps qu'il lui plairait, c'était elle qui, en définitive, choisirait les armes. Un seul rire, bref et aigu, plein d'ironie, de méchanceté et de coquetterie, l'éternel rire féminin, suffirait à la venger de l'homme qui l'humiliait. Ses yeux lancèrent une première flèche. D'un geste hautain, elle écarta ses cheveux et se tapota le front à l'aide de deux doigts.

D'un ton cassant, Antje déclara :

– Chez nous, seuls les bons amis boivent dans le verre les uns des autres.

Mais elle souriait comme une petite fille intimidée prise en flagrant délit de vol par son professeur. S'apercevant que sa main tremblait, elle sut qu'elle venait aussi de perdre la dernière bataille dans la guerre de Gabriel.

– Chez nous aussi, répondit Gabriel dans un sourire, tandis qu'Antje buvait son vin et lui le sien, seuls les bons amis boivent dans le verre les uns des autres.

15

Des heures durant, le vent fouetta la hutte et les meubles légers du petit jardin à découvert, avec une telle violence que les chiens glapissaient et couraient en tous sens aux alentours de l'hôtel et que les carreaux des fenêtres vibraient. Les nuages ne libérèrent la lune que lorsque le vent eut perdu ses dernières forces. Un puissant rayon de lumière vint alors teinter de jaune la petite chaise devant le bureau, transformant une nouvelle fois les pensées noires en illusion, l'illusion qu'une nuit africaine pourrait soudain apporter la paix. Après la fureur déchaînée qui avait balayé forêts et buissons avant de venir frapper les murs de bois et de rebondir avec des claquements pareils à ceux du tonnerre, le silence fut comme un baume pour les oreilles, pour le cœur et pour les nerfs de Paul, mais à peine était-il ainsi délivré de toute obligation et de toute menace qu'il entendit un cri prolongé.

N'ayant pas réussi à émerger tout de suite d'un état agréable où la vie et la légèreté se fondaient en un tout harmonieux, Paul pensa d'abord que c'était la hyène qui hurlait chaque nuit qui venait ainsi de crier famine. Il éprouva de la pitié pour l'infortunée chasseresse, car son butin nocturne avait été pour sa part copieux et satisfaisant. À chacun de ses nombreux réveils, il était enfin arrivé à ramener à un dénominateur commun ses safaris dans l'immensité africaine et ses voyages dans l'étroitesse de sa vie antérieure. Il estima qu'il s'agissait d'un dénominateur mathématiquement correct et heureusement adapté aux impératifs de l'existence. Il éprouva alors le vif désir de mettre à l'épreuve de la clarté prochaine du jour la solution qu'il avait trouvée dans l'obscurité.

Encore un peu étourdi par l'effort que lui avait demandé une contradiction si difficile à résoudre dans le temps et dans l'espace, il ressentit le besoin impérieux de partir. Impatient, il cria à Gabriel de dérober plus de temps que les quelques maigres instants dont ils disposaient encore ensemble. Toujours dans son rêve, il ouvrit grands les yeux pour parvenir à se concentrer et à s'emparer du produit de ce vol, et c'est seulement alors qu'il aperçut la flamme vacillante de la bougie sur la table de nuit et Antje qui, courbée sous le poids de ses épaules agitées de tremblements, était assise sur le bord du lit, le visage caché derrière ses mains, secouée de gros sanglots.

– Mon Dieu, ma petite Sirène, qu'est-ce qui s'est passé ?

– Gabriel a voulu m'empoisonner, répondit Antje d'une voix aussi calme que si elle n'avait ni crié ni pleuré. Parce que j'ai perdu mon billet d'avion.

– Tout va bien. Tu as simplement fait un mauvais rêve, ma pauvre petite. Jamais Gabriel ne te ferait du mal. Il n'a pas la moindre idée de ce qu'est le poison.

Compte tenu des expériences de ces derniers jours, Paul ne trouva toutefois pas invraisemblable, serrant Antje contre lui, qu'elle ait effectivement perdu son billet d'avion. Il fit un réel effort, se demandant comment il pourrait l'aider, si tel était le cas. Il lui vint finalement à l'esprit que les compagnies aériennes se contentaient généralement de percevoir des frais de dossier et n'exigeaient pas le paiement intégral du billet égaré. Mais il n'eut pas le temps de le lui dire : prise d'un nouvel accès de larmes, elle s'était brusquement jetée sur le lit.

Elle plongea instantanément dans ce sommeil profond qui l'avait fasciné lors de leur première nuit commune, parce qu'il voyait en lui la manifestation d'une touchante innocence enfantine. À présent, ce qui l'agitait tout autant, c'était de se dire que la grande différence entre le sommeil de deux générations si éloignées l'une de l'autre caractérisait de fort désagréable manière l'insurmontable fossé entre la jeunesse et la vieillesse.

Paul était en train de songer au cynisme de certaines idées fulgurantes qui revêtaient l'apparence de découvertes, mais n'étaient en réalité rien d'autre que la somme d'observations poussant à la mélancolie, quand Antje se réveilla une seconde fois. Bien que pleurant d'une manière encore plus déchirante que la première, elle raconta, ménageant des effets de surprise avec un talent consommé, comment un singe lui avait volé une lettre importante et comment Gabriel voulait la faire chanter à cause de ça. Cette fois, pour la calmer et la consoler, Paul utilisa bien plus habilement que précédemment le court instant à sa disposition. Il parvint vite à persuader la jeune femme bouleversée qu'elle avait rêvé, sans plus. Avec une confiance et une assurance qui lui rappelèrent les dix jours pleins de joie et d'espoir durant lesquels son fils l'avait cru capable des plus grands prodiges, il lui promit de résoudre dès le lendemain matin tous les problèmes en suspens.

– Papa arrangera tout ça, dit-il en soupirant parce qu'il vit soudain Jens, dans un pyjama en tissu éponge blanc, un canard jaune sur la poitrine, enfouir ses doigts menus dans la tignasse paternelle encore bien fournie à cette époque.

– Tu ne m'en veux pas, mon gros ours ? Pas même un petit peu, un tout petit peu ?

– Pas même un tout petit peu, ma chérie, répéta Paul.

Deux heures plus tard, il mit sa montre sous le rayon de lune qui nimbait d'or la tête de l'ours en peluche. Il allait bientôt être 5 heures. Sa seule préoccupation fut alors la promesse qu'il avait faite à Gabriel : « Je serai devant la hutte à 6 heures pile, pas une minute de plus, pas une minute de moins. » Une telle précision, simple plaisanterie qui, rapportée au rythme des journées africaines, tournait à la provocation, avait enchanté Gabriel.

Au cours du dîner, celui-ci n'avait cessé de revenir sur le sujet, cette minute avant ou après 6 heures. Il avait posé sa montre sur la table, suivi d'un doigt la trotteuse pendant cent vingt secondes, puis mis en scène, avec minutie et d'un air concentré, tout un rituel de jeux à base de chiffres, de tours de magie et de manigances, rituel naïf et illogique auquel Paul n'avait cependant pu se dérober. Avec beaucoup de finesse et de lucidité, Antje avait interprété ces chuchotements, ces rires et ces regards pleins de sous-entendus comme l'expression d'une complicité dont elle était exclue.

En la regardant dormir, Paul se souvint – avec un luxe de détails qu'il trouva exagéré, mû par la mesquinerie et la rancune – de la mauvaise humeur qui s'était inscrite sur son visage, du geste de refus dont elle avait repoussé la montre de l'autre côté de la table et du regard que Gabriel et lui avaient échangé. Il comprit le message et, plein de honte, accepta le jugement de l'arbitre impartial auquel il avait accordé le droit de sonder ses pensées secrètes.

Depuis qu'Anne et lui s'étaient séparés, il savait qu'il serait désormais incapable de faire don de son âme à une femme par amour. Bientôt, Antje elle aussi n'éveillerait plus en lui que l'immense nostalgie propre à l'Afrique, au même titre que les minces guerriers samburu à la peau ocre et luisante, que les lions, les singes, les rhinocéros et tous les hôtes de la forêt qui vous emplissent le cœur de mélancolie et vous font oublier l'ancienne réalité. Le vieux rêve de l'amour qui rajeunit, rêve que tous les hommes ont en partage et que Paul avait entretenu dans les bras d'Antje, ne durerait pas plus longtemps qu'une fleur d'hibiscus le long d'un mur sans ombre.

C'était Gabriel que Paul ne pourrait jamais oublier. Il n'y avait qu'avec lui qu'il arrivait à parler sans mesurer ses propos, avec lui seulement qu'il rêvait sans avoir à redouter l'heure du réveil. Ce n'était ni par jeu ni par fantaisie, et ce n'était surtout pas le fruit d'une erreur, s'il disait à Gabriel qu'il était son ami et son fils. Chaque fois que Gabriel l'invitait à partir en safari, le monde n'avait plus ni commencement ni fin, n'avait plus ni loi ni tabou, ne posait plus de questions et n'imposait plus aucun devoir.

Un bref instant, envahi par le désir et par un sentiment de révolte contre les conventions et les usages, Paul joua avec l'idée de sortir de la hutte en catimini, en laissant sur la table de nuit une lettre où il dirait à Antje qu'après la nuit difficile qu'elle avait eue, il ne se sentait pas le courage de la réveiller de si bonne heure. Puis le remords et la délicatesse, la discipline et la dignité triomphèrent. La grande tentation se réduisit aux dimensions d'un petit geste d'excuse, le rebelle désireux de ne rendre de comptes qu'à lui-même aux dimensions d'un homme désireux de ne blesser personne.

Le pécheur contraint et repentant effleura l'épaule d'Antje. Il lui caressa le visage avec précaution, écarta prudemment le drap, mais sans provoquer chez elle de réaction. Il lui fallut s'adresser à elle à plusieurs reprises, élevant le ton à chaque fois, pour qu'elle finisse par ouvrir les yeux. Elle parut ne pas se rendre compte de sa présence. Il vit qu'elle avait le visage brûlant, que ses cheveux étaient mouillés de sueur et que ses mains enlacées étaient crispées. Paul avait l'habitude de se trouver ainsi au chevet d'une femme, contrit et désarmé. Cornelia souffrait de crises de migraine. Anne, durant les premiers mois d'une grossesse difficile, avait été incapable de se lever avant 11 heures du matin.

– Tu ne veux vraiment pas venir voir notre lion ? demanda-t-il doucement.

Il fut étonné de constater que sa voix ne trahissait pas combien ses facultés de compassion s'étaient émoussées depuis l'époque où il offrait à Anne des billets de théâtre et des chemises de soie et à Cornelia des animaux pelucheux au regard fixe et stupide ainsi que des masques rafraîchissants et anti-migraine bleu ciel. Il fut contrarié que ces scènes importunes lui reviennent avec une telle acuité.

Antje essaya de se redresser, mais, prise de nausée, elle se laissa aussitôt retomber sur ses oreillers en gémissant.

– Laisse-moi dormir, dit-elle d'une voix haletante. J'ai un mal de tête épouvantable.

– C'est la migraine ? demanda Paul.

– C'est la migraine, répéta Antje, soulagée.

– Rendors-toi, ma petite chérie. Et ne te fais pas de souci. Je reste avec toi.

– Non, il ne faut pas, refusa Antje, effrayée.

D'un seul coup, sa voix s'était faite aussi ferme et nette que si elle s'était réveillée d'elle-même et n'avait eu qu'un souhait : sauter tout de suite du lit. Mais ses lèvres tremblaient et elle avait les larmes aux yeux.

– Gabriel ne me le pardonnerait jamais, dit-elle en pleurant. Pars. Quand tu reviendras, j'irai mieux. Je me connais. Ça m'arrive souvent.

Antje en était encore à gémir toute seule quand Paul, cette fois réellement inquiet de la voir dans un tel état, mais plus encore tourmenté par les souvenirs de ses deux mariages, s'assit sur le lit à côté d'elle. Lui prenant la main, il lui chuchota avec embarras quelques phrases de consolation qui lui parurent plus banales que jamais, ajoutant qu'il n'allait pas bouger de là et qu'il ne s'absenterait que le temps de mettre Gabriel au courant. Quelques minutes plus tard, elle s'était rendormie profondément, la respiration calme et régulière.

Paul réajusta en souriant le ruban de l'ours en peluche et le posa sur l'oreiller à côté d'Antje ; il se rasa ensuite avec soin, à l'image d'un homme à bout de nerfs qui, au chevet d'une femme malade, se soucierait avant tout d'être correctement rasé, puis, toujours hésitant, il s'habilla et commença à réfléchir. Tout en guettant chaque souffle d'Antje, il analysa son propre état avec la sûreté de jugement que lui valaient ses longues années d'expérience, années durant lesquelles, avec une amère délectation masochiste, il s'était refusé à se donner en quoi que ce soit le beau rôle.

Si sa déception de devoir repousser le safari était si grande, c'était – il le savait parfaitement – parce que seule la sollicitude lui ordonnait de ne pas partir avec Gabriel et non un véritable sentiment de compassion. Irrité, il reprocha à sa conscience de refuser désormais d'expier toute faute, si petite soit-elle, et, ergotant à la façon d'un enfant qui se voit soudain refuser un désir qu'il caressait depuis longtemps, il se demanda s'il avait d'ailleurs encore une conscience.

De mauvaise grâce, il calcula qu'il avait tout de même le temps d'aller jusqu'aux logements des employés. Là-bas – près de l'arbre sous lequel il s'était mis tout nu, ayant cru qu'il lui suffirait d'écrire une lettre à Cornelia pour se libérer de toute obligation et de toute entrave –, mieux qu'à l'endroit convenu pour leur rendez-vous, il lui serait aisé d'expliquer à Gabriel que personne ne peut se débarrasser pour toujours de liens trop longtemps acceptés parce qu'ayant l'apparence de la prédestination. Il était calme, résigné et épuisé, mais, à son grand étonnement, toujours dans une disposition d'esprit propre à lui suggérer qu'il importait peu de différer un safari dans un pays où il était possible de voler le temps, la satisfaction et le bonheur.

Un peu réconforté par cette idée, il ouvrit la porte de sa hutte ; il tourna les yeux vers l'horizon pour les habituer à la lumière impénétrable qui sépare la nuit du jour, et il lui fallut quelques secondes pour réussir à distinguer, au milieu d'un brouillard d'ombres indéterminées, la silhouette d'un acacia parasol à la tête fournie et une mince tache claire. Mais, avant de pouvoir faire un pas, il vit Gabriel sur la petite terrasse, assis à une table ronde, les jambes croisées, les mains sur les hanches.

À l'instant même où il aperçut sa proie, Gabriel se leva d'un bond et, d'un geste ample du bras droit, prit dans la poche intérieure de sa veste une petite lampe de poche qu'il fit danser en cercles blancs autour de sa tête. Il ouvrit la bouche avec la lenteur d'un lion en train de bâiller, laissant voir lui aussi toutes ses dents, mais sans dire un seul mot. Avant de sentir son pouls s'affoler et ses tempes devenir douloureuses, Paul demeura certain de passer la journée auprès du lit d'Antje. Mais ensuite, il ne put détacher son regard des yeux de Gabriel.

Il les vit s'illuminer dans l'aube naissante, il sentit qu'ils l'attiraient, le provoquaient, le dominaient. Saisi d'une ivresse qui le paralysait en même temps qu'elle lui insufflait une gaieté irrépressible, Paul comprit qu'il serait incapable de résister au tentateur muet et qu'il n'en avait d'ailleurs aucune envie. Sa conscience avait tout de même fini par intégrer le grand silence africain.

– As-tu mis du poison dans mon vin pendant le dîner? demanda-t-il alors que la voiture flamboyante fonçait en direction du jour et que le conducteur, enivré de sa victoire, lâchait un instant le volant pour claquer des mains en criant et donner ensuite un petit coup affectueux sur la tête qu'il avait délivrée de la raison et de la mélancolie, d'une seule flèche, plus vite et plus sûrement encore que les jours précédents.

– Dans celui de Sirène, pas dans le tien, répondit Gabriel d'une voix satisfaite, douce et apaisante comme un vent sur le point de mourir, mais aussi ferme et ronde que les premières et lourdes gouttes de la grande pluie après une sécheresse ayant tourmenté la terre, les arbres, les bêtes et les hommes plus longtemps que de coutume.

– Mes oreilles n'entendent pas bien aujourd'hui. Répète ce que tu viens de dire !

– Ce n'était pas du poison. Tu peux me croire. C'était un médicament. Un bon médicament. C'est la main de Mungu qui l'a mis dans ma poche. Quand nous reviendrons, ta Sirène ne dormira plus. Elle sera devant le lodge et elle secouera ses cheveux jaunes. Elle te tendra les bras et elle aura l'odeur des roses. Et toi, tu remueras la queue et tu la suivras comme un petit chien.

– Pourquoi as-tu fait ça, Gabriel ?

– Le trois n'est pas un bon chiffre. Il apporte toujours des disputes. Je voulais partir en safari seul avec toi. C'est mal, *mzee* ?

– Très mal, Gabriel. Tu es vraiment un diable. Mais je ne suis pas meilleur que toi. Tu peux me croire. Mungu nous punira.

– Il ne nous punira pas, dit Gabriel en riant. Mungu n'est pas marié.

Sans qu'aucun des deux ne tue la plaisanterie d'une langue trop pressée, ils continuèrent à rouler sur une large route en direction du nord, longeant d'abord des champs de maïs desséchés et des plantations de sisals, passant de loin en loin devant de petites huttes aux toits ronds couverts d'herbe noire, grillée par le soleil. Des perles étincelantes autour du cou, des poignets et du nombril, des enfants poussaient devant eux des troupeaux de bétail sur des pentes à la maigre végétation, délaissant leurs vaches et leurs chèvres dès qu'ils voyaient arriver la voiture. Distraits de leur existence monotone pour un bref instant de bonheur, ils suivaient l'auto en courant jusqu'au moment où, épuisés mais comblés de joie et de plaisir, ils étaient obligés de s'allonger sur la route.

Une demi-heure plus tard, deux chameaux portant sur leur dos un chargement d'une hauteur inimaginable firent leur apparition. Le premier était conduit par un jeune homme aux pieds nus, ceint d'une cape marron en cuir non tanné et armé d'un long javelot. Il lança son arme dans le nuage de poussière dont la voiture l'avait enveloppé, mais, à la recherche de pâturages et non de butin, il se contenta de rire et de lancer un «*jambo*» mélodieux, tout plein d'étonnement et de gentillesse, qui hésita longuement avant de partir avec le vent.

Le paysage – d'épaisses touffes d'herbe brûlée surgissant çà et là entre des pierres grises – se fit encore plus sec et plus désolé et les deux voyageurs virent se découper au loin les messagers hostiles d'une solitude éternelle : des dômes rocheux et des collines dénudées où il semblait que ni l'homme ni l'animal n'avaient jamais mis le pied. Les gigantesques oiseaux noirs aux larges ailes, qui, sans un cri, montaient à la verticale dans le ciel, avaient eux aussi l'apparence de prophètes de la mort; seuls des papillons, posés sur des branches d'arbres au bord de la mort, se donnaient des airs de fleurs bleues de l'espoir. La terre était sans couleur, hostile dans sa rudesse, coupée de failles profondes, tandis que le soleil, disque d'argent aveuglant, brillait entre des nuages ouateux qui dérivaient nonchalamment dans un ciel d'un bleu encore inconnu à ce jour.

La chaleur se collait au corps comme un manteau d'acier. Elle colorait la peau noire de gris, la blanche d'un rouge aussi éclatant qu'un feu de brousse dans le ciel du soir. Cet incendie aux vibrations blafardes transformait les paroles en vapeur avant qu'elles aient pu quitter les gorges brûlées de soif, fondant en un tout le silence et un oubli qui, dans aucun des safaris antérieurs, n'avait été aussi miséricordieux ni apaisant.

Dans la meilleure de toutes les heures volées, le mutisme de deux hommes plongés dans une chaleur suffocante et sans ombre se transforma en un attachement indissoluble entre des êtres contents d'être assis côte à côte, d'écraser comme un moustique importun la figure grimaçante de l'avenir et, cédant à l'illusion d'un bonheur et d'une satisfaction éternels, de tisser des tapis de rêve, affranchis de tout but et de tout besoin. Ils sentaient l'un et l'autre qu'ils étaient tombés sous l'emprise d'un charme, mais préféraient ne pas chercher à en connaître l'origine ou la durée. Paul pensa à Tristan, mais l'air d'opéra évoquant le personnage eut beau emplir de douleur ses oreilles, il n'arriva pas à se souvenir s'il lui avait été donné de vivre ou s'il n'avait pu échapper à la mort.

Sous le soleil implacable, les perles de sueur argentées sur le front de Gabriel devenaient de larges ruisseaux. Il leva la tête vers le ciel et posa une main brûlante sur le bras tout aussi ardent de Paul.

– Est-ce que tu veux aller dans la forêt ou au bord du lac? demanda-t-il.

– Pourquoi forces-tu ma tête à travailler? Tu ne vois pas qu'elle est partie pour un long safari?

– Rappelle-la, papa, pour que ta bouche puisse dire au moins un mot.

– Allons d'abord dans la forêt, puis au lac.

– Tu es une nouvelle fois très intelligent, *mzee*. Tu sais où tu veux aller. J'ai pris la mauvaise route.

– Il n'y a pas de mauvaise route quand on souhaite n'arriver nulle part. Pourquoi la nôtre est-elle mauvaise?

– Ici, nous n'avons pas le droit d'aller plus loin.

– Pourquoi? Qui l'a interdit?

– Je l'ai oublié, répliqua Gabriel en mâchant chacune des syllabes jusqu'à ce qu'elles soient assez humides et qu'il puisse les avaler sans peine.

Il frappa le volant, puis actionna le klaxon en secouant la tête.

– Et toi, poursuivit-il d'un ton de reproche, tu as oublié à ton tour qu'un homme ne doit pas laisser sortir de sa bouche deux questions à la fois.

– Il peut le faire, mon ami, quand il n'a plus besoin de réponse à l'une ou l'autre de ses questions.

La forêt surgit comme une oasis dans le désert, peuplée de géants sombres mais tout de même bienvenus. Le premier d'entre eux montait la garde à la porte du dernier des paradis créés par Mungu; il mettait la tête à l'abri des imaginations délirantes, l'estomac à l'abri de la faim et les lèvres à l'abri de la soif. Gabriel ayant engagé la voiture sur un sentier de terre battue, déjà presque complètement recouvert par la végétation, et l'ayant garée dans une clairière ouverte par la chute de plusieurs arbres, ils mirent aussitôt pied à terre. Leurs yeux éblouis recouvrèrent la vue, leur peau brûlée put de nouveau respirer. La forteresse boisée absorbait la chaleur plus rapidement qu'un serpent n'engloutit sa proie.

De délicates plantes aux menues fleurs blanches, camouflées en locataires peu exigeants chez leurs hôtes sans défense, s'enroulaient autour des puissants troncs géants, couverts d'une écorce se délitant écaille par écaille. Sous l'effet du vent, du feu du soleil et des torrents de pluie, les cimes des arbres s'étaient unies, formant un toit noir et touffu d'où s'exhalait un parfum de résine et de miel.

– C'est du *tembo* pour le nez, dit Gabriel en reniflant.

Aspirant lentement l'air sucré, il le rejeta de son corps avec un sifflement qui rappelait celui de l'acacia siffleur lorsque le vent du soir le tire du sommeil. Un oiseau qui resta caché lui répondit longuement.

– Pour la tête, corrigea Paul.

Avant que les images de la nostalgie aient pu être assez nettes pour le faire souffrir, il perçut le goût du *tembo* sur sa langue. Il eut l'impression de n'avoir jamais été obligé de quitter les hommes amicaux de Naro Moru sans avoir pu prendre congé, et se promit de se rasseoir un jour avec eux devant le feu. Le vieillard édenté avec qui Paul avait partagé son mégot, et l'expérience que le désir peut mourir, lui souffla dans l'oreille un rire étouffé tandis que les flammes dévoraient l'obscurité.

– Te voilà de nouveau en train de dormir ? demanda Gabriel d'un ton inquisiteur.

– Non, je suis de nouveau parti en safari.

– Est-ce que je dois aller faire bouillir l'eau ?

– Oui, répondit Paul, étonné de voir que l'un savait où l'autre était en voyage. Et n'oublie pas le sel. Il tue la fièvre.

Baignées par une lune blanche, les étoiles formaient des chaînes de lumière dorée, et Paul entendit une nouvelle fois des bribes de rire emportées par un vent qui jamais plus ne serait aussi tiède et empli de mystères qu'en cette longue nuit où ils fêtaient la délivrance du fils de Gabriel arraché aux griffes de la mort. L'enfant, gigotant et piaillant, saisit un bouton de la chemise de Paul toute trempée de sueur et ouvrit la bouche pour recevoir l'eau de la vie. Le petit être n'avait pas encore de nom, mais les hommes l'appelleraient Socrate dès la première lueur du jour.

Les images pâlies, couleur de nuit, se transformèrent en ombres déchaînées que l'œil ne parvenait pas à retenir avant qu'elles s'évanouissent dans un kaléidoscope que Mungu avait rempli de blocs de granit. Une fois les voix mortes à leur tour, Paul éprouva un tel besoin de dormir et de rêver qu'il se laissa glisser du tronc d'arbre sur lequel il avait pris place à côté de Gabriel. Comme poussé par une main gigantesque ne souffrant aucune résistance, il s'allongea sur la terre molle à l'odeur de mousse, ouvrit sa chemise, écarta les bras et vit au-dessus de lui un rameau d'où une feuille se détacha et descendit lentement à sa rencontre. Une grosse araignée noire tissait une toile jaune d'or.

Il avait déjà tout oublié, en cet instant, de la perfidie des illusions et de la folie de l'imagination qui, en pays africain, prolifèrent comme les plantes qui n'ont pas besoin de lumière pour pousser en un fourré inextricable, indifférent à toute espèce de force naturelle. Ébloui, un seul battement de cils lui suffit pour fermer les yeux devant tout ce qui avait été jadis, pour se sentir ne faire qu'un avec le monde qui l'entourait et dont il était la créature, avec les bruits et les parfums qu'il n'avait encore jamais perçus avec cette intensité et dont il ne pressentait pas le pouvoir sur les gens crédules. Paul sentit avec ravissement l'obscurité et l'humidité soulager son corps de la chaleur, sa tête de la tristesse, sa conscience du fardeau du doute. Enfin délivrée de l'inquiétude, son âme lui ordonna de ne plus jamais abandonner les hommes d'Afrique qu'il aimait comme des frères et qu'à aucune étape de son existence il n'avait pu s'arracher du cœur.

C'était cette terre d'Afrique, sur laquelle il reposait et se sentait en sécurité, qui l'avait délivré de la douleur en lui et qui l'avait définitivement guéri du doute morbide. C'était elle qui avait métamorphosé en homme d'action ce pessimiste méditatif, cet indécis indulgent qui, une vie durant, s'était laissé déposséder de sa proie. Comme pendant la longue nuit dans la hutte de Gabriel, c'était Antée qui lui indiquait la direction à prendre : ce géant qui, chaque fois qu'il touche la terre, reçoit de sa mère Gaïa une force nouvelle et dont on ne peut venir à bout qu'en le maintenant au-dessus du sol.

Paul tenait cette terre entre ses mains et il voyait qu'il touchait au but. Durant cette heure de sa vie, il cessa de compter les années qui étaient derrière lui et de redouter celles qui viendraient. Dans cette ère sans chiffre ni fin qui venait de débuter, l'orgueil, les déceptions, les mensonges interminables et les blessures inguérissables avaient cessé d'exister; il n'y avait plus ni mort lente occasionnée par la froideur et l'indifférence, ni rivière où, si l'on transporte les vivants, c'est uniquement afin de les mener à trépas parce que leurs idées, leurs besoins, leurs rêves et leurs idéaux ont suscité la méfiance des jeunes héros performants, des vainqueurs sans pitié. Ce fut dès lors un jeune homme sans âge, favori d'Aphrodite, qui, émergeant du trou noir de l'angoisse, leva le poing vers le ciel et décida qu'il ne retournerait pas dans le pays de ses défaites et resterait en Afrique.

Il s'entendit rire et, de la main avec laquelle il venait de prêter serment, il dirigea la marche triomphale des trompettes. Elles firent s'écrouler les murs de son cachot; il était prêt à partir, à tout reprendre à zéro. Pour se jeter au-devant des coursiers qui arrivaient en s'ébrouant, il n'attendit pas que l'étonnement joyeux de Gabriel et ses moqueries familières aient apporté à ses oreilles la confirmation qu'il n'avait pas rêvé. Intrépide, il saisit les rênes et partit au grand galop vers l'avenir. Après avoir dessellé les montures et les avoir conduites dans une écurie qu'il avait nettoyée de tout aussi étrange manière qu'Héraclès, il était certes demeuré l'analyste avisé de sa première existence, mais il était aussi devenu un froid calculateur, capable d'évaluer avec exactitude sa situation matérielle, les perspectives et les avantages qu'elle offrait.

Paul fit un bilan et ouvrit un nouveau compte. Il disposait d'une fortune suffisante pour vivre au Kenya sans souci financier tout en faisant face à ses responsabilités et en accordant à Cornelia un généreux dédommagement, ainsi qu'à Jens une somme convenable. Ses connaissances linguistiques et ses aptitudes lui permettraient certainement – et à cette seule idée il sentit l'enthousiasme le gagner – de travailler dans une administration, dans l'hôtellerie, à l'ambassade allemande ou dans la branche du tourisme. Il se voyait déjà ouvrir une agence de voyage, où il aurait pour associé Gabriel, qui ne serait plus jamais obligé de chuchoter «Roger, Roger». Ensemble, ils partiraient en safari avec de bons clients et, quand ils en auraient le temps, ils iraient à Naro Moru.

Alors qu'il s'apprêtait à s'asseoir à côté de Gabriel sur le tronc d'arbre, Paul se souvint juste à temps qu'Antée ne devait pas quitter le sol. Il se releva avec précaution, regarda soigneusement où il posait ses pieds et, avec humilité, protégea son cœur de l'euphorie qui menaçait les gens irréfléchis. Il préserva aussi sa raison de l'extravagance et de la mystification auxquelles s'exposaient les présomptueux ; bien qu'aimé des dieux, il ne céda pas à l'ivresse des élus et ne fit pas cadeau de sa victoire.

– Ce soir, Gabriel, nous déchirerons mon billet d'avion, dit-il.

– Tais-toi et ne bouge pas.

– Pourquoi ? Est-ce que tu n'as pas entendu ce que je viens de dire ? C'est important.

– Après, papa, après ! Il y a un léopard sur l'arbre derrière le buisson aux épines blanches. C'est uniquement pour toi qu'il est parti en safari. Il ne vit pas dans cette forêt.

Le chasseur au pelage gris-jaune dormait, victorieux et repu, les pattes et la queue pendant dans le vide, sur une branche maîtresse qui avançait loin au-dessus du sol. L'unique rayon de soleil ayant réussi à percer jusqu'au cœur de la forêt transformait les rosettes de sa tête, de ses cuisses et de ses flancs en autant de taches d'un noir ardent. Sa proie, un jeune impala, reposait sur une fourche entre de grosses branches, à demi recouverte par le feuillage. Son sang avait séché, les entrailles sortaient du ventre béant, la chair en décomposition grouillait et bruissait de mouches noires aux ailes vertes et luisantes. L'impala n'avait plus de pattes arrière, mais la tête était intacte. Ses larges yeux étaient aussi beaux et doux que s'il avait encore été en vie.

Paul frémit. Au comble de la félicité, il avait oublié que la mort et la vie, en Afrique, étaient plus proches l'une de l'autre que dans le monde auquel il venait de renoncer. Son instinct lui commanda de se lever comme un enfant effrayé et de s'enfuir en criant, de mettre les deux mains devant ses yeux pour les protéger de la vue du mal éternel, de s'arrêter de respirer, de ne pas regarder et d'épargner à sa conscience la rencontre entre majesté et souffrance. Mais, vidé de ses forces, il sentit une nausée lui monter dans la gorge, ses genoux s'entrechoquer, la sueur couler sur son front, tandis que son regard restait rivé sur le léopard. Paul ne put se résoudre à vexer Gabriel, à le priver de la joie et de la fierté d'avoir réussi à débusquer une proie qu'il s'obstinait à pourchasser au cours de chacun de ses safaris, parce qu'il croyait que seul celui qui avait vu le plus bel animal d'Afrique était en mesure de recevoir le message de Mungu. Mais Gabriel ne fut pas dupe

– Est-ce qu'il faudrait que le léopard meure de faim parce que tu aimes les impalas, *mzee* ?

– Maintenant, c'est toi qui parles trop.

– Et toi, trop peu. Ou bien as-tu déjà demandé à ton léopard combien de dollars tu dois me donner ?

– Je t'en donnerai autant qu'il t'en faudra, rusé salopard, pour envoyer Socrate dans la meilleure école du Kenya.

– Mon papa a-t-il donc tant d'argent que ça ?

– Oui, il a ce qu'il faut. Et il ne repartira pas en Allemagne. Plus jamais.

– Tu n'as pas le droit de mentir après avoir vu un léopard. Sinon, tu meurs.

– Je ne mens pas, Gabriel. Je reste. Je te raconterai tout, quand je ne serai plus obligé de regarder l'impala mort. Partons pour le lac que tu m'as promis. C'est au bord d'un lac que tout a commencé.

Gabriel secoua la tête si faiblement qu'il fut le seul à sentir le vent sur ses joues. Le temps était venu d'expliquer à son *mzee* devenu fou, toujours avide de nouveauté, toujours intrépide au moment où il ne le fallait pas, pourquoi il n'était pas bon, à l'heure des ombres longues, de rouler sur une route que les gens pacifiques avaient cessé d'utiliser depuis des années et qui, de manière officielle, avait été récemment interdite aux safaris. Mais il arriva alors au fils noir, en cet après-midi, exactement la même chose qu'à son père blanc le matin même.

Gabriel fut incapable de résister à l'éclat charmeur des yeux de Paul, un éclat qui rendit les siens aveugles et le poussa à poursuivre un safari dont il avait déjà parcouru une trop longue partie. La fièvre qui s'était emparée de la tête d'un ami parti en chasse enleva au pourchassé la volonté et la force de se défendre, sans que sa langue ait eu le temps de s'armer de savoir. Ce genre de fièvre faisait oublier sa sagesse et ses enfants, même quand il s'agissait de quelqu'un d'aussi fort qu'un lion, de quelqu'un n'ayant encore jamais perdu de combat et n'étant jamais resté bredouille une seule nuit.

Même les sorciers les plus âgés et les plus sages étaient impuissants contre le feu déchaîné d'un désir qui poussait les gens jusque dans les nuages le jour et jusqu'aux étoiles la nuit. Les pilules que vendaient les pharmacies les plus modernes de Nairobi, dans des récipients en verre merveilleusement propres, avec de magnifiques couvercles en plastique, ne pouvaient pas davantage sauver ceux qu'avait frappés cette foudre soudaine. L'éclair fendit le crâne de Gabriel. Mais au lieu de se saisir la tête à deux mains, il fut pris d'un rire qui découvrit toutes ses dents. Sa prudence, son expérience et ses doutes firent obstacle à son désir le temps d'un souffle de sa poitrine, pas davantage. Les yeux fermés, il se tenait face à son tentateur. Puis, sans qu'il ait eu à leur dicter une direction, ses pieds se mirent en mouvement.

Gabriel les laissa faire ; il ne s'immobilisa qu'arrivé à moins de trois pas de l'homme qui l'accompagnait avec fièvre dans un safari que Mungu avait ensorcelé. La joie qui l'envahissait à l'idée qu'aucun des deux ne couperait désormais les liens qui les attachaient l'un à l'autre était trop brûlante. Pareil à un oiseau qui échappe au tout dernier moment au bond meurtrier du chat, Gabriel ouvrit grands les bras. Il s'envola jusqu'à Gabriel et le serra contre sa poitrine. Chacun des deux entendait les battements de cœur de l'autre, mais aucun ne se demanda – comme il est de règle en période de surabondance – combien de temps dureraient une chance et un bonheur si grands. C'est débordant d'allégresse que Gabriel frappa sur son volant et qu'il mit le moteur en route.

– Aujourd'hui, nous allons rouler jusqu'à ce que nous n'ayons plus d'essence ! cria Paul en direction des nuages blancs.

Avec émerveillement, il constata que sa voix avait appris à voyager au loin, que son rire résonnait comme le tonnerre et qu'il était très facile à un homme qui en avait enfin trouvé la force de ne pas regarder une seule fois derrière lui et de confier son passé à l'Afrique infinie.

– Et quand nous aurons faim, hurla Gabriel en guise de réponse, nous attraperons un impala ! Tu le feras rôtir pour moi.

– Oui, je le ferai, mon fils. Je suis un homme fort qui n'a pas peur.

– Quand as-tu perdu ta peur, mon mélancolique papa ?

– En même temps que mon billet d'avion.

- Tu n'as pas perdu ton billet d'avion, c'est Sirène qui a perdu le sien, corrigea Gabriel.

- Comment le sais-tu ?

– Tu as oublié que je monte la garde devant ta hutte quand tu dors avec une femme ?

– Bon, d'accord. J'ai gardé mon billet d'avion. Je le donnerai à Sirène.

Le vent chaud de l'après-midi leur fouettait la peau; leur amitié et un sentiment de liberté et d'espoir les rendaient sourds et aveugles – mais pas muets –, tandis que, soulevant une poussière rouge derrière eux, ils roulaient sur une route pleine de profonds nids-de-poule. Même les cahots, assez forts pour leur secouer l'estomac, n'étaient pour eux que promesses d'un avenir aux couleurs de rêve et de rosée. Dans une lumière qui, virage après virage, se teintait de tons pastel changeants, ils répondaient à l'appel impérieux d'un mirage : la surface d'un lac aux reflets violets dont Paul ne savait ni comment il s'appelait, ni pourquoi il voulait s'asseoir sur ses rives.

Il parla à Gabriel de l'agence de voyages qu'il comptait ouvrir à Nairobi et il ne doutait déjà plus de le faire très bientôt. Quand il entendit ce que son sage *mzee* envisageait pour lui, Gabriel ressentit une telle fierté que son visage enfla et que ses lèvres grossirent. Il demanda à avoir un uniforme blanc avec des boutons dorés et des lunettes de soleil aux verres teintés de bleu. Paul les lui promit et lui tendit son premier salaire.

– Le léopard m'a dit que je devais te payer, expliqua-t-il en s'efforçant de parler du même ton de plaisanterie mêlée d'un rien d'embarras qu'il avait eu la toute première fois où les yeux de Gabriel avaient aperçu une proie.

Gabriel ne vit pas le billet tourner au vert dans le soleil, pas plus qu'il n'entendit le froissement du papier sous l'effet du vent. Avec l'instinct d'un animal qui ne sent plus ni la faim ni l'épuisement quand il flaire la présence de l'ennemi, il venait d'engager une fuite désespérée, bien loin des jours remplis de boutons dorés, de lunettes de soleil et d'espoir.

Il était trop occupé à surveiller une ombre qu'il avait aperçue pour prendre même le temps de tourner la tête en direction de Paul. Cette ombre était longtemps restée amicale, une tache claire et très lointaine. Elle ne bougeait pas, et elle avait fini par se fondre avec des broussailles de la même teinte. Et voilà qu'elle avait soudain retrouvé sa couleur et sa forme. Elle était devenue noire, puis rouge, et s'était transformée en une lourde voiture aux pneus flamboyants. Voilà qu'elle fondait soudain sur deux hommes qui n'avaient plus de secours à attendre de Mungu, car ils s'étaient crus trop forts et trop libres.

Gabriel gaspilla plusieurs des quelques précieuses secondes dont il disposait pour faire demi-tour : il lui fallut rabattre la main que Paul tendait vers lui, lui appuyer sur la tête jusqu'à lui faire toucher les genoux, puis, d'une poussée, le faire glisser à bas de son siège, en interrompant d'un hurlement le rire de son compagnon qui ne se doutait de rien :

– Allonge-toi, papa, allonge-toi, cache-toi sous le siège. Ils sont là. Il faut que je retourne dans la forêt.

Les lèvres aussi froides que la neige sur la montagne de son pays natal, Gabriel parcourait en sens inverse, à toute allure, la route par laquelle ils venaient d'arriver ; voyant dans le rétroviseur la voiture des impitoyables chasseurs devenir plus petite, il crut au salut et sentit la sueur sécher sur son front. Relâchant un instant sa vigilance, il prit même le temps de respirer à fond. Mais, quand surgit le deuxième véhicule – non pas derrière comme le premier, mais devant lui –, il comprit en un éclair que les voleurs du temps étaient également des voleurs de vie. Il essaya bien encore de sortir de la route, mais ne put empêcher la voiture de déraper et de foncer sur un buisson qui l'arrêta dans sa course.

C'est seulement là, en cet instant d'épouvante et de panique, alors que des hommes masqués et armés de couteaux descendaient des deux véhicules et se précipitaient sur eux, que Gabriel s'aperçut que Paul était de nouveau assis très droit à côté de lui.

– Allonge-toi, papa, tu n'es pas assez fort, l'implora-t-il.

Mais le *mzee* était trop raide, trop lent, trop bête, trop vieux.

En se jetant de tout son corps sur celui de Paul, Gabriel entendit encore les hommes crier. Il leva les bras. Mais ni l'un ni l'autre ne sentirent la tiédeur du sang qui, dans les ténèbres de la mort, les inondait.

16

Bien qu'à chacun de ses gestes sa tête réagisse par un véritable feu de brousse et que son corps, aussitôt après, se liquéfie et se transforme en un lac rouge sang, Paul respectait les directives reçues. En tant qu'agent investi d'une mission secrète par Sa Majesté Mungu, il ne devait en aucun cas fermer les yeux avant d'avoir été appelé à témoigner. Mais jamais l'intrépide lutteur n'arrivait à rester éveillé assez longtemps pour attirer à lui les murs dans cette pièce sans couleur. Pourtant, dans une guerre comme celle-ci, où les belligérants s'étaient armés de bombes puantes qui, au cours de la bataille décisive, rongeraient le nez des Braves et des Justes, le problème primordial était justement de gagner l'alliance des murs protecteurs. Dès que la cage noire se transformait pour n'être plus que la toile d'une araignée blanche, toile le privant davantage encore de sa liberté d'action que le cachot sans lumière, Paul s'efforçait de toucher les murs, ne serait-ce qu'une seule fois. Son intention n'était pas seulement de négocier avec eux sur un pied d'égalité. Il avait un besoin urgent de parois solides pour offrir un cadre convenable à ses images qui, elles, ignoraient tout de ce que pouvaient être le devoir et la responsabilité. Elles échappaient au souvenir comme des serpents échappent à des mains nues, et, dans leur fuite, elles n'arrivaient même pas à garder la bonne direction.

Elles s'écartaient inlassablement de la route et se précipitaient sur le fatidique fourré épineux. Là, les contours de tout objet ayant quelque consistance se dissipaient, puis se reformaient pour donner naissance à des massues empoisonnées, de couleur lilas, munies de crochets. Harcelé par ces images, le malheureux ne cessait de prendre son élan pour escalader l'horizon, mais toutes ses tentatives resteraient vaines, il le pressentait, car, au moment crucial, il avait refusé d'obéir et négligé de se protéger le crâne.

Sa tête était à présent atrophiée et n'était plus en pleine possession de ses moyens. Elle n'avait plus que la capacité de confronter Paul au poids mort de sa présomption et de son incapacité. Il n'était pas encore en mesure d'évaluer dans leur totalité les dommages subis par son corps et son âme pour pouvoir se conformer aux directives reçues de ses supérieurs, en faire un compte rendu précis. Il savait seulement que sa mobilité et son autonomie avaient subi des dégâts irréparables. Dès qu'il voulait se tâter le front ou se boucher le nez martyrisé par une puanteur âcre – ce qu'il n'avait fait de toute façon qu'une seule fois et à l'aide de la main que les voleurs du temps n'avaient pas attachée à son corps brûlant avec la queue ballante d'un léopard endormi –, il se heurtait à une montagne. Une montagne si dépourvue de forme et si molle qu'elle réduisait à l'absurde tous les gestes et qu'elle absorbait le moindre mot avant même que la bouche ait réussi à chuchoter une première syllabe.

Lorsque Paul s'égarait dans cette embuscade de silence intégral et destructeur, il appelait Gabriel à la rescousse. Il avait beau, pour cela, faire sortir sa voix du plus profond de sa poitrine, divisée en deux parties inégales, aller la chercher à de telles profondeurs qu'elle n'aurait guère eu de peine à rebondir sur la mystérieuse montagne et à en revenir comme un écho effrayant et dominateur, il ne s'entendait jamais crier. C'était pour lui comme si on avait cherché à tourner en dérision un homme ayant pourtant appris pendant des années, face à des situations juridiquement incertaines, à renoncer à la force brutale au profit d'une rhétorique tout en souplesse. Son étonnement fut donc grand quand il finit tout de même par apercevoir Gabriel au moment où, découragé, il avait cessé de l'appeler. Il en fut d'autant plus heureux. Il regretta seulement que la timidité empêche son fils de prononcer une seule parole.

À vrai dire, Paul eut le sentiment qu'il n'était plus opportun d'adresser la parole à Gabriel. Il lui paraissait avoir changé de manière tout à fait absurde : il était trop petit, trop fluet, trop sérieux, et ses dents n'étaient pas les bonnes – ce n'étaient plus celles qui, lorsqu'elles mordaient dans le soleil, luisaient avec autant de constance que les nuages au-dessus du mont Kenya. Il avait également troqué sa belle peau bien lisse contre une autre qui ne lui allait pas du tout. Un épais tissu blanc qui angoissait Paul enveloppait ses épaules, son ventre, ses jambes et ses mains. Plus dérangeant encore était le visage : beaucoup moins foncé, il avait tout au plus la couleur du café au lait. Seuls les cheveux, bien que plus longs et désormais frisés, avaient gardé le noir qu'il aimait tant, même si, comme ceux de ce salopard de Singh, ils étaient recouverts d'une matière huileuse.

Le silence oppressant attrista Paul parce que Gabriel tenait une tasse à la main. L'idée de tasse – et sur ce point il ne s'en laisserait pas remontrer par les murs qui tournaient autour de lui – était toujours associée à une très jolie phrase de son fils noir expliquant qu'il était mieux pour papa *mzee* de baigner son visage dans du thé chaud que dans de l'eau froide. Bien que le nouveau Gabriel, un Gabriel un peu plus blanc, ait eu largement le temps de se remémorer cette plaisanterie familière, il paraissait l'avoir oubliée et se taisait toujours. Paul hocha la tête avec réprobation, parce que cette attitude contrevenait aux règles du jeu leur interdisant de renoncer à une des plaisanteries qu'ils partageaient sans que soit au moins émis un mot d'adieu conciliant. Gabriel se mit alors à crier et à se précipiter vers un lac. Il disparut à l'instant dans des fourrés, car un ennemi sans pitié, un autre guerrier de la Légion blanche, se précipitait sur lui.

– Essayez de boire, *sir*, dit le grand homme tout en blanc. Vous n'avez pas besoin de bouger. Je vais maintenir la tasse contre vos lèvres.

Bien qu'infiniment heureux et soulagé que Gabriel soit revenu à temps pour le sauver, il garda ses distances et sollicita le temps de la réflexion. Il lui parut étrange, et en même temps caractéristique de l'humour de son accompagnateur à l'esprit si délié, qu'il s'adresse à lui en anglais et qu'il lui donne du «*sir*» comme au premier jour de leur safari. Pour ne pas lui gâcher le plaisir de sa plaisanterie, Paul tenta de desserrer ses lèvres collées l'une contre l'autre. Il fut surpris de réussir à accomplir ce devoir commandé par l'amitié. Au bout d'un moment, il remarqua même que ce nouveau jeu avait aussi des avantages pour lui. Il sentit avec satisfaction sa langue gonflée s'humecter et un flot, certes très amer, mais d'une fraîcheur bienfaisante, lui inonder la gorge. La seule chose pénible, en l'occurrence, c'est que, immédiatement après cela, il fut pris d'une toux qui, tel un rocher menaçant, cognait contre ses côtes et provoquait dans son corps une explosion de chaleur intense, tout comme s'il ne venait pas, à l'instant même, d'être sauvé des feux de l'enfer.

– Il vaut mieux que vous ne parliez pas, *sir*. C'est encore trop pénible pour vous. Essayez de vous rendormir. Vous avez tout votre temps.

Cette fois, Paul n'eut pas besoin de solliciter un délai de réflexion, ni de réclamer de nouvelles preuves. Son jugement n'était pas susceptible de révision. Il constata de manière irrévocable que ce n'était pas Gabriel qui lui parlait mais l'ennemi aux armes interdites. Une chose, toutefois, le déconcertait. L'homme s'exprimait de manière agréable, d'une voix basse mais suffisamment distincte pour ne pas infliger aux oreilles une charge qu'elles ne pourraient supporter. Il rouvrit la bouche et sentit de nouveau le flot éteindre le feu de son palais.

– Nous n'avez plus à avoir peur, *sir*, promit la voix apaisante. Vous n'êtes pas seul. Vous êtes entouré d'amis. Vous pouvez me croire. Il vous suffit d'appeler et j'accourrai. Vous êtes tiré d'affaire.

En dépit des expériences décourageantes que leur réservait le quotidien d'une clinique qui était le reflet très exact des crises agitant le pays, les médecins du Nairobi Hospital de la Ngong Road ne cessaient de justifier leur excellente réputation d'idéalisme. Contrairement à l'usage courant, ils soignaient leurs patients sans jamais tenir compte ni de leur couleur de peau, ni de leur rang, ni de leur appartenance tribale, ni même de leur situation financière. Ce qui ne les avait pas empêchés de s'intéresser au patient de la chambre 6 avec une motivation personnelle toute particulière. Et – il faut le reconnaître – la raison de ce comportement ne tenait pas uniquement au fait qu'ils avaient rarement l'occasion de s'occuper de touristes (lorsque c'était le cas, il s'agissait d'ailleurs presque toujours de cas de malaria ou de sévères diarrhées) : ils ne pouvaient ignorer que la clinique s'était retrouvée au centre des regards du pays tout entier depuis qu'on leur avait amené cet Allemand totalement nu et ensanglanté.

Le sort de Paul mettait en effet en émoi la population depuis Mombasa jusqu'à Kisumu. En temps ordinaire, elle n'accordait guère d'intérêt ni de valeur à la vie de gens qui lui étaient étrangers ; la brutalité, pour les habitants de ce pays, était aussi normale et fatale que l'existence de petits mendiants affamés sur la Kenyatta Avenue de Nairobi, les catastrophes naturelles et les épidémies mortelles sévissant sur la côte ou dans les hautes terres. Les agressions de touristes – très nombreuses à Nairobi et de plus en plus fréquentes pendant les safaris – étaient devenues chose courante depuis quelque temps déjà. Sauf que les journaux n'en avaient jusqu'ici pas fait mention. Ce qui s'expliquait par les consignes du ministère du Tourisme qui se souciait de la réputation du pays et, bien davantage encore, de la sienne propre. On avait en revanche autorisé la presse à donner un écho circonstancié à l'affaire de Paul. Le ministère avait en effet estimé que cette histoire était une tragédie véritablement taillée sur mesure pour donner au Kenya un sentiment de légitime fierté : non seulement une victime avait survécu, la meilleure des preuves de ce qui était, à ses yeux, l'excellence de l'assistance et des soins prodigués aux accidentés, mais, de surcroît, un héros avait succombé, un héros noir et, véritable coup de chance pour les gens au pouvoir, un Kikuyu lui aussi.

Quand les journaux avaient évoqué pour la première fois leur établissement et que, le lendemain, ils avaient publié la photo du médecin traitant de Paul, un jeune homme de très grande valeur, originaire de Bombay, tout le personnel du Nairobi Hospital s'était senti honoré publiquement. Si les médecins, le personnel soignant et les infirmières s'étaient sentis incités à satisfaire davantage que leurs habituelles obligations professionnelles, cela tenait donc, bien sûr, à l'attention qui s'était portée sur leur hôpital de façon si inattendue, mais cela tenait plus encore au cours très atypique que prenait cette affaire. Chacun à sa manière – qu'il croie en Mungu ou qu'il soit un champion convaincu du caractère scientifique de la médecine – se sentait un devoir moral envers la puissance supérieure qui, à l'instant fatidique, avait pris un tel patient sous sa haute protection. Il était certes dans un état extrêmement préoccupant, mais, selon les critères ayant cours dans le pays, il avait eu une chance insensée. Ce n'était généralement qu'au bout de longs mois qu'on retrouvait les cadavres des victimes d'agressions brutales dans les régions frontalières. Lorsque de surcroît, comme cela avait été le cas, l'attaque se produisait à proximité du lac Turkana, sur les rives duquel on tombait plus sûrement sur des bandits sans pitié que sur des touristes, les victimes n'avaient pratiquement aucune chance de survivre. Voilà pourquoi aucune des personnes concernées par cette affaire ne mettait en doute que Paul eût bénéficié d'un miracle plus qu'extraordinaire.

Il avait d'abord eu la chance que le pilote d'un avion des *Flying Doctors*, qui volait exceptionnellement bas ce jour-là, ait été témoin de l'agression. L'équipage avait pris le risque, énorme sur ces terrains impraticables, de tenter un atterrissage ; puis il lui avait dispensé les premiers soins avant de le transporter à Nairobi. Le plus miraculeux pourtant, aux yeux de tous, c'était qu'il fût encore en vie. Jour après jour, avec un grand luxe de détails concrets, les journaux décrivaient comment le rescapé, protégé par le corps de son chauffeur, gisait étouffé par son sang, inconscient, avec une blessure à la poitrine, des côtes cassées et une double fracture du bras droit. Les assassins armés de fusils et de pistolets avaient fracassé le crâne de son guide.

On supposait que les gangsters – des gens ayant franchi clandestinement la frontière avec l'Éthiopie, selon ce que rapportait la presse – avaient été dérangés par la courageuse intervention des *Flying Doctors* et qu'ils s'étaient enfuis en abandonnant une partie du butin. Ils n'avaient même pas ouvert la boîte à gants de la voiture où se trouvaient de coûteuses jumelles japonaises. On avait découvert le passeport de Paul, établi son identité et averti l'ambassade allemande. De Gabriel, il ne restait même pas le nom. Bien que l'immense majorité des lecteurs aient ignoré de quoi il retournait exactement, les journalistes rendaient hommage à celui qu'ils appelaient le « soldat inconnu ». La société Safari Tours fit savoir qu'aucun de ses chauffeurs n'était porté absent. La voiture avait certainement été dérobée à un inconnu. Ce qui était malheureusement chose fréquente.

Les médecins n'eurent pas le loisir de lire tous les articles. Ils étaient très inquiets de voir que leur patient se trouvait toujours dans un sévère état de choc. Il semblait réagir quand on lui dispensait des soins et son état physique s'était même stabilisé, mais, au bout de trois jours, il n'avait toujours pas retrouvé la lucidité nécessaire pour recevoir l'assistance psychologique que l'infatigable docteur Khan, un homme chaleureux, jugeait indispensable à sa guérison.

Le médecin indien, le seul de toute la clinique à disposer de connaissances en matière de neurologie, assumait l'entière responsabilité de la chambre 6, et c'est à peine s'il prenait encore le temps de dormir. Il était tracassé de ne pas arriver à découvrir si son patient comprenait l'anglais, et il fut totalement déconcerté quand il identifia les quelques mots que Paul murmurait la nuit comme du swahili. Dès lors, bien que cela lui coûtât beaucoup, car il jugeait cette langue indigne de son expérience et de son niveau intellectuel, il se mit fréquemment à adresser la parole à son patient en swahili, à la grande joie du personnel soignant autochtone. Aussi n'était-il pas préparé, alors qu'il s'attendait à ce que se déclenche une crise, au cours que prirent brusquement les événements.

– Je croyais, déclara Paul cinq jours après son hospitalisation, que tous les Indiens savaient l'anglais. Pourquoi diable me parlez-vous en swahili ?

Des mois plus tard, le docteur Khan n'arrivait toujours pas à déterminer ce qui l'avait le plus abasourdi dans cette réaction de son patient : était-ce le fait qu'il parlait l'anglais couramment ou bien qu'il était assis droit dans son lit, les yeux clairs, la voix assurée, le visage beaucoup moins tuméfié que peu de temps avant, manifestement beaucoup moins désorienté que l'expérimenté médecin ne l'avait craint ? Paul le pria de faire bouffer son oreiller.

– Je suis si heureux, *sir*, que vous alliez mieux, balbutia le docteur Khan tout ému. Nous l'espérions tous si vivement. Mais vous ne devez pas vous fatiguer, ne pas trop parler. Nous aurons plus tard tout le temps nécessaire.

– Vous aussi ?

– Oui. J'aurai pour vous, *sir*, tout le temps du monde.

– Je croyais que nous étions les seuls à avoir volé le temps.

– Qui est ce « nous » ? interrogea le docteur Khan avec précaution, en saisissant le poignet de Paul pour lui prendre le pouls.

– Gabriel et moi, répondit Paul. Quand va-t-il se décider à arriver ? Il faut que je lui dise que j'ai gardé la tête trop haut levée.

À dater de ce jour, le docteur Khan persista dans l'erreur sur un point essentiel : toutes ses conclusions débouchaient en effet sur l'idée que, sitôt en état de comprendre, son patient devrait être informé du détail de son agression. Mais la mémoire de Paul fonctionnait presque parfaitement. Durant les heures sans début ni fin où il faisait semblant de dormir, il se souvenait de chacune des images du dernier jour de sa vie d'emprunt, à l'exception d'une seule. Il revoyait les arbres dans le noir de la forêt, le léopard sur la branche, les yeux de l'impala mort, il se rappelait la force de la terre ensorcelée, il entendait le rire de

Gabriel et, un long moment après, le crissement des pneus quand il avait opéré un demi-tour avec la voiture et crié : « Allonge-toi, papa, tu es trop faible. » La seule chose qu'il lui était impossible d'imaginer, c'était que Gabriel fût mort et il se demandait toujours pourquoi il ne se décidait pas à venir le voir, pour que cessent enfin les jours des chaînes blanches et des couvertures pesantes et qu'ils puissent partir tous les deux en safari et aller cueillir des rêves au milieu des nuages. Si, durant les moments où disparaissaient les écrans protecteurs de l'illusion, il retrouvait assez de lucidité pour savoir que le safari était arrivé à son terme, il n'était tout de même plus naïf au point d'accepter les fallacieuses propositions de paix des ennemis qui lui conseillaient de se faire délier du mât de la connaissance et de suivre les sirènes. Mais il ne réagissait pas, car il avait appris à baisser la tête et à s'allonger par terre en cas de péril mortel.

Les fleurs délicates du haut jacaranda avaient les reflets lilas de l'espoir dès que le soleil les touchait. Les premiers souffles du jour les berçaient au rythme des battements d'ailes des merles métalliques qui, dans la grande ville, ignoraient tout du profond silence des forêts et des montagnes des hautes terres. À midi, quand l'air vibrait et fumait de fièvre, l'arbre exhalait le parfum de l'oubli.

Le docteur Khan, dont les yeux pleins de patience et de bonté étaient faits du même velours sombre que les nuits consolatrices de Naro Moru, poussait le lit jusqu'à la fenêtre ouverte et plaçait sous l'oreiller des couvertures à l'odeur de camphre, soigneusement pliées. Paul pouvait plonger le regard dans un jardin tapissé d'un gazon vert et dru qu'arrosaient des cascades d'eau bleu clair ; sous un figuier chargé de fruits deux grues noir et blanc s'y pavanaient, coiffées d'une couronne jaune. Des damans gris clair dormaient au milieu du feuillage. Des lis à rayures blanches et roses, et dont les fleurs avaient la forme de trompettes, se balançaient au bout de leurs tiges charnues. Les abeilles étaient aussi grosses que des guêpes. Paul prit une profonde aspiration et se crut enfin arrivé chez lui. Mais le docteur Khan lui dit :

Aujourd'hui, vous avez de la visite. Son Excellence l'ambassadeur d'Allemagne sera ici à 16 heures.

- Pas une minute de moins, pas une minute de plus ? interrogea Paul, qui se mit à sourire quand, avant même d'avoir prononcé le dernier mot, il se souvint d'un ongle à la poursuite d'une trotteuse.

– Les Allemands sont toujours très ponctuels, commenta le docteur Khan. Ne vous faites pas de soucis. Ce sont des personnes d'une grande délicatesse. On peut leur faire confiance. Cela va vous faire du bien de pouvoir enfin vous entretenir avec un compatriote. À l'étranger, il n'y a de meilleur remède que la langue maternelle. On le vérifie en permanence.

Son Excellence se révéla être un employé de l'ambassade dont la petite taille et l'évident manque d'envergure furent rassurants pour quelqu'un qui avait perdu ses repères et, à force de rester allongé dans un lit, l'habitude de regarder les choses de haut. Cet homme s'appelait Christian Lamm, et son dehors affable et effacé était en parfaite harmonie avec un nom aussi pacifique[1]. En temps ordinaire, ce jeune homme s'occupait de passeports perdus et de citoyens de la République fédérale qui s'étaient retrouvés dépouillés de tous leurs biens, à l'exception de la ferme conviction que les ambassades étaient une institution au service exclusif des touristes et que leurs employés avaient pour mission de remédier – gratuitement et en moins de deux heures – au vol des papiers d'identité et des biens personnels ainsi qu'à la perte de la si fameuse confiance fondamentale.

Comme cela relevait de ses nombreuses obligations professionnelles, M. Lamm était informé jusque dans les moindres détails du drame exceptionnel intervenu dans les parages du lac Turkana, et son émotion revêtait un caractère tout à fait personnel, car il était cette fois chargé de manifester sa sympathie à un homme aussi âgé que son propre père. Sur le seuil de la porte, il souriait encore timidement, mais dès le premier pas, délibérément énergique, qu'il fit dans la chambre, il surmonta son embarras et il offrit à Paul un bouquet très artistiquement composé d'orchidées blanches dont il huma le parfum d'une narine gourmande avant de les confier à la garde d'autrui. Avec des gestes soigneux, il posa sur la table de nuit, entre un verre de jus d'orange où une mouche s'était noyée et une pile de petits morceaux d'étoffe blancs et effrangés, un numéro de la *Frankfurter Allgemeine* vieux de quatre jours.

– J'ai pensé qu'un journal allemand pourrait peut-être vous aider à faire passer le temps, dit-il.

1. *Lamm*, en allemand, signifie « agneau » *(N.d.T.)*.

– À Dieu ne plaise ! murmura Paul, mais il eut aussitôt pitié de son visiteur qui, effrayé, s'employait déjà à remballer le journal dans sa serviette couleur moka.

Pour ne pas l'offenser, il expliqua :

– Je n'ai pas prononcé un seul mot d'allemand depuis que je suis en Afrique. Avec Gabriel, je ne parle qu'en swahili.

– C'était votre chauffeur ? Pauvre garçon ! Il n'est question que de lui dans tout le pays.

Les quatre premiers mots – le côté rhétorique de cette question n'appelant pas de réponse, et surtout, l'emploi du passé, aussi impitoyable et définitif que le coup d'une hache bien affûtée – rendirent brutalement la vue à Paul. Bien qu'au bord de l'abîme, il tenta encore de faire preuve d'habileté et de ruse, de fermer les yeux, de forcer ses oreilles à la surdité, de sauver son âme et de faire rentrer dans sa poitrine son cœur qui s'emballait. Mais il était trop tard. Chacune des syllabes lui avait fendu le crâne comme les hommes armés de pistolets et de coupe-coupe avaient fendu celui de Gabriel. En cet instant où il prit conscience de l'horreur, Paul s'abstint d'appeler Gabriel à l'aide. Il savait qu'il ne le ferait plus jamais.

« Ne crie pas, *mzee*, entendit-il son fils l'adjurer qui s'était envolé avec lui dans une voiture de feu pour rejoindre le soleil. C'est l'affaire de Mungu de décider si nos enfants meurent. » Ses lèvres n'arrivaient pas à contenir l'ironie, ni ses yeux l'amour.

Scène après scène, baignées par un parfum de miel et de résine et rythmées par l'écho grandissant des sons jamais oubliés, les images de sa vie défilèrent devant les yeux de Paul. Mais la mort, qu'il avait expédiée en safari pour l'éternité en tenant le fils de Gabriel dans ses bras, finit par revenir en triomphatrice. Le vaincu se laissa désarmer en silence par son vainqueur et lui remit l'avenir qu'il avait arraché à la terre d'Afrique. Il ne se défendit pas quand il sentit le sel lui brûler les yeux, puis les larmes brûler la peau de son visage paralysé. Une dernière fois seulement, il fit une tentative pour se révolter et s'évader, tentant, éclopé et désespéré, de prendre la route de ceux qui ont l'espoir au cœur, essayant d'enterrer la raison, la logique et le discernement et de sauver son rêve des mains envieuses des voleurs du temps, mais son entendement avait désappris les mécanismes de la fuite.

– Oui, dit Paul, Gabriel est mon chauffeur.

Employer la forme mortelle du passé lui aurait semblé une trahison envers celui qu'il aimait.

– Il vous a sauvé la vie, dit M. Lamm.

– À présent, il m'a pris ma vie. J'ai une nouvelle fois négligé de lui dire *kwaheri* à temps.

– Je ne parle malheureusement pas très bien le swahili. Qu'est-ce que cela signifie ?

– Rien qu'il soit possible d'expliquer. Racontez-moi ce qui s'est passé et comment j'ai fait pour me retrouver ici. J'ai besoin de le savoir.

M. Lamm sortit de sa poche des journaux dont les énormes caractères noirs prirent une teinte rouge sang et se prolongèrent en têtes de serpent et en gueules de crocodile avant que Paul réussisse à assembler les lettres. S'apercevant que les journaux plongeaient le patient dans l'agitation, le très compréhensif messager de mort les lui prit des mains et, avec les plus grands ménagements, lui fit le récit de l'agression, évoquant la bravoure des *Flying Doctors* et son transport en avion jusqu'à Nairobi, puis il expliqua que la police enquêtait, mais affirmait n'avoir à ce jour pas trouvé la moindre trace des auteurs de l'attaque. Il se comportait en chroniqueur plein de tact, parlant à voix basse et partageant les souffrances qu'il infligeait à son auditeur, réussissant néanmoins à embellir quelque peu un bilan aussi brutal en mettant en avant le caractère inespéré du sauvetage de Paul. Il s'abstint d'évoquer l'assassinat du chauffeur, considérant que cela n'était plus absolument nécessaire. M. Lamm se sentit conforté dans sa circonspection quand il eut le sentiment que le malade se dominait, puisqu'il alla même une fois jusqu'à laisser entendre qu'il avait fait preuve d'inconscience.

– Nous avons trouvé l'adresse de votre fils à Francfort, dit-il d'un ton satisfait, redevenu diplomate chevronné en mission officielle, et nous l'avons aussitôt mis au courant. J'espère que cela, au moins, vous tranquillisera.

Ce ne fut pas Paul, mais sa voix qui hurla d'elle-même un « non ! » avec la force des jours qui n'étaient plus. Elle n'avait pas pu le retenir dans la gorge, laissant ainsi sortir des fantômes du trou noir que Paul croyait comblé depuis longtemps. Pour exterminer les démons, il souleva très haut son bras indemne, tout comme s'il avait été sous les acacias parasols de Samburu, en train de souhaiter la bienvenue à Gabriel dans les premiers feux du jour. Il frappa leurs gueules grimaçantes et fracassa leurs squelettes. Mais la foudre l'aveugla en pleine ivresse victorieuse. Le tonnerre le rendit sourd, la découverte de la vérité muet. Il eut encore le temps de voir le vert pâle des yeux de M. Lamm céder la place au noir réconfortant de ceux du médecin indien, mais il sombra trop rapidement et trop profondément pour pouvoir mettre à profit une métamorphose aussi prometteuse.

Quand Paul reprit conscience, le docteur Khan était assis auprès du lit. Ses cheveux noirs luisaient dans le pâle éclat d'une lumière rouge ; il avait des mains très fines et une peau qui sentait la menthe et le bois fraîchement coupé.

– C'est de ma faute, dit-il, si vous avez subi une pareille émotion. Je n'aurais pas dû laisser ce monsieur rester aussi longtemps avec vous. C'était trop tôt encore.

– Non, c'était trop tard, le contredit Paul. S'il était venu plus tôt, j'aurais encore eu le choix.

Le mince croissant de lune s'était paré de la couleur de l'innocence. Les étoiles tissaient des guirlandes d'or autour de nuages de gaze grise, lançant un message d'humilité et de paix. La langue avait déjà totalement oublié la sagesse du silence. Comme si les jours heureux et sans parole n'avaient jamais existé, elle s'était remise à la recherche de la consolation des sots, qui croient au baume des mots.

Ainsi s'explique que Paul, dans sa détresse, choisisse, pour l'accompagner dans le safari le ramenant à la case de départ, ce jeune docteur Khan qu'il ne connaissait pas et à qui il confia son âme et sa conscience pour l'unique raison que les yeux du médecin indien lui rappelaient ceux qui l'avaient fait rire, vivre et oublier. Maintenant qu'il croyait le paradis de Mungu perdu à tout jamais, pareil à un mort de soif réclamant en vain un peu d'eau, il était torturé par le besoin irrépressible de parler une dernière fois avant que des liens se referment autour de ses poignets et qu'il soit réduit au silence des pénitents.

– Je suis redevenu un enfant, avoua Paul quand la force de sa gorge fut épuisée. Je ne regrette pas ce que j'ai fait, je regrette seulement qu'on m'ait découvert. Je ne sais pas ce que je pourrai dire quand il me faudra fournir des réponses à mon fils et regarder ma femme en face.

– Ne pensez pas maintenant aux jours qui ne sont pas encore venus.

– Vous parlez comme Gabriel

– Vous ne pouviez pas me faire de plus beau compliment, reconnut le sage confesseur.

Après avoir présenté à la lumière l'aiguille de la seringue, il l'enfonça très lentement, presque tendrement, dans la chair du pécheur. Souriant, il lui promit le sommeil et l'oubli.

– Il ne faut surtout pas avoir peur, adjura-t-il son patient. Une fois dans son existence, un homme doit faire ce qu'il a vraiment envie de faire. Sinon, il meurt à petit feu longtemps avant sa mort. Chez nous, on dit : les femmes se taisent, les fils comprennent.

– Chez nous, on ne peut pas compter là-dessus, répliqua Paul.

C'est seulement au moment où il fut beaucoup plus près du sommeil que du repentir qu'il s'aperçut avoir ri uniquement avec la bouche et non avec les yeux – exactement comme Gabriel quand il avait besoin de l'ironie pour montrer les dents à la peur.

À dater de ce jour, il cessa de diviser le flot impétueux des souvenirs en deux périodes, celle d'avant la rencontre avec Gabriel et celle d'après, et de se défendre contre la violence des images. Rétrospectivement, il savourait la profusion des couleurs et des odeurs des jours heureux, comme si le soleil n'était jamais tombé du ciel sur le lac Turkana. La douleur perdit ses piquants. Paul apprit à l'accepter dans l'optique du coupable qui n'a rien d'autre à faire qu'à attendre le jour où sera exécuté le jugement.

Il pensait souvent à Antje, à sa nudité sous la moustiquaire, aux fins cheveux soyeux de sa nuque, mais il ne l'appelait plus Sirène, car son corps avait perdu toute notion de ce désir qui fait savoir à un homme qu'il est en vie. S'il ne souriait pas quand Antje, de sa voix enfantine, murmurait des mots doux à son ours en peluche, il était néanmoins préoccupé par le remords de l'avoir quittée sans un mot d'adieu. Sa conscience le pressait de régler des comptes qui n'avaient jamais été apurés. Durant chacune de ses nuits sans lumière et sans espoir, Paul se promettait de demander à M. Lamm de prendre contact avec Antje et de lui faire parvenir la somme nécessaire à l'achat d'un billet d'avion. Mais, lors des visites de M. Lamm, qui étaient quasi quotidiennes, il n'arrivait pas à se rappeler le nom de famille d'Antje. Ce point ne fut donc jamais abordé au cours de leurs conversations.

La tristesse le paralysait quand ses pensées se tournaient vers Wanjiru et son enfant non encore né. Maintenant que Gabriel ne pouvait plus s'occuper des siens, Paul ressentait comme une ultime obligation, avant qu'arrive le jour du règlement définitif, de mettre Wanjiru et ses enfants à l'abri de la misère que connaissent les veuves en Afrique. Mais Cornelia ne cessait de se dresser sur sa route. Les bras grands ouverts, elle se précipitait au-devant de lui, l'empêchant, à la lisière du champ de légumes, de prendre des mains de Wanjiru le seau d'eau et de lui parler du léopard qui lui avait demandé de remettre aux enfants les dollars en billets que les assassins avaient dérobés à Gabriel.

Au cours de ses conversations avec Cornelia, Paul prenait tout son temps pour lui expliquer en détails pourquoi il lui fallait refaire le voyage de Naro Moru. Mais, dès qu'il touchait la main de Wanjiru, sa femme lui mettait entre les mains un bouquet de pois de senteur, fleurs dont il avait horreur, et lui offrait un quatre-quarts si sec qu'il collait au palais. Lors des visites désagréablement fréquentes qu'elle lui rendait à l'hôpital, Cornelia portait son éternelle robe jaune trop décolletée et ses boucles d'oreille bon marché en strass. Dans le même temps où il se disputait avec elle, Paul n'arrivait pas à concevoir comment cette robe pouvait l'irritcr toujours autant.

Le très compréhensif docteur Khan était trop doux, trop inexpérimenté et d'une continuelle et trop grande courtoisie pour réussir, par le seul fait de fermer la porte derrière lui, à chasser les fantômes qui avaient pris possession de la chambre 6. Il changeait les pansements, prenait le pouls, soignait les blessures du corps et s'enquérait des souffrances morales, mais disait néanmoins :

– Vous faites de formidables progrès. Vous allez être surpris de pouvoir si vite voyager de nouveau.

– Pour aller où ? demandait Paul.

Une semaine après son arrivée dans la clinique, il fut pour la première fois autorisé à rester assis sur une chaise auprès de la fenêtre. Ce fut le retour définitif dans le monde des couleurs et des odeurs. Nulle part encore, les massifs de bougainvillées n'avaient été aussi luxuriants, couverts de fleurs roses, blanches et jaunes au milieu d'un jardin qui, planté d'arbres aux troncs épais et pleins de chants d'oiseaux, était peuplé d'animaux recherchant la proximité avec l'homme. Des rosiers aux fleurs rouges escaladaient des murs d'un blanc éblouissant. Des marabouts entremêlaient leurs têtes à l'ombre d'un appentis délabré, devant un banc du même blanc. Un perroquet aux plumes bleues et jaunes criait du haut d'un figuier. Des campanules, avec leurs grosses clochettes, annonçaient un timide bonheur. Subjugué par tant de splendeur, Paul s'abandonnait à la lourdeur étouffante de midi qui protégeait sa tête des démons armés cherchant à reprendre leur proie. Il tolérait en soupirant que le rêve d'un temps où l'on aurait cessé de compter l'étourdisse comme au premier jour de son safari. L'adieu à l'Afrique n'était encore qu'une silhouette vague et lointaine, alors que son pouvoir magique restait proche et tangible.

Le jacaranda se redressait, semblant vouloir toucher le ciel. Deux jeunes damans sautèrent dans un seau rouillé et rempli à ras bord de fétides épluchures de pommes de terre, en ressortant avec des noyaux de mangue dont le jus orange et luisant dégoulinait sur leur pelage. Des merles métalliques aux ailes d'un bleu éblouissant se baignaient dans une petite fontaine. Une enfant couleur d'ébène chassait en riant les mouches de son crâne luisant. Une chatte pleine étirait au soleil son corps dodu. Des abeilles butinaient des roses aux lourdes têtes jaunes. À l'instant où leur parfum parvenait jusqu'à Paul, un jeune homme mince apparut.

Il portait un costume gris, une chemise bleu clair et une cravate jaune citron à pois. Plus surprenantes encore étaient la clarté de sa peau et la blondeur de ses cheveux. C'est cette peau, évocation pour Paul de sa propre jeunesse, qui le troubla, et davantage encore la manière dont cet homme avançait le menton et pressait le pas, contrairement à la démarche des gens d'Afrique. Paul sentit son corps se figer, la peau de son visage se tendre comme du cuir ; il sentit aussi qu'il lui fallait se protéger, mais il fut une nouvelle fois trop lent, trop âgé – *mzee* stupide et à bout de forces, au cœur consumé désormais incapable de tourner ses yeux dans la direction qu'il voulait. Ils n'arrivaient plus à se détacher de la chevelure blonde. Le jeune homme avait encore accéléré le pas. Il ne jeta pas un seul regard autour de lui, ne prit pas le temps de humer les roses, ne suivit pas des yeux le vol abrupt d'une libellule et ne s'aperçut même pas que l'enfant riait aux éclats et lui tendait ses bras minces pour lui offrir un ballon rouge dégonflé, lui criant « *jambo* » avec autant d'abandon confiant que si s'était dirigé vers lui un homme possédant des yeux, un nez et des oreilles. Les grues royales s'envolèrent, effrayées. Les damans, laissant choir leurs noyaux de mangue, s'enfuirent dans les buissons.

Cet individu sacrilège, imperméable à la beauté de l'Afrique, sortit un morceau de papier de sa poche et l'approcha tout contre ses yeux. Il semblait ne pas savoir lequel des deux sentiers il devait emprunter. Le papier bruissait légèrement dans le vent. Ce fut à cet instant que Paul reconnut son fils. Horrifié, il ferma les yeux. Il se savait perdu s'il les rouvrait une seule fois ; c'est pourtant ce qu'il fit, les écarquillant jusqu'à ne plus voir qu'une cravate jaune citron, étendard d'un anéantissement imminent.

– La fin d'un safari, murmura Paul.

Il ne lui était jamais venu à l'idée qu'au prononcé du jugement il aurait à se justifier devant un Jens sûr de soi et peu enclin à pardonner, et pourtant l'accusé ne se fit aucune illusion : seuls les fils perdus ont droit aux circonstances atténuantes, pas les pères. Un père découvert assommé dans un pays où il n'avait rien à faire ne pouvait prétendre à ce qu'on tue pour lui le veau gras.

Paul, cependant, était encore en état de respirer, de penser et même de se moquer de lui-même. Il se surprit à se dire que ce grotesque épilogue convenait tout à fait à la tragédie d'un homme qui, sa vie durant, n'avait jamais su prendre les bonnes décisions. Il examina avec attention son visage dans le miroir d'une cuillère à café ; il vit qu'aucune peur ne s'y lisait. Le père perdu se préparait à accueillir son fils. Une seule chose l'étonnait, c'était d'éprouver de la compassion pour Jens en s'imaginant parfaitement combien sa mission devait lui être désagréable. Son fils, à présent, se tenait indécis à côté d'une haie aux longues épines blanches. Il vérifia que son pantalon tombait bien, rajusta son nœud de cravate, s'éventa brièvement à l'aide de la feuille de papier pliée en deux, puis se remit en marche avec une lenteur ostensible et finit par disparaître derrière une porte.

À l'idée que son professionnel de fils avait certainement noté tous les détails dont il voulait se souvenir au moment de la confrontation, Paul sourit. Jens avait toujours été un champion de l'organisation. À peine avait-il su compter et écrire qu'il avait entrepris de numéroter ses ours en peluche et de dresser des listes dans un calendrier de poche rouge.

– Pourquoi fais-tu ça ? avait demandé Paul à l'enfant de six ans.

Comme si cela venait de se produire à l'instant, il entendit le mécontentement dans sa voix.

– Je fais une croix chaque fois que j'embrasse un de mes ours. Chacun reçoit dix bisous par jour. Je les aime tous tellement !

Se rappeler cette scène à l'instant précis où ce fils pragmatique allait le démasquer comme un bouffon sans scrupule qui n'aimait personne d'autre que lui-même sembla si grotesque à Paul qu'il éclata de rire. Ce rire étrange et provocateur était douloureux pour ses oreilles et ses côtes cassées, mais il n'arrêtait pas de repartir, plein d'une vigueur renouvelée.

– Dieu soit loué, dit Jens, je craignais que tu n'aies pas recouvré tous tes esprits. Les premières nouvelles étaient tellement accablantes.

Il se tenait sur le seuil de la porte avec le même timide embarras que Paul connaissait pour l'avoir éprouvé lui-même si souvent. Il fut ému de voir Jens garder les mains crispées pour les empêcher de s'agiter et d'apercevoir sur son visage des taches rouges. La complicité avec son fils était aussi fragile que le souffle du vent avant le lever du soleil, mais assez forte pour lui procurer de la chaleur.

– D'où sors-tu ?

– Je suis l'homme qui vient du froid, répondit le visiteur avec un sourire si implorant, si confus et si timide que Paul sentit sa langue se libérer.

– N'as-tu entrepris un aussi long voyage qu'à cause de moi ? demanda-t-il.

– Non, je passais là par hasard.

– Pourquoi ne m'as-tu jamais dit que tu avais tant d'humour ?

– Tu ne me l'as jamais demandé, répliqua Jens.

Durant un instant aussi long que le battement d'un cœur avide, mais qui ne dura que le temps nécessaire aux espoirs pour mourir, Paul attendit d'entendre le mot « *mzee* » qu'il aimait tant. Il soupira quand il comprit que, longtemps encore, chaque petite phrase, chaque souvenir furtif le déconcerterait, le décontenancerait. Mais le fils, lui, vit les larmes de son père. Il se pencha vers lui et l'enlaça d'un geste enfantin, maladroit.

Les deux hommes dont les chemins avaient divergé trop vite burent un thé en gardant les yeux fixés sur leur tasse. Ils observaient le silence de l'Afrique, doux et apaisant. Les orchidées exhalaient dans la chambre un parfum de miel, celui du jacaranda était plus subtil. Un daman était tapi sur le rebord de la fenêtre. Paul suggéra à Jens de donner à l'animal un morceau d'orange. Ce qu'il fit, ravi comme un enfant de la grande ville, et sa joie émut son père une nouvelle fois. Il songea que cela faisait des années qu'il n'était pas resté aussi longtemps en compagnie de son fils. Les heures passèrent sans qu'ils s'en aperçoivent. Il était déjà tard dans l'après-midi quand ils parlèrent fractures et perspectives de rétablissement chez les personnes d'un certain âge.

– Comment se fait-il que tu sois si bien au courant ? demanda Paul.

– C'est qu'avant je faisais beaucoup de ski. Tu ne te souviens pas ? Au Titisee.

– Rien ne vaut un bon enchaînement, dit Paul, en admirant Jens pour le naturel et la décontraction avec lesquels il en était venu au fait. J'ai fait croire à Cornelia que je partais pour le Titisee.

– Elle ne t'a jamais cru.

– C'est vrai ?

– C'est le bon vieux truc du théâtre de boulevard. Tu as laissé traîner la facture de l'agence de voyage dans la veste qu'elle a portée à la laverie. Comme menteur, on fait mieux que toi, père.

– Pour tout le reste aussi, Jens, tu peux me faire confiance.

Le fils hésita longuement avant de se décider à répondre.

– Au moins, tu as du courage, dit-il. Je t'envie pour ça. Jamais, au grand jamais, je n'entreprendrais ce genre de voyage. Je suis différent de toi. J'ai toujours été un misérable petit-bourgeois.

– Qui peut savoir ? Moi aussi, j'ai longtemps cru être tout ce qu'il y a de normal. Peut-être pourrons-nous un jour refaire ensemble mon safari. Si Cornelia le permet... à condition, bien sûr, qu'elle veuille encore de moi.

– Elle le voudra.

– Quoi ? Recommencer avec moi ou me laisser repartir ?

– Les deux, je le crains. Cornelia est une femme remarquable. Elle t'aime. Mais la première des choses, c'est déjà de te ramener à la maison.

– Tu parles là de jours qui ne sont pas encore venus.

Même s'il savait fort bien qu'un *mzee* lent et extravagant ne devait pas parler d'avenir, il sourit, car il avait parlé avec la voix de Gabriel. Tant qu'il en serait capable, il se ferait accompagner par son fils noir dans chacun des safaris de la vie.

Cet ouvrage a été imprimé par la
SOCIÉTÉ NOUVELLE FIRMIN-DIDOT
Mesnil-sur-l'Estrée
pour le compte des Éditions du Rocher
en juin 2004

Éditions du Rocher
28, rue Comte-Félix-Gastaldi
Monaco

Imprimé en France
Dépôt légal : juin 2004
CNE Section commerce et industrie Monaco : 19023
N° d'impression : 68877